中国社会科学院财经战略研究院报告
National Academy of Economic Strategy Report Series

# 中国宏观经济运行报告2012

ANALYSIS AND FORECAST OF MACROECONOMIC PERFORMANCE OF CHINA (2012)

刘迎秋 吕风勇 / 主编

社会科学文献出版社
SOCIAL SCIENCES ACADEMIC PRESS (CHINA)

# 出版前言

中国社会科学院财经战略研究院始终提倡“研以致用”，坚持“将思想付诸实践”作为立院的根本。按照“国家级学术型智库”的定位，从党和国家的工作大局出发，致力于全局性、战略性、前瞻性、应急性、综合性和长期性经济问题的研究，提供科学、及时、系统和可持续的研究成果，当为中国社会科学院财经战略研究院科研工作的重中之重。

为了全面展示中国社会科学院财经战略研究院的学术影响力和决策影响力，着力推出经得起实践和历史检验的优秀成果，服务于党和国家的科学决策以及经济社会的发展，我们决定出版“中国社会科学院财经战略研究院报告”。

中国社会科学院财经战略研究院报告，由若干类专题研究报告组成。拟分别按年度出版发行，形成可持续的系列，力求达到中国财经战略研究的最高水平。

我们和经济学界以及广大的读者朋友一起瞩望着中国经济改革与发展的未来图景！

中国社会科学院财经战略研究院

学术委员会

2012 年 3 月

# 《中国宏观经济运行报告2012》课题组名单

**主　　编**　刘迎秋　吕风勇

**成　　员**　（按文序排列）

刘迎秋　吕风勇　高　伟　郭冠清

余慧倩　王　诺　邹士年　郭宏宇

王佃凯　牟俊霖　黄志刚

# 摘 要

2012年前三季度中国经济增速经历了一个明显的下滑过程，产能结构性过剩局面严重，企业经营境况艰难，无论是消费者还是投资者，悲观预期都较为浓重。那么，究竟是什么原因导致中国经济这样萎靡不振？各因素之间又有什么样的逻辑关系？它们相互作用的程度如何？中国经济下一步将向何处去？这些问题都亟须给予充分而清晰的回答。本报告就是围绕这些问题，对中国经济运行状况展开较深入的研究，并试图给予理论上的阐述和解释。

根据宏观经济运行的理论逻辑关系，本报告分为五个部分，即形势与展望、增长与结构、要素与价格、分工与需求、政策与调控，通过定量和定性分析相结合、长期和短期分析相结合的方法，分别对中国经济增长、物价走势、需求波动、宏观调控等重要方面进行较全面而深入的研究，并据此对中国经济的未来走势作出预测。

形势与展望由第一章组成。在综合各部分研究结论的基础上，对中国经济的一般运行状况、存在的矛盾和问题、未来趋势做了分析，认为外部需求不振等外生冲击、产能过剩和转型困境等结构因素以及政策体制的滞后调整是引起并放大中国经济波动的主要原因。本章研究了影响中国经济未来走势的因素，给出了主要宏观经济指标的预测值，认为2013年中国经济增长速度将回升至8.5%左右，居民消费价格指数涨幅则将回落至2.4%左右。

增长与结构部分由第二、第三章组成。由于国内外经济环境的变化，中国潜在经济增长率已经有所回落，实际经济增长率的下降既有向潜在经济增长率收敛的性质，又具有周期性波动的性质，故而，当前既要容忍经济增长率一定程度的下降，也要及时通过宏观调控避免经济的过度波动。中国经济在维持较快增长的同时，经济结构也出现了较严重的失衡，有些失衡是特定发展阶段实施不均衡发展战略的体现，从而是必要的，但有些失衡则会对经济长期增长产生明显的损害，如目前投资消费结构的失衡等，亟须通过市场化改革和增强供给管理等方式予以必要的纠正。

要素与价格部分由第三、第四、第五章组成。主要受经济增长速度放缓，部分重要消费品价格回落以及输入性通货膨胀压力减小的影响，2012年中国经济表现出较明显的通货紧缩特征，CPI 与 PPI 指数涨幅双双大幅下滑，在加大了货币政策操作空间的同时，也对企业经营形成了较大的压力。同时，劳动力工资成本涨幅较大，资金供给成本仍然处于高位，也严重侵蚀了企业经营利润。不过，从要素供需状况来看，2012 年劳动力就业仍然出现了较大幅度的增长，失业问题并没有明显变化，甚至劳动力结构性短缺现象依然存在；资金供需结构矛盾则有所加剧，大型企业特别是重化工企业由于深受产能过剩的困扰而资金需求疲弱，中小企业则由于利润下滑导致资金链紧张，对资金的需求不减反升，融资难融资贵问题进一步凸显。当前劳动力和资金供需结构都需要通过有力的政策措施予以调整。

分工与需求部分由第六、第七、第八章组成。外部需求萎缩和房地产调控是影响投资增速明显放缓的主要因素，并进而导致中国经济低迷不振局面的出现。尽管 2012 年人均可支配收入有较大幅度的提高，但是，社会保障体系不完善和消费金融发展不足，不确定性因素过大，却约束了居民消费潜力的释放，也使得消费短期难以成为拉动中国经济增长的主要动力。在继续深化体制改革、提振居民消费信心、发放政策补贴刺激消费的同时，在优化投资结构的情况下，采取财税和金融措施扩大投资，仍是当前促进经济回稳的主要政策着力点。此外，在坚持进出口基本平衡的原则下，采取措施加大对出口产品结构和出口地区结构的调整力度，并以此促进包括服务产品在内的出口贸易的合理增长，也是“稳增长”政策的重要内涵。

政策与调控部分由第九、第十一、第十二章组成。现阶段，在资源约束趋紧的情况下，中国从外汇储备累积并由此从双顺差形成过程中得到的收益越来越低，付出的成本却越来越高，这样一种国际分配关系越来越不利于中国而更利于国外，亟须通过外汇体制改革和贸易战略调整来对这种国际分配关系加以改变和矫正，并借此改变货币政策过度受外汇占款制约的被动局面，尽快降低过高的法定存款准备金率。结构性减税也是扩大内需促进经济回稳的重要方式，但是2012年结构性减税的规模仍然较小，对扩大投资促进经济增长的效应还偏弱，亟须适时推广“营改增”，并消除那些可能抵消减税效果的过度征税和收费行为。欧债危机对中国经济也造成了很大的不利影响，特别是欧债危机的可能恶化趋势进一步加大了中国宏观经济运行的风险，需要通过经济结构调整、宏观审慎监管、资本流动管理、外汇体制改革等措施来积极应对。

综上所述，中国经济仍然具有较大的增长潜力，但是也存在着许多矛盾和问题，不确定性因素进一步上升。针对这种情况，当前中国的“稳增长”政策，除了应继续维持已经在实施的积极财政政策和适度宽松的货币政策外，更应重视通过政策调整和体制改革来实现长期发展的目标，一方面消除短期产出缺口，另一方面努力促进潜在经济增长率的逐步提高，并主要依赖体制改革减少物价的过度波动，为经济发展营造健康的运行环境。

# Abstract

China's economic growth has experienced a significant decline in the first three quarters of 2012, which has made structural production overcapacity more serious and business operating more difficult. Moreover, pessimistic anticipations are relatively strong among consumers and investors. What reasons have caused Chinese economy so dispirited? What kind of logical relationship is between those factors? How do they interact? How will China's economy run? These problems all need to be given a full and clear answer. Focused on these problems, this report carries out a comprehensive study on the economic conditions in China and tries to give a theoretical interpretation for them.

According to the logical relations existing in the economy, the report is divided into five parts, i. e. Situation and Forecast, Growth and Structure, Resource and Price, Division and Demand, Policy and Regulation, which respectively take an in-depth research on China's economic growth, price trend, demand fluctuation, macro-control and other important aspects based on a combination of quantitative and qualitative analysis, long-term and short-term analysis. Accordingly, the trend of Chinese economy is analyzed and predicted.

The first part includes only one chapter. Based on the conclusions of other parts, we make an analysis of the economic performance, the conflicts and problems, the overall trend, and then conclude that exogenous shocks such as weak external demand, structural problems such as overcapacity and transformation dilemma, as well as the lagged adjustment of policy and system are the main reasons which have caused and increased the economic fluctuations. After examining the factors affecting the trend of China's economy, we introduce the predictive values of main macroeconomic indicators, and point out that China's economic growth rate in 2013 will rise to about 8.5% with the consumer price index slightly eased to about 2.4%.

Growth and Structure consists of two chapters. Due to the changes in the domestic and international economic environment, China's potential economic growth rate has been somewhat lower, and the decline of real economic growth rate not only has the nature of convergence to the new potential economic growth rate, but also has the nature of cyclical fluctuation. Therefore, at present, we should not only tolerate somewhat decrease of economic growth rate, but also avoid the excessive volatility of the economy through macro-control and macro-regulation. As China maintained a rapid economic growth, the economic structural imbalances also became more serious. Some are the results of uneven development strategy which are necessary at a particular development stage, but some will significantly damage the long-term economic growth, such as the imbalance between investment and consumption, which should be corrected through the market-oriented reform and enhanced supply management.

Resource and Price consists of three chapters. Mainly due to sluggish economy, price falling of some important consumer goods, as well as the decrease of imported inflation pressure, Chinese economy in 2012 shows a characteristic of somewhat deflation with both CPI and PPI growth rates declining substantially, which has made monetary policy more flexible, but increased the finance cost of enterprises. At the same time, the rising wage and high capital cost have also made a serious erosion of business profits. However, in 2012, the employment of workers still experiences a more substantial growth, the unemployment does not increase significantly, and even the structural labor shortage still exists. The conflict of capital supply and demand has also been intensified, because large-scale enterprises, especially heavy chemical enterprises are deeply trapped in overcapacity which has led to a weak demand for capital, but SMEs have a larger demand of funding because of capital chain tension due to falling profits, which has led to a further highlight of financing problem of SMEs. At present, the supply and demand structure of labor and capital should be adjusted through effective policies and measures as soon as possible.

Division and Demand consists of three chapters. Shrinking external demand and regulation of real estate are the main factors that have reduced the growth rate of investment which then caused the emergence of China's economic slump situation. In 2012, per capital disposable income has greatly increased, but the imperfect social security system, underdeveloped consumption financial system, too many uncertainty factors, have constrained the release of consumption potential, and will also make consumption difficult to become a main driving force of China's economic growth in the short term. while advancing structural reform to boost consumer confidence and carrying out disbursement policy of subsidies to stimulate consumption, we should also take fiscal and monetary measures to optimize investment structure and increase investment scale which will promote economic stabilization. In addition, while adhering to the principle of a basic balance between import and export, we should also take measures to adjust the structure of export product structure and export regional structure, and thereby promote the reasonable growth of export with service products included. This is also the important connotation of "steady growth" policy.

Policy and Regulation consists of three chapters. At the present stage, in the case of tight resource constraints, China is getting less but paying more from the foreign exchange reserve accumulation and the formation of double favorable balance, and thus has to be faced with such an international distribution of resources which is less favorable to China but more conducive to foreign countries. Therefore, it is urgent to change and correct this international distribution relationship through the foreign exchange system reform and trade strategy adjustment, and change the passive situation of monetary policy constrained excessively by foreign exchange so as to reduce the too high statutory deposit reserve ratio as soon as possible. Structural tax reduction is also an important method of expanding domestic demand and promoting the economy stabilization, but the small scale in 2012 has only little effect on increasing investment and promoting economic growth. Therefore, it is very urgent to transform business tax into VAT in the whole country, and it is also necessary to eliminate the excessive taxation and the excessive collection of fees that may offset the tax reduction effect. European debt crisis has also a large degree of adverse impact on China's economy. The possible deterioration of European debt crisis in the future may increase the risk of China's macroeconomic performance, and then it is necessary to actively respond through economic structure adjustment, prudential supervision, and management of capital flows, foreign exchange system reform and other measures.

In summary, China's economy still has a large potential for growth, but there are many conflicts and problems, and the uncertainties also rise further. In view of this situation, in addition to maintaining the active fiscal policy and moderately easy monetary policy, we should pay more attention on the policy adjustment and structural reform to eliminate the short-term output gap and promote the rate of potential economic growth gradually in the long run when China is committed to "steady growth". Efforts should also be made to reduce excessive price volatility and create a healthy operating environment for economic development mainly through system reform.

# 目录

## 形势与展望



## 增长与结构

## 要素与价格

## 分工与需求

## 政策与调控

# CONTENTS

## Situation and Forecast



## Growth and Structure

## Resource and Price

## Policy and Regulation

# 形势与展望

# 第一章 2012～2013年宏观经济运行分析与预测

## 一 2012年宏观经济基本运行状况

中国经济2012年前三个季度延续了2011年以来的持续下滑态势，物价涨幅回落，外贸增速下降，投资增长放缓，结构性产能过剩局面更加严重，企业经营困难情况有所加剧，不景气程度进一步加深。但是，中国经济在第3季度也出现了一些积极的变化，突出表现为经济增长下滑幅度收窄，特别是9月工业增加值较上月出现小幅回升，表明经济存在着低位企稳甚至回升的趋势。

**1. 经济增速逐季回落，初现企稳迹象**

2012年前三个季度，国内生产总值分别同比增长8.1%、7.6%和7.4%，呈现逐季下滑态势。如果从2011年第1季度算起，已经连续7个季度出现下滑，而且最近两个季度都维持在8%以下。图1－1描述了2009年第1季度至2012年第3季度国内生产总值增速的变化情况。从图中不难看出，自2010年开始，中国经济季度增长率已从11.9%的高位跌至7.4%，持续时间长，下滑幅度深，呈现较明显的周期性衰退特征。尽管如此，2012年第3季度国内生产总值同比增速较上季度回落0.2个百分

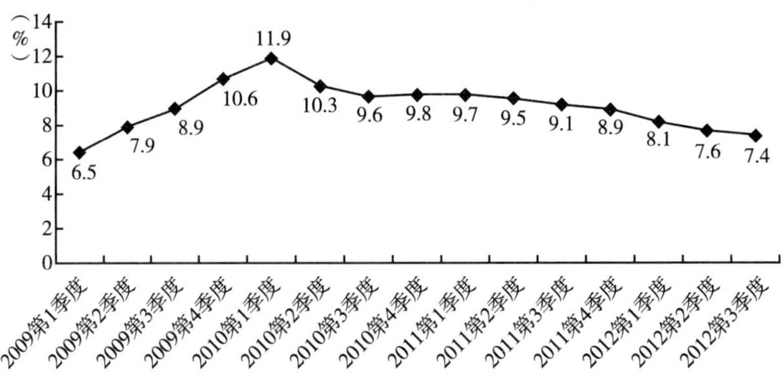


**图 1－1　2009 年第 1 季度至 2012 年第 3 季度国内生产总值季度同比增速**

资料来源：国家统计局网站。

点，相比前两个季度回落幅度已明显收窄，初步显现企稳的迹象。

**2. 物价涨幅有所趋缓，略呈结构紧缩**

2012 年居民消费价格指数（CPI）和工业生产者出厂价格指数（PPI）呈现双双下滑态势。1～9 月，CPI 同比涨幅平均为 2.84%，显著低于上年同期 5.4% 的年度平均涨幅。第 2 季度后，CPI 回落至 3% 区间内，第 3 季度则进一步降至 1.9%。如果从全国工业生产者出厂价格和工业生产者购进价格角度看，物价水平甚至出现了明显的负增长。其中，PPI 在 1～9 月降幅达 4.2%，已经连续 7 个月同比负增长。这些数据表明 2012 年前三季度物价已经呈现较明显的结构紧缩的特征（见图 1－2）。

**3. 外贸规模增速下滑，收支顺差增加**

2012 年前三个季度全国实现货物贸易进出口总额同比增长 6.2%，较上年同期低了 18.4 个百分点。其中，出口增长 7.4%，进口增长 4.8%，较上年同期分别低了 15.3 个百分点和 21.9 个百分点。就月度数据而言，1～9 月进出口增速总体呈现回落趋势（见图 1－3）。由于国内经济增长放缓，进口增速多数月份低于出口增速，从而带来的贸易差额比 2011 年有了较快的增长，前三季度实现了贸易顺差 1483.06 亿美元，同比增长 38.47%。

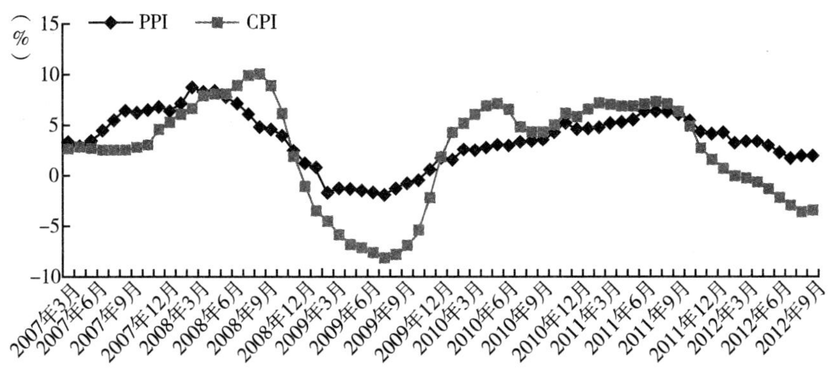


**图 1－2　2007～2012 年居民消费价格指数和工业生产者出厂价格指数月度同比变化状况**

资料来源：国家统计局网站。

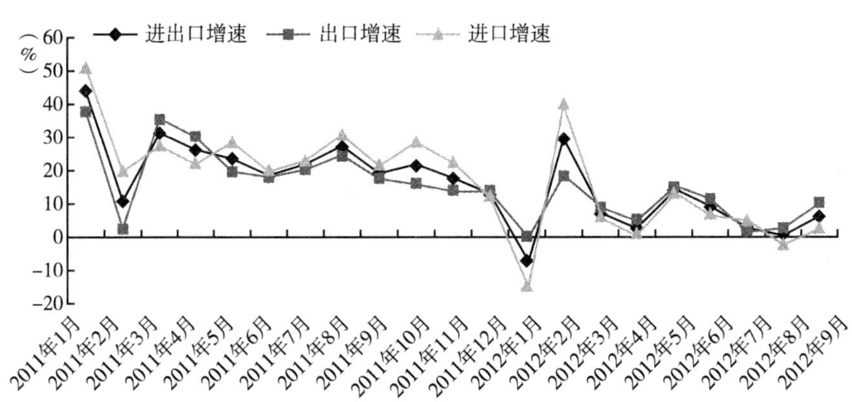


**图 1－3　2011～2012 年进出口贸易月度变化状况**

资料来源：中经网统计数据库。

**4. 货币政策环境渐松，融资难度仍大**

2012 年，中央银行两次降低金融机构存款法定准备金率，并两次降低金融机构存贷款基准利率，7 月份以来又加大了通过逆回购方式投放流动性的操作，货币信贷环境有所放松。2012 年 9 月末，广义货币（M1）增速为 14.8%，狭义货币（M1）增速为 7.3%，都较前几个月增速有明显的提高。银行同业拆借利率为 2.93%，也较上年末略有降低（见图 1－4）。尽管如

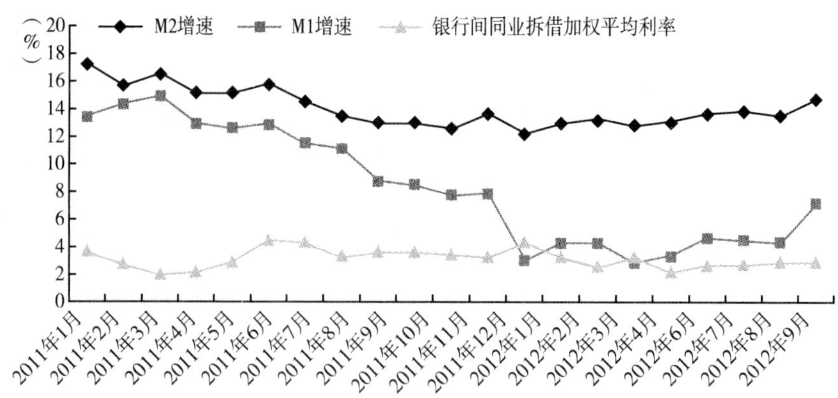


**图 1－4　2011～2012 年货币供给量月末同比增速与银行间月度同业拆借加权平均利率**

资料来源：中经网统计数据库。

此，民间真实借贷成本仍然高挺，企业特别是小微型企业融资难和利息负担重的问题仍然十分突出。

## 二　宏观经济运行中存在的主要矛盾和问题

### 1. 经济增速持续下滑，企业经营困难进一步加剧

2012 年前三个季度，国内生产总值只同比增长 7.7%，而且第 3 季度 GDP 同比增长 7.4%，较上一季度又小幅回落 0.2 个百分点，已是连续第 7 个季度下滑，创下近十年来除国际金融危机期间外的季度新低。与经济增速大幅下滑相伴而生的是企业经营困难，1～9 月工业企业利润总额同比下降 1.8%，其中国有及国有控股工业企业利润总额下降幅度达 11.8%，“三资”工业企业利润下滑 11.4%，已经连续 9 个月累计利润总额同比下降，是 2000 年以来所没有的。经济增速大幅下滑在加剧企业经营困难的同时，会产生多种不良影响。一是会降低企业转型升级的能力，延缓结构调整；二是增加新增就业人员的就业难度，迟滞农村劳动力的顺利转移，阻碍城市化的进程；三是积累引致企业债务危机、造成金融系统性风险的隐患；四是降低财政收入增速，加重财政运行负担。因此，当前

经济增长过度放缓已是中国宏观经济运行面临的主要问题，若旷日持久，许多潜在矛盾很可能“浮出水面”，不仅会进一步加剧宏观经济波动，还可能损害国民经济长期稳定增长的必要基础。

**2. 物价结构性上涨和通货结构性紧缩交织，宏观调控难度加大**

尽管2012年第3季度经济运行略呈回稳之势，但仍处于不景气区间，供给相对过剩依旧存在，在一定程度上明显抑制住工业生产者出厂价格指数的上涨，但消费价格指数结构性上涨问题仍然存在。9月份CPI同比增长1.9%，PPI环比降幅收窄，继续下降了0.1%。物价短期仍然具有下行趋势，同时还出现了结构性通货紧缩现象。全球流动性的过度投放则对我国宏观调控与经济运行是一个严峻挑战。特别是在我国经济与世界经济的联系日益紧密、国内经济周期波动因素与其交织的背景下，通过货币政策达到调节物价水平、稳定经济增长的任务将显得更加艰巨。

**3. 投资增速下滑严重，结构性过剩矛盾更加突出**

2012年前三季度，全国固定资产投资（不含农户）同比增长20.5%，比上年同期回落4.3个百分点。房地产开发投资增长15.4%，比上年同期回落16.6个百分点。在房地产开发投资增速回落的同时，制造业投资增速也大幅下滑。1～9月，制造业固定资产投资同比增速为23.48%，低于上年同期8.02个百分点。投资增速下滑一定程度上避免了部分行业产能的过快扩张和过剩，但是由于投资品需求大幅下降，从而使本来就已经产能明显过剩的重工业雪上加霜，结构性过剩矛盾进一步突出。钢铁、水泥、平板玻璃等行业库存下降缓慢，价格低位运行，产能利用率处于较低水平。据估测，炼钢产能利用率不足75%，水泥产能利用率也仅在72%左右。产能过剩直接导致产品价格和销售收入下降，影响企业盈利能力。例如，1～9月，钢铁产业重点企业累计实现销售收入26572.5亿元，同比下降6.5%，9月重点企业亏损23.8亿元，1～9月累计亏损55.3亿元，与上年同期相比由盈转亏。产能过剩已成为抑制中国经济平稳运行和结构调整的一大痼疾，在这种情况下，还加大钢铁类投资，必然进一步加剧产能过剩，影响国民经济的后续持续健康发展。

**4. 国际资本冲击风险加剧，外汇储备成本继续攀升**

2012 年 9 月末，我国外汇储备规模达到 3.29 万亿美元，比 2011 年增加了约 0.11 万亿美元。外汇储备增加主要是由贸易顺差偏大造成的，而 2012 年进口增速回落大于出口增速，也是使经常项目顺差，从而外汇储备进一步增大的一个重要原因。由于现行外汇均为无黄金担保资产的主权货币，美元更是由脆弱的美国财政担保的“绿色纸片”，持有过多的外汇储备，不仅极易遭受外币贬值带来的经济损失，还会迫使中国央行通过提高存款准备金率对冲外汇占款，形成有利于外国财富增益、导致国内企业成本上升的收入再分配关系。当前，美国又开始了第三轮量化货币宽松政策，全球流动性过剩将进一步加剧，而中国经济又初现回稳迹象，国际资本大量流入中国的可能性再度增加。特别是 10 月份以后，人民币兑美元出现一波极其强劲的升值走势，10 月末更是屡次触及“涨停”。国际资本的大量流入必将导致外汇储备过多，从而央行外汇占款进一步增加，中国将不得不继续为持有过多的外汇储备付出更高的成本。

## 三　宏观经济运行中矛盾和问题的成因

中国宏观经济产生以上突出矛盾和问题的原因较多。外生冲击直接导致了经济波动特别是经济下滑的出现，而经济结构不合理又进一步放大了经济波动的程度，政策体制因素也没有能够充分发挥对经济运行的调控和稳定作用，这些都是当前宏观经济运行中存在诸多矛盾和问题的深层次原因。尽管国际生产贸易格局的调整、中国要素成本结构的变化以及中国经济结构一定程度的去重工业化都降低了中国潜在经济增长率的水平，从而产出缺口也没有像经济波动所表现出来的那样巨大，但是经济增长速度的过快下滑并明显降至潜在经济增长率之下仍然对经济平稳运行产生了极大的不利影响，并带来了一系列的问题。因此，深入分析宏观经济运行中矛盾和问题的原因，并据此探求应对之策，显得十分需要和迫切。

## （一）外生冲击直接引起了经济的持续下滑

### 1. 出口贸易增速放缓导致国内生产不足和需求疲弱

2012年前三季度，尽管中国贸易顺差增长了38.5%，相对于上年同期出现的10.6%的负增长确有明显改善，但是进出口总值的6.2%的增速却远低于上年同期18.9%的增速，进出口贸易规模增速的放缓在一定程度上对国内投资和消费增长造成了一定的负面影响。

由三部门经济国民收入决定恒等式

$$Y = C + I + (X - M) \cdot \quad (1)$$

可以进一步得到以下公式：

$$Y = (C_d + C_m) + (I_d + I_m) + (X - M) \quad (2)$$

其中$C$、$I$、$X$和$M$分别表示国内消费、国内投资、出口和进口，$C$由国内生产的消费品$C_d$和国外进口的消费品$C_m$构成，$I$由国内生产投资品$I_d$和国外进口投资品$I_m$构成，而进口$M$则由$C_m$和$I_m$构成。

由公式（2），出口X对于国民收入增长的意义不仅仅表现在$X$与$M$的差额方面，而且更主要地表现在进出口规模的增长方面。当进出口达到平衡时，即$X-M=0$，国民收入将由公式$Y=(C_d+C_m)+(I_d+I_m)$决定；而如果没有进出口贸易，国民收入将由公式$Y_d=C_d+I_d$决定，$Y_d$明显要小于$Y$。这表明出口规模的增长对于经济增长具有重要意义。而且公式（2）只是静态地描述了国民收入的决定，从动态的角度来看，出口的增长除了带动当期国内生产的增加外，还将刺激出口部门投资需求的增加，将在更长时期内发挥推动经济增长的作用。不过需要指出的，加工贸易进出口对于经济的增长拉动作用相对于一般贸易要弱得多，特别是转口贸易更是如此，因为加工贸易和转口贸易引致的消费和投资规模相对都较小，其对经济增长的意义更多地表现在贸易顺差方面。不过，这样的分析只限于经济处于非充分就业时期，因为此时短期内资源配置重新调整存在粘性，外向型生产部门不能及时转到内向型生产中来，出口增速的放缓只能导致外向型生产部门资源闲置，并进一步影响到国内投资和消费。但是从长期来说，进出口贸易的增长作用将只表现在分工效率的提高上，因为此时资源配置调整是具有足够弹性的，出口需求的减少将被国内需求的增加替代，而顺差的累积也不具有可持续性。

2012 年前三季度，中国出口名义累计增速比上年同期下降了 15.3 个百分点，而且每个月份出口名义增速也都较上年同月有较为明显的下降，从而对经济增长产生了较大的不利影响。前三季度出口名义累计增速比上年同期下降了 6.1 个百分点。图 1-5 对 2012 年前三季度各月出口实际增速下滑拉低规模以上工业增加值实际增速的点数做了形象描述。从该图可以看出，出口实际增速下滑在 1 月份、3 月份和 4 月份对规模以上工业增加值增速拉低的点数较多，分别达到了 5.5 个百分点、2.9 个百分点和 2.6 个百分点。7 月份影响也为负。其他月份出口实际增速则有所增加，从而对规模以上工业增加值的贡献为正。2012 年前三季度出口累计增速下滑拉低规模以上工业增加值增速的点数共为 0.84 个百分点。假定进口是由出口引致的，出口增速的下滑将带来进口增速的下滑，从而公式 $(X-M)$ 不变。但是，进口 $M$ 增速的下降将导致国外进口消费品 $C_m$ 和国外进口投资 $I_m$ 增速的下降，出口 X 增速的下降引致国内生产的消费品 $C_d$ 和国内生产投资品 $I_d$ 的增速也会随之下降，从而在 $(X-M)$ 不变的情况

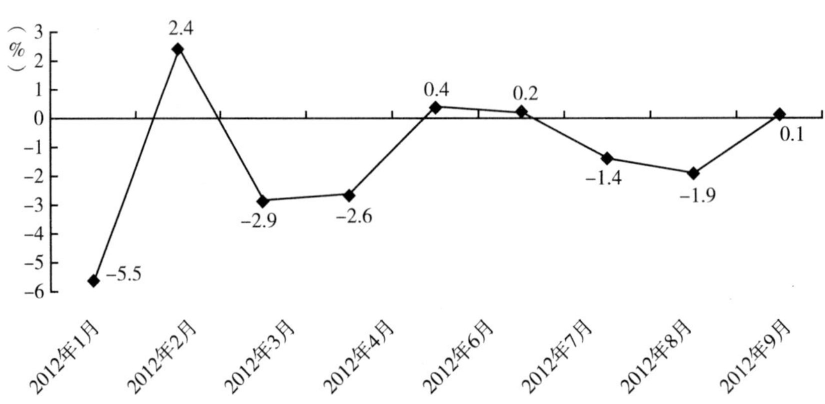


**图 1-5　出口增速下滑对工业增加值增速的直接影响**

资料来源：根据中经网统计数据库相关数据整理测算而得。

下，国内投资和消费需求增速的下降将导致国民收入增速的下降。2012年国际经济不振和国际需求疲弱，导致中国出口贸易增速大幅下滑，不仅直接导致经济增长率的下滑，而且通过乘数效应影响国内投资和消费，对中国经济稳定增长产生了更大的危害。

**2. 住宅市场持续萎靡在一定程度上抑制了固定资产投资的正常增长**

2012年前三季度，房地产开发投资总额增速为15.4%，比上年同期回落16.6个百分点，特别是住宅房地产开发投资总额增速只有10.5%，比上年同期回落24.7个百分点。事实上，除了住宅房地产开发投资以外的其他类房地产开发投资总额增速甚至高于上年同期3.6个百分点，达到28.0%，因此正是住宅房地产开发投资增速的回落才带动了房地产开发投资总额增速的回落。据我们的测算，2012年前三季度，住宅房地产开发投资增速同比24.7个百分点的回落幅度共导致固定资产投资完成额增速回落了2.3个百分点，是导致固定资产投资增速回落的最主要因素，对固定资产投资增速下降幅度贡献了52.8%。住宅投资意愿开发下降主要受住宅销售面积大幅下降的影响，2012年前三季度，住宅销售面积比上年同期下滑，负增长了4.3%，严重影响了房地产开发商投资的积极性。

前一时期过高的住宅价格和房地产调控政策的实施，是住宅开发投资增长速度放缓的重要原因。住宅市场的调整既是长期健康发展的要求，也是政策主观调控的结果。从这个意义上来说，住宅市场短期内面临的冲击主要是政策性冲击，而住宅市场之所以招致严厉调控的原因并不是由于住宅供给过多，而是住宅市场价格上涨过快和住宅的投机性需求带来的结果。如图1-6所示，2000年以来我国住宅销售面积总体保持较快增长，但仍略低于2000年前一些年份的增速。1991~2000年住宅销售面积平均每年增速为23.2%，年末城镇人口平均增速为4.4%，而2000~2011年住宅销售面积平均每年增速为18.4%，年末城镇人口平均增速为3.8%。这就是说，即使把城镇人口增加因素考虑在内，2000年以来我国住宅销售面积增速并不比2000年前高。因此，当前我国住宅市场的问题，并不是供给过多的问题，而是供给不足问题。当前需要在供给上做出大文章。

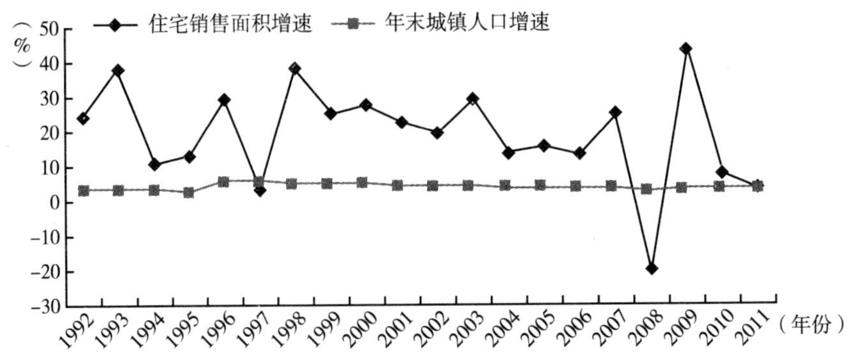


**图 1-6 住宅销售面积增速的变化状况**

资料来源：中国经济统计数据库和《中国统计年鉴 2012》。

## （二）结构调整因素放大了经济波动的程度

### 1. 产能结构过剩加剧了企业投资波动

产能结构性过剩也进一步加剧了经济波动幅度。在国际市场需求萎缩和国内房地产市场调整的双重冲击下，通过外贸乘数和货币乘数的效应，带来了中国经济增长率的持续下降。产能的结构性过剩，在一定程度上造成了经济波动幅度的加大。

当前我国的产能过剩大体由三类组成：第一类是受到外生冲击时产出下滑而导致的产能过剩；第二类是前期投资过度带来的产能过剩；第三类是产业趋势性萎缩导致的产能过剩。

由于近些年来中国经济在高速发展和巨幅波动中运行，从而产业结构和要素价格也都已经发生或者正在发生较大的变化，导致不同类型的产能过剩都不同程度地存在，并进一步对经济波动产生了影响。第一类产能过剩是经济受到外生冲击的结果，其存在是正常的，在外生冲击结束经济逐步复苏后将会自动消失。第二类产能过剩是由于前期投资过大，即使经济运行正常也会扰动经济运行，而在经济下滑时期则会进一步加大经济波动的幅度。第三类产能过剩的出现是经济发展过程的自我调整，一个产业发展势能减弱导致的产能过剩将促使资源向其他产业流动，从而产能过剩将消失。然而，在资源流动遇到某种瓶颈时，产能过剩将会在一定时间内存在，特别是在经济不景气时期，企业进行产业转型的能力下降，将对经济运行产生不利影响。

中国以钢铁和水泥等为代表的重工业产业产能过剩严重，也在较大程度上抑制了相关行业投资的正常增长。这一类行业属于第二类产能过剩，即前期过度投资带来的产能过剩。根据国家统计局数据，2012年前三季度全国水泥产量同比增长6.7%，增速同比减缓11.4个百分点；全国钢材产量同比增长5.7%，增速同比减缓8.3个百分点。产能过剩将抑制该行业投资的正常增长，也会通过价格下滑削减企业利润，继而对部分企业的生存造成威胁，还会进一步减弱有投资意愿企业的投资能力。事实上，2012年1~7月，建材行业实现利润同比下降9.6%。其中，水泥行业利润下降53.1%；钢铁行业实现利润同比下降48.3%，其中，黑色金属矿采选业利润492亿元，下降3%，钢铁冶炼及加工行业利润242亿元，下降73.2%。有色金属冶炼及压延加工业中很多行业也出现产能过剩状况，而该行业前三季度投资增长18.6%，比上年同期回落14.6个百分点。因此，前期过度投资而导致产能过剩的行业在经济不景气时遇到更大的困难，行业投资增速会以更大的速率回落，从而加剧经济的波动。

以纺织业为代表的劳动密集型产业的产能过剩，降低了中国相关行业投资的增长率。这一类行业属于第三类产能过剩，即产业趋势性衰落而导致的产能过剩。由于劳动力成本的上升和人民币升值，纺织业增长速度具有逐步下降趋势，从而抑制行业投资的增长。2012年1~8月，纺织服装、鞋、帽制造业工业增加值增速为7.3%，同比回落了8.8个百分点。行业投资增速也大幅回落了17.3个百分点。由于上年基数较低，前三季度纺织业工业增加值增速达到12.5%，比上年上升了5.0个百分点，但尽管如此，行业投资增速也只有12.5个百分点，同比大幅回落了19.3个百分点。因此，中国劳动密集型产业优势在长期内将逐渐削弱。这种预期抑制了行业投资增速的提高，特别是在遇到外部冲击和经济不景气时，企业投资意愿和能力下降更为明显，导致行业投资增速将以更大的幅度回落，加剧经济波动。

**2. 产业转型遇到的困境在一定程度上降低了企业的投资意愿**

中国国内生产成本上升和国际市场变化迫使许多企业不得不寻求转型升级。这包括两类行业：第一类是传统的劳动密集型产业，如纺织业等优势在逐渐减弱，这类行业中的许多企业将逐渐消失或者转移到其他行业；第二类企业是行业本身仍处在较快发展时期，但是需要通过技术创新进行升级，这类行业或者曾经经历过过度发展而需要重新洗牌调整，或者需要技术替代劳动力提高抗风险能力和盈利能力。但是由于多种因素的制约，企业转型升级面临着较大的困境不能顺利转型升级，从而抑制了企业投资的意愿。而经济不景气时期企业盈利减少、投资能力减弱也制约了企业投资进行转型升级。

当前部分企业进行转型升级的制约因素有以下几个方面：一是高技术工人缺乏。高级技师、技师、高级技工等高素质技能型人才短缺，已经成为制约“中国制造”向“中国创造”转变的新瓶颈，严重影响产品质量的提升和对成熟技术的吸收应用。二是高新技术支撑力度不够。由于中国在许多领域缺乏核心技术，企业自身也存在过度模仿而轻视创新的倾向，技术创新能力不足，科技成果产业化存在体制障碍等，企业在转型升级中面临着严重的技术制约。三是部分行业管制仍然过多，存在较大的进入障碍。民间资本准入领域限制仍然较多，或者进入以后经营风险和政策风险过大，导致民间资本即使对法律法规没有明确禁止的产业和领域也会踟蹰不前。四是融资难、融资贵问题依然广泛存在。许多企业特别是中小企业都存在通过地下钱庄、高利转贷机构融资的记录，融资成本高，还息压力大，容易发生资金流转困难，严重制约企业转型升级。五是盈利水平低。多数需要转型的企业处在整个产业链的底端，产品附加值低、劳动力成本上升以及高额的融资成本，企业盈利空间不断受到挤压，制约企业转型升级的能力。

经济不景气时转型升级困境抑制企业投资意愿，削弱投资能力。经济不景气时，企业盈利能力下降，融资难度加大，行业竞争激烈，使得企业转型升级难度进一步加大。有些企业受到较大冲击却又无法成功转型升级，不得不减少投资或者退出经营活动，部分企业甚至在资金利益上升的情况下放弃实体经营而转入虚拟经济，成为投机或者食利者。企业面临的转型升级困境限制资源配置的自由流动，加大了企业进行生产投资调整的短期粘性，从而加剧了经济波动，而在经济不景气时期更是如此。

## （三）宏观调控内在稳定器作用欠缺

### 1. 货币政策逆向超前调整略显滞后

在经济增长过程中，如果经济过热形势出现转向迹象，紧缩性货币政策就要及时作出超前性逆向调整。但是，在这一轮经济景气循环从高涨转向衰落的过程中，直到2011年末紧缩性货币政策才略有松动，且主要采用微降存款准备金率，而不是同时降低利率、贴现率和清理商业银行各种额外收费的办法。其结果不仅带来了M2、M1增速的迅速下降，而且导致后续各季度GDP增长率的持续下降。在以CPI衡量的通货膨胀率已经降到可控区间和经济增长率出现明显下滑情况下，存款准备金率等政策的调整继续滞后，难免带来企业特别是中小微企业融资困难和过重的融资负担，并因此诱发经济增长率的进一步下滑。图1－7描述了货币供应量和经济增长率的变化情况。从图中不难看出，从2011年第1季度起，GDP季度同比增速开始一路下滑，但M2增速也出现较大幅度下滑，以后的数

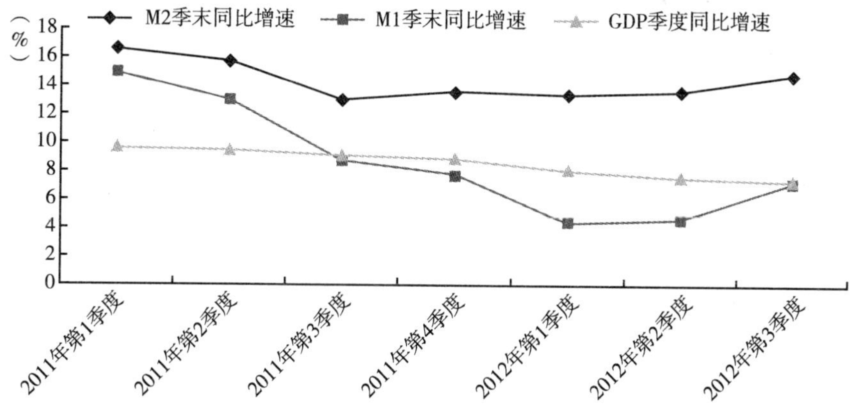


**图1－7　货币供应量与经济增长率的变化比较**

资料来源：中国人民银行网站和国家统计局网站。

月也都保持在较低位，特别是 M1 增速以更大幅度下滑，2012 年第 1 季度降至 4.4% 的低点。从 2012 年第 4 季度开始，GDP 增速下滑速度减缓，而 M1 和 M2 增速开始有较明显的回升，表明 2012 年第 2 季度以来政策放松的效应开始显现。但货币政策逆向超前调整的过于滞后一定程度上加剧了经济波动程度。

**2. 积极的财政政策的“积极”作用有待进一步发挥**

2012 年宏观调控的主基调是要在保持货币政策稳健的情况下充分发挥积极财政政策稳定经济增长的作用，但从实际表现来看，积极的财政政策并未能有效发挥“积极”的作用。2012 年前三季度财政支出增长速度为 21.1%，低于上年同期 6.4 个百分点，财政支出并没有体现出积极的特征。尽管前三季度财政收入增长速度大幅放缓至 10.9%，低于上年同期 11.5 个百分点，但更主要的是由于经济增长放缓、进口增长大幅降低、价格涨幅回落、企业利润下降等因素导致，是一种被动的减少，被广泛关注的主动推进的结构性减税产生的效应却过小，没能切实减轻企业负担，特别是地方政府通过加强税收征管和收费又部分抵消了结构性减税的积极效应，财政收入方面也没有充分体现积极的特征。例如，在房地产严厉调控对地方财政收入产生重大影响的情况下，2011 年前三季度地方财政收入增速仍然高于中央财政收入 8.4 个百分点，甚至比上年同期还提高 1.3 个百分点。从财政收支差额来看，前三季度财政结余为 6469 亿元，相比往年同期结余相对较少，但这只能表明积极财政政策的积极是“被动的”，主动进行的减少增支力度还是相对较弱的。从财政支出结构来看，同样存在积极程度不够的问题，主要表现为财政性固定资产投资所占比重过高，而财政性科技投资所占比重过低，尤其是财政用于支持企业技术改造和新产品试制等方面的支出，特别是此类贷款贴息支出所占比重更低，企业特别是民营企业技术创新及其长远发展能力的提升很难从积极的财政政策操作中得到应有的支持，一定程度上抑制了财政政策积极效应的充分发挥。

**3. 外贸政策调整和汇率形成机制改革赶不上形势发展需要**

中国在过去相当长一段时期，为了吸引外商投资和充分利用国外市场，采取了补贴生产特别是鼓励出口的政策，甚至上升为国家战略，过分强调出口需求带动经济增长的作用，以致产生了重生产轻福利的倾向。这种发展方式虽然曾经对本国资源充分就业和经济增长发挥过重要作用，但在新的历史条件下，外贸持续顺差和外汇储备大幅度增长带来的积极影响越来越小，负面作用日益明显，特别是导致了世界经济发展史上罕见的存款准备金率持续提高与外贸顺差、外汇储备大幅增加并存的两难困境，还诱发了世界经济发展史上少有的本币（人民币）对内大幅度贬值（通货膨胀）与对外持续大幅度升值并发的矛盾现象。这种现象的出现，不仅增加了国内金融机构和企业的经营成本，而且限制了中国出口产品特别是非加工贸易出口产品的国际竞争力，在一定程度上导致了出口增速的被动放缓。

**4. 不合理的流通体制和农副产品生产体制强化了物价结构性上涨的矛盾**

由于经济发展中生产率提高速度的差异，农产品生产成本（包括人工成本）上升后，农产品特别是食品类价格比一般工业品出现较大幅度的上涨是合理的。但是，如果农产品价格上涨幅度过大，而且并不是主要由生产率差异引起而是由体制障碍引起时，将对农业生产者利益产生损害，还会进一步抬高未来农产品价格，继而给消费者利益带来更大的损害。其中，流通环节的各种加价与收费是食品类上游产品销售价格大幅上涨的重要影响因素。具体而言，过高的过路费、过桥费、进场费和摊位费等名目繁多的各种收费，都是导致食品类价格持续上升的主要原因。食品类商品价格的上涨还将传导到相关产品中来，甚至会最终对人工成本产生影响，导致名义工资而不是实际工资的过快上涨，从而加大通货膨胀的压力。

## 四 2012~2013年宏观经济运行趋势与预测

### （一）趋势判断：在调整中蓄积力量，在震荡中促进回升

尽管2012年第三季度中国经济增长下滑趋势有所放缓，也有许多积极信号表明经济具有回稳的可能，但是，在中国经济所面临的环境并没有

发生根本变化的情况下，中国经济不会在短期内出现明显的复苏。具体说，未来中国经济运行所面临的不利因素主要表现在以下几个方面。

**1. 欧债危机的根本化解有待时日，全球经济复苏仍然缓慢**

世界银行认为2013年是全球经济危机的高峰年，并在2012年6月12日公布的《全球经济展望》报告中下调2013年全球经济预测增速0.1个百分点至3.0%。国际货币基金组织（IMF）则在2012年10月9日公布全球经济预测数据，并将2013年全球实际GDP增速下调0.3个百分点至3.6%。虽然两个世界性的组织对2013年全球经济预测增速不一致，但都表示了一定的悲观预期。其中，欧债危机的演化趋势仍然是影响全球经济走势的最重要因素，美国2013年减税政策和财政支出预算状况是另外一项可能影响全球经济的重大不确定性事件。从这个意义上来说，两种预测结果仍然是建立在欧债危机不再持续恶化而且美国经济能够延续复苏趋势的假设上。尽管美国房地产开工率有所增加并将一定程度上有助于美国经济好转，欧洲经济也由于2012年过度衰退而有内在反弹要求，新兴经济体也会由于政策趋向宽松而有助于遏制经济减缓的势头，从而使得2013年全球经济的表现将好于2012年，但是，在欧债危机、美国财政“悬崖”和日本重建后需求萎缩等因素的影响下，全球投资风险依然存在，全球银行和企业的资产负债表也有待修复，加之大宗商品价格波动剧烈等，都会影响2013年全球经济的表现，从而使全球经济的复苏仍然艰难而缓慢。

**2. 抑制房地产投机的政策不变，房地产市场反弹力度有限**

历经两年多的房地产严厉调控尽管遏制了房价的过快上涨势头，甚至迫使房价有了一定程度的回调，但是，全国房价整体水平过高的情况并没有得到根本扭转。而且，土地拍卖成交量下降可能造成未来房地产供应的减少，包括真实需求在内的购房需求的长期累积，反而加剧了房价上升的压力。尽管严厉的房地产调控也使部分房地产开发商特别是中小房地产开发企业资金紧张而降价促销，但是大型房地产企业资金过度紧张的局面并未全面出现，甚至由于中小房地产开发企业的退出而扩大了这类企业的市场份额，从而在一定程度上加大了房地产市场调控目标实现的难度。在这种情况下，2013年房地产调控只能继续从紧，即使有所调整，也只能是通过微调促进真实需求的释放。这种情况在客观上决定了房地产投资不可能出现大幅度增加。

**3. 结构性过剩产能的消化需要一个过程，重工业很难再现高增长**

由于以前若干年房地产投资、汽车消费和出口贸易快速增长，以及由此促进了城市化进程的迅速推进，中国重工业获得了长足的发展。加之地方政府发展经济热衷做大GDP的冲动，全国掀起了一股重工业的投资热潮。但目前这一状况正在发生逆转，房地产遭遇严厉调控，汽车消费由于汽车普及率已大幅提高和能源价格高企而增速放缓，经济增长率的下滑一定程度上抑制了城市化的进程，地方政府对支持重工业投资的热情下降，以往过度集中投资带来的重工业产能过剩还有待消化，等等，都致使重工业投资难以再出现以往高速增长的状况。从这个意义上讲，中国正呈现一种去重工业化的趋势。当然，去重工业化并不意味着中国已经比较彻底地完成了工业化的任务，而是对过去一段时期过快重工业化的一次纠正。中国工业化进程仍将持续，但一拥而上的重工业发展冲动将得到中止。即使到2013年后期我国出口增长和房地产投资市场均有望出现明显好转，也并不能从根本上扭转重工业投资放缓的趋势，重化工业投资很难再现其高增长过程。

**4. 新的经济增长点正在形成，经济增长内生动力有待蓄积**

在过去的三十年中，市场化改革、信息技术革命、全球化和重工业化等因素相继或者交织成为中国经济快速增长的推动力，使得中国经济的波动通常表现为过热而不是过冷，只有在受外部冲击时才会暂时表现增速放缓的特征，但此时强大的内在增长动力通常能够有效化解危机从而可以较快带动中国经济重新步入快速增长的轨道。然而，本轮经济下滑过程中，中国经济却缺乏足以带动经济走出困境的新的内在增长力量。2012年前三季度，专用设备制造业、化学原料和化学制品制造业等行业继续保持了较高的投资增速，分别达到47.7%和33.6%，但这些行业的增长是建立在其他下游行业需求快速增长的基础上的，所以难以成为独立支撑经济增长的新动力，特别是部分行业，如化学原料和化学制品制造业还将面临国家为避免产能过剩而加强审批的制约，生产投资的可持续性难度更大。这些行业较高的投资增速或许对2012年经济运行的稳定作用功不可没，但尚不足以成为带动中国经济走出困境的主要力量。另外，中国服务业也尚不具有服务全球的能力，它的发展还只能主要依赖于国内市场特别是工业制造业的发展，所以短期内也不能成为推动中国经济快速增长的新动力。

因此，在中国，新的经济增长点在短期内甚至在可预期的未来都难以出现，这将使中国缺乏可以带动经济持续增长的强大动力。但是，通过经济结构调整来提高资源配置效率，借助科技创新来促进转型升级，变粗放式发展为集约式发展，从而对中国现有发展模式进行整体改造，则有可能为中国经济注入新的增长动力。

尽管中国经济面临着诸多不利因素的影响，但是也面临着一些积极因素，从而有助于中国经济的复苏和增长。这些有利的因素包括“稳增长”政策的积极效应将逐渐增强、经济固有的自我修复力量在逐渐积聚、外需将出现较快的恢复性增长、包括收入分配体制在内的体制改革所具有的扩张效应的显现等。综合上述不利因素和有利因素可以预期，我国经济将在调整中逐渐积聚复苏力量，并逐渐呈现震荡中缓慢回升态势。

### （二）指标预测：2013 年经济增长率或达 8.5%

结合本报告其他各章分析，我们认为，2013 年中国经济将有比 2012 年更好的表现。具体来说，2013 年中国经济增长率或为 8.5%，居民消费价格指数或为 2.4%，全社会固定资产投资增长率或为 22.5%，社会商品零售总额增长率或为 15.5%，贸易顺差或为 2200 亿美元左右，进出口总额增长率或为 14.0%。包括 2012 年和 2013 年在内的主要宏观经济指标预测值如表 1－1 所示。

**表 1－1　2012～2013 年主要宏观经济指标预测值**

| 指　标 | 2012 年 | 2013 年 |
|---|---|---|
| GDP 增长率(%) | 7.7 | 8.5 |
| 居民消费价格指数上涨率(%) | 2.6 | 2.4 |
| 全社会固定资产投资增长率(%) | 20.7 | 22.5 |
| 社会商品零售总额增长率(%) | 14.1 | 15.5 |
| 贸易顺差(亿美元) | 2300 | 2200 |
| 进出口总额增长率(%) | 6.8 | 14.0 |

## 五　促进宏观经济平稳运行的政策建议

后危机时代中国面临的国内外经济环境都发生了重大变化，从而意味着也进入了一个新的发展阶段。这个发展阶段区别于以往的主要特点是：一是经济增长更多依赖于内部需求结构的调整而更少依赖于外部需求的带动；二是增长动力更多地来源于供给效率的提高而更少来源于需求总量的扩张；三是技术创新代替劳动力投入逐渐成为影响经济增长的最关键因素。考虑到这一发展阶段的新特点，以及基于对未来宏观经济运行状况的分析，我们认为，目前的“稳增长”政策迫切需要将内部需求的刺激与供给效率提高相结合、短期稳定增长和长期发展的目标相结合，优化供给结构，调整需求结构，在合理控制物价上涨的基础上，努力促进经济复苏并早日回到快速增长的轨道上。

**1. 继续实行积极财政政策和稳健货币政策，积极营造较为适宜的宏观环境**

实施更加积极的财政政策，重点是通过实行结构性减税、增支等措施，促进经济持续回稳。2012年前三季度财政支出增长速度为21.1%，低于上年同期6.4个百分点，财政支出并没有体现积极的特征。尽管前三季度财政收入增长速度大幅放缓至10.9%，低于上年同期11.5个百分点，但更主要的是由经济增长放缓导致的被动的减少。在当前经济初步回稳的形势下，迫切需要财政政策更加积极主动，不仅要适当扩大财政支出规模，还要通过结构性减税、增支推动经济回稳。稳健货币政策也要继续维持当前的适度宽松的政策取向，避免在经济略有好转时过早紧缩情况的出现。事实上，虽然2012年以来中央银行两次下调存款准备金率和两次下调金融机构人民币存贷款基准利率，一定程度上缓解了资金紧张的局面，但社会融资环境并没有得到根本改善，未来仍然需要保持相对宽松的货币供应环境。在货币政策操作力度上可以继续有所放松，特别是通过降低存款准备金率来增加货币投放，调整货币投放结构。2013年，中央银行可以将货币政策的物价控制目标暂时转向经济稳定目标，以降低货币政策多重目标带来的操作上的不确定性。

**2. 适当提高国民对物价上涨的容忍度，在进一步深化体制改革的过程中减少物价过度波动**

由于物价水平在短期具有下行压力而长期具有上涨压力，同时全球流动性泛滥也将可能导致大宗商品价格上涨，中国要适当增加对除资产价格之外的物价水平上涨幅度的容忍度，譬如4%，避免物价一旦出现上涨就立刻采取紧缩的货币政策。这是因为，这样的政策操作不仅无法消除物价趋势性上涨的根源，反而会加剧价格体系的扭曲程度，更会对经济回稳和增长产生不必要的损害，而适度的物价水平上涨则有助于增加农民的收入和提升劳动力工资，并有助于消化过高的房地产价格。同时，适当增加对物价水平的容忍度还有利于尽快通过体制改革来纠正扭曲的价格结构关系，例如资源品价格改革，从而对理顺生产消费关系和改变发展模式产生积极影响。在增加对物价水平容忍度的同时，应主要通过体制改革减少物价的波动，特别是要切实采取措施促进农产品流通体制改革，缓解食品类价格上涨过快的问题。应将政策调整的重点从补贴流通环节全面转向补贴生产环节，适时提高农副产品收购价格，发布农副产品市场供求信息和市场零售指导价格，直接还收益给农民。择机全面取消农产品国家级高速公路和过桥收费，鼓励农超对接，切实提高农副产品流通效率，维护农副产品价格稳定，增加农副产品有效供给。

**3. 坚持并进一步完善房地产市场调控政策，引导房价合理回归，促进住宅真实需求的释放**

根据国家公布的统计数据，2012 年 9 月份，70 个大中城市中价格下降的城市 55 个，持平的 3 个，上涨的城市 12 个，房地产调控取得了较明显的效果。但是，房地产调控并没有导致住宅价格大幅下降，反而伴随着住宅房地产开发投资增速的明显下滑，对经济增长造成了不良影响。住宅价格水平处于高位和住宅价格下行预期抑制了住宅需求特别是真实需求的释放，是导致成交萎缩和住宅房地产开发投资放缓的主要因素。因此，引导房地产价格进一步下降并回归至合理负担水平，促进住宅真实需求的释放，不仅将有利于居民负担的降低和福利的提高，也有利于住宅房地产投资的回升和经济的稳定增长。同时，由于房地产调控已经历时两年多，住宅价格的下降基本上不可能再引发任何系统金融风险。基于此，应尽快出台房地产税，并对投机性住宅交易征收高额房地产交易税，同时完善土地招拍挂体制，降低土地拍卖价格，以建立规范的有利于长期持续发展的房地产市场。而且，也只有这样，才能促进住宅真实需求入市，带动住宅房地产开发投资的较快增长，并促进经济的稳定增长。

**4. 优化投资结构，创新投资体制机制，推动投资合理增长，促进经济持续健康平稳较快发展**

投资仍是“稳增长”政策核心，除了通过减税政策和便利融资来降低投资成本，还应调整投资结构，创新投资机制，促进社会投资合理回升。第一，增加对中西部地区基础设施的投资，并带动东部产业尽快向中西部转移。基础设施投资是中国实施积极财政政策、扩大内需的重要着力点，应采取措施促进基础设施投资向中西部倾斜，在有效扩大基础设施投资的同时，破除产业向中西部地区转移的瓶颈制约，加快产业向中西部地区的转移和投资。第二，优化投资结构，加大对消费和民生类投资力度。增加公共财政用于教育、医疗卫生、社会保障和就业以及文化方面的民生投资支出，应向农村倾斜，向老、少、边、穷、后发地区倾斜，侧重向困难地区倾斜，促进基本公共服务均等化。第三，创新投资机制，以财政资金扩大和引导民间资金的投资。2008年以来，财政投资能力已经大幅降低，需要在扩大财政投资的同时，积极引导民间资金参与投资。对于具有一定自然垄断性的行业，可以采取国有资金控股、民间资金参股的方式投资运营；对于部分微利行业，则可以采取财政补贴或贴息、税收优惠等方式提高利润率吸引民间资金；对于部分基础设施类行业，则可以采取BOT的方式引入民间资金。第四，通过制度改革，进一步发挥民间投资的作用。切实落实“新36”，促进民营企业扩大投资；真正破除“玻璃门”与“弹簧门”；限制国有垄断部门的过度扩张，严格规定其经营范围，将竞争性行业尽可能交予民营企业。

**5. 调整居民储蓄倾向，发掘居民潜在消费能力，积极引导居民健康消费**

城乡居民过高的储蓄率是制约我国市场供求结构得到合理调整的重要因素。积极引导降低居民储蓄倾向，有利于我国经济结构的优化和潜在经济增长率的上移。

第一，明确社会保险改革思路，尽快降低居民预防性储蓄。由于老龄化社会的到来，养老与医疗保险资金压力日益增加，以个人账户来实现个人对风险的自我保障是降低社保基金压力与财政支出压力的必由之路。所以，短期来看克服强制储蓄的着眼点是尽可能降低个人因养老与疾病风险而自发进行的预防性储蓄。为降低居民的预防性储蓄，中国必须尽快明确并公布社会保险改革的总体思路。

第二，鼓励银行发展消费信贷，降低居民储蓄的向上刚性。为使居民能够对社会保障与高房价导致的被动储蓄进行调整，中国应当增加并拓宽消费金融渠道，特别是通过拓宽银行的消费信贷渠道来一定程度上降低被动储蓄倾向。

第三，努力规范和提振资本市场，通过“财富效应”引导居民入市，降低被动储蓄，并激发居民消费热情。目前要尽快推进股市投机监管和惩罚机制、投机欺诈补偿机制、上市公司分红机制等体制建设，通过适度宽松的货币政策来增加市场流动性，扩大社会保险资金入市的规模，鼓励上市公司股东回购流通股票，以此树立投资者信心，引导股市资金持续增长。此外，还应通过减免长期交易印花税、矫正机构业绩短期评比机制等措施，鼓励投资者树立价值投资理念，改变股市价值被低估的状况，促使股市上涨并尽快反映其应有价值。

**6. 调整进出口政策，优化进出口结构，促进贸易平衡**

调整进出口政策，放弃追求贸易顺差倾向，鼓励贸易平衡，甚至容忍一定时期一定程度的贸易逆差，获取贸易分工的利益最大化。20 世纪 80 年代中期以来，中国实际上走上了一条带有严重传统“重商主义”色彩的对外经贸道路，表现为过于重视贸易顺差，忽视“金本位和金汇兑”与“美元本位和美元汇兑”的本质差别。长期的对外贸易顺差，虽然带来了巨额外汇储备，但这些储备却面临着持续贬值的风险。目前，这条"重商主义"道路已经走到尽头。在这种条件下，我们既要重视对外经贸关系的处理和对外出口的必要增长，又要重视内外市场的平衡和进口的更快增长。要尽早从有效化解外汇储备过多和充分发挥外汇储备有力支撑转变经济发展方式的角度，积极扩大先进技术和设备、重要物资和原材料以及高质量生活资料的进口。当前，为了稳增长的需要，采取一些措施鼓励出口也是必要的，但是应该主要支持一般贸易和服务贸易的发展，不宜对加工出口贸易和资源耗费型产品贸易给予鼓励，以避免因过度补贴和过度出口而引致的本国产品恶性价格竞争所带来的利益损失。

## 参考文献

中国社会科学院财经战略研究院宏观经济课题组：《当前经济运行中的突出问题及应对》，2012 年 6 月 15 日 07 版（理论版）《人民日报》。

中国社会科学院财经战略研究院宏观经济课题组：《4 月份宏观经济形势与政策分析》，中国社会科学院财经战略研究院《专报》2012 年第 11 期。

中国社会科学院财经战略研究院宏观经济课题组：《5 月份宏观经济形势与政策分析》，中国社会科学院财经战略研究院《专报》2012 年第 20 期。

中国社会科学院财经战略研究院宏观经济课题组：《用科学发展的办法解决发展中的问题》，2012 年 8 月 3 日 15 版（理论与实践版）《经济日报》。

中国社会科学院财经战略研究院宏观经济课题组：《7 月份宏观经济形势与政策分析》，中国社会科学院财经战略研究院《专报》2012 年第 33 期。

中国社会科学院财经战略研究院宏观经济课题组：《实行宽松货币政策仍有较大空间——8 月份宏观经济运行与逆回购政策评析》，2012 年 9 月 24 日 08 版《经济参考报》。

中国社会科学院财经战略研究院宏观经济课题组：《调降存准和降低外储应双管齐下——9 月份宏观经济运行分析启示》，2012 年 11 月 1 日 08 版《经济参考报》。

# 增长与结构

# 第二章
# 潜在经济增长率回落中的经济波动

## 一 引言

自2008年中国经济增长速度减缓之后，由于扩大内需政策的促进作用，迅速出现了较大幅度的反弹，增速重返9%之上。2010年，中国经济依然保持了较快的增长势头，工业生产强力反弹，国内需求强劲，出口快速增长，“三驾马车”对于增长都作出了明显贡献。2011年，政策因素的影响逐渐衰弱，结构内生性调整的力量逐渐增强，经济增长出现了下滑势头，加之国际经济再次衰退，最终导致经济增速一路下滑。2012年这些不利因素持续发酵，宏观调控力度也相对不足，使得前三季度经济增长率只有7.7%，经济呈现了较明显的衰退特征。

毋庸置疑，2012年经济增长的不尽如人意主要是受外生冲击特别是外需不振和房地产调控的影响，从这个意义上，经济增长率下降具有周期波动的特征。然而，在经济发展过程中，中国已经出现了劳动力和土地等资源约束趋紧、要素成本上升的现象，部分行业也存在产能结构性过剩问题，而且全球经济也开始了再平衡进程，科技创新能力不足又制约着经济的成功转型升级，从这个意义上，经济增长率下降又具有趋势性特征，或者说，潜在经济增长率已经出现了回落，并在一定程度上导致实际经济增长率下降，加剧了经济波动的程度。

中国经济波动同时具有周期性特征和趋势性特征，将使政策操作面临更大的困难，因为，准确区分经济波动中的周期波动成分和趋势变动成分，是合理确定宏观调控方向和力度的基础，否则这种调控不仅不能对经济起到稳定作用，反而会成为引起经济波动的根源。因此，深入研究2011 年以来，特别是 2012 年中国经济波动的特征，区分影响经济增长率下滑的短期因素和长期因素，对于正确制定短期宏观调控政策和合理调整长期发展战略都具有重要意义。

## 二 中国潜在经济增长率的影响因素与判断

### （一）关于潜在经济增长率的讨论

潜在经济增长率通常是指一个国家或地区充分就业而又不致引起通货膨胀的增长率。从这一含义来看，潜在经济增长率原本是一种描述生产能力增长状况的概念，主要关注的是供给方因素。只要一个国家技术在进步，资本和劳动力等要素增长速度增加，潜在经济增长率也会增加。但是，这样的潜在增长率只是理论增长率，对于中国这样的发展中国家来说，土地和劳动力等资源某种意义上在特定阶段接近于无限供给，即使不受资本量的约束，也不能说中国该阶段的潜在经济增长率就是无限大的。事实上，有两方面的因素将限制这种无限经济增长：一是在特定时期一国的需求是有限的，会制约经济的无限增长；二是一国的国民经济体系非常复杂，即使需求无限、资源无限，但当生产不能简单无限复制时，重建国民经济体系就需要较长时间。这两种情况都约束了潜在经济增长率的提高。因此，在中国讨论潜在经济增长率时，不仅要关注技术进步、体制改革、资本供给、土地和劳动力供应等因素，更要关注需求方因素，而且需求方因素往往是决定中国经济增长的主要因素。然而，由于需求具有波动的特征，纯粹以可实现的需求来判断中国某时期的潜在增长率，无异于将潜在经济增长率等同于实际经济增长率，从而失去研究潜在经济增长率的意义。为了解决这一问题，我们可以采取将要素供给的趋势增长率对应的经济增长率作为供给方的潜在经济增长率，而将某阶段剔除波动成分后的需求趋势增长率来对供给方潜在经济增长率进行修正，并将修正后的潜在经济增长率称之为“可实现的潜在经济增长率”。“可实现的潜在经济增长率”和实际经济增长率之间的产出差额就是产出缺口。在这一意义上来探讨潜在经济增长率的变化情况，从而也就将主要关注影响需求趋势变化的长期因素。本章以下部分的讨论所涉及的潜在经济增长率也就是所谓的“可实现的潜在经济增长率”。

### （二）影响中国潜在经济增长率回落的因素

发展中国家经济发展的规律表明，在经历20年乃至更长时间的经济高速增长后，经济增长速度一般会呈现台阶式下降的特征。在经过30多年高增长后，支撑经济增长的要素条件已经发生变化，期待未来经济仍保持过去的高增长是不现实的。而且随着我国经济规模的持续扩大，基数效应也会使增长速度有所降低。我国潜在经济增长率在2007年出现拐点，此后呈现持续放缓的态势。学者普遍认为，增长阶段的转换符合经济增长的内在规律，从高速增长阶段向次高速增长阶段过渡是我国经济发展的必然经历。中国潜在经济增长率的下降既有国内原因，也受国际金融危机的深层次影响；既是我国主动进行宏观调控，主动转变经济发展方式、加快结构调整的结果；也是劳动力、资源、环境等要素约束加强及其供给模式变迁的结果。

#### 1. 劳动力供给减速，工资成本上升

劳动力投入的高增长是我国经济高速增长的重要动力。1993～2009年，就业人口年均增加0.96%，根据生产函数法测算，年均拉动经济增长0.8个百分点。但随着生育率持续下降和老龄化速度的加快，我国人口增长不断放慢，由此带来劳动年龄人口比重将出现下降，劳动力增长减速并转为下降。国家统计局数据显示，2011年，中国劳动年龄人口比重为74.4%，比上年微降0.10个百分点，是自2002年以来首次出现下降。中

国社会科学院社会学所预计在2017～2018年，中国总的劳动年龄人口将出现负增长，“人口红利”的高峰期将过。另外，大规模调研数据表明，农村地区剩余劳动力的大部分都已经被城市吸收，能再转移出来的劳动力数量越来越少。再加上受劳动力受教育时间不断延长等因素的影响，劳动就业时间不断推迟，就业率呈不断下降趋势。2000～2009年，就业率降低了1.1个百分点，年均降低0.12个百分点。若未来10年就业率继续保持这一趋势，2011～2020年将年均降低0.12个百分点。受劳动年龄人口、剩余劳动力和就业率三方面因素影响，中国劳动力供求关系将趋于紧张。普通劳动者尤其是农民工的工资已进入快速上升阶段。1991～2000年我国职工平均实际工资年均增长7.4%，2001～2010年上升到12.5%。2001年以来农民工实际工资增长较快，2001～2010年间用不变价计算的实际工资年均增长约为8.7%。

**2. 资源环境约束加强，发展成本上升**

中国特有的“快速工业化、出口依赖、投资驱动、粗放增长”的模式，已经严重威胁到中国可持续发展，资源供给约束、环境质量约束、生态容量约束以及气候变化约束进一步加强，这也是过去一段时间以来经济增速过高、过急、过快而带来的负面问题。高投入、高能耗、高污染式的发展不仅与我国人均资源、能源占有量低的禀赋条件不相符，加剧了我国经济运行的风险和对外资源能源依赖程度，而且更是对经济正常运行所需要的各种均衡关系的破坏，造成经济结构的恶化和宏观经济效率的损失。我国经济发展正处在工业化和城市化进程加快、居民消费升级阶段，居民消费向住宅、汽车、家电升级以及经济结构重型化，会使其对资源环境的需求快速增长，加剧资源环境对可持续发展的约束。要素价格的低估，特别是土地、水资源等要素价格的严重低估是导致“三高”型经济发展的深层次原因。我国目前的资源能源品定价机制中政府指导的成分较多，出于维护低价格或低通货膨胀等考虑，长期对重要资源实行低价政策，不能有效反映资源稀缺程度和市场供求关系，缺乏对投资者、经营者和消费者的激励和约束作用，也不利于高效节约利用。理顺资源品的管理机制和价格机制是改革的大方向，也是告别过去粗放型高增长的突破口。低能源成本和低环境成本的时代已经过去，我国依靠低能源成本和低环境成本等形成的所谓“投资成本洼地”效应将逐渐消失，未来科学发展的取向是实现节约资源、减少浪费、保护环境与提高经济增长质量和效益的“双赢”结果。

**3. 储蓄率下滑，人均资本增速减缓**

高储蓄率为银行提供了充裕的信贷资金，为国民经济发展作出了巨大贡献。高储蓄率和由此带来的高投资率分别是中国经济增长的“加油站”和“发动机”。1978～1993 年，我国的储蓄率在 30% 左右浮动。1993 年之后，年度储蓄率升至 40% 以上。1992～2009 年，我国储蓄率快速攀升，2009 年达到 51.8%。过度储蓄的货币难以用于投资，必然使得实体经济面临通货膨胀压力，并导致资本市场出现泡沫。从 1994 年开始，我国的储蓄率持续超过投资率，2007 年两者间的缺口已达 8.9%。在这一时期，中国的宏观经济时常会受到“偏热”乃至“过热”的威胁。储蓄过高除了引起经济失衡，还导致国民福利受损。超额储蓄意味着有一部分财富在不必要地“沉睡”，没有实质性参与提高民众物质文化生活水平的活动中去，使得这一时期的民众没有充分分享经济发展成果。为此，客观上有必要合理引导储蓄率下降。与此同时，从中长期来看，当前的高储蓄未来难以持久。人口年龄结构变化会影响储蓄率变动，人口抚养比每上升 1 个百分点，储蓄率将下降 0.8 个百分点。中国社会科学院人口劳动经济研究所预测，我国人口抚养比将于 2014 年达到最低点 35.4%，之后开始上升，2020 年达到 39.7%。据此预测，2011～2020 年，人口结构变化将带动储蓄率下降 2.8 个百分点。考虑体制政策因素的综合影响，2011～2020 年储蓄率将下降约 5 个百分点。高储蓄率的调整会引起投资速度放缓。根据生产函数法测算，2011～2020 年资本存量增速与 1993～2009 年相比，将下降约 4 个百分点，使经济增速降低约 0.9 个百分点。

**4. 体制改革效应弱化，全要素生产率下降**

全要素生产率主要反映资本、劳动力等所有投入要素的综合产出效率，全要素生产率的提高来自技术进步和制度创新等。国际比较研究表明，在经济高增长期，全要素增长率是经济增长的主要推动力量。这一特征在我国表现得更为显著。1978～2009 年，中国经济年均增长率达 9.8%，资本积累对 GDP 的贡献为 3.2～5.1 个百分点，劳动对 GDP 的贡献为 0.7～2.8 个百分点。据此推算，中国的全要素生产率增长对 GDP 的贡献在 3.5～3.8 个百分点。我国全要素生产率的贡献远高于国际平均水平，这使得我国经济增速明显高出国际平均水平。但研究同样表明，高增长阶段的结束主要也是由全要素生产率下降引起的。根据有关测算，我国全要素生产率增长率自 2007 年达到高点后有所下降，而短期内我国全要素生产率再难有大幅度提高，主要原因在于：一是短时期内技术水平难有大的突破和提高。二是劳动力再配置效应有所减弱。农业部门的劳动生产率和工业部门有着巨大差异，对于发展中国家而言，农业劳动力向工业和服务业部门的再配置带来的整体生产率的上升，是全要素生产率提高的重要来源。我国农村可转移劳动力数量出现下降趋势，其对全要素生产率的贡献也会下降。三是市场化改革的制度效应减弱。市场取向的经济体制改革释放了经济活力，提高了全社会资源配置效率，然而随着改革难度加大，市场化对经济增长的拉动作用有所减弱。

**5. 投资效率下降，工业化和城镇化扩张放缓**

劳动力供求关系的变化以及由此带来的工资成本上升，资源、环境约束压力加大，储蓄率和全要素生产率的下降都是从供给角度带动了潜在经济增长率的下降。除此之外，需求的变化也在影响潜在增长水平。首先表现为投资效率的下降。快速增长的固定资产投资是近 20 年来我国经济高速增长的主要源泉。1991～2000 年全社会固定资产投资年均实际增长 17.9%，2001～2010 年年均实际增长 23.3%。但投资在高增长的同时，也存在效率不高的问题，从而造成资本积累的效果欠佳。2003 年以前，各年全社会固定资产投资与固定资本形成总额相差较小，1990～2002 年两者比例在 0.9～1 之间。2003 年以来，两者差距不断扩大，全社会固定资产投资一直高于固定资本形成总额。2003 年两者比例为 1.04，随后逐年上升，2010 年达 1.45。其次，曾经作为投资重点的高速公路、机场、港口等基础设施继续扩大投资的空间已经不大，钢铁、水泥等重要工业产品的产出长期峰值期已经或接近到来，这些都使工业化阶段的快速扩张空间相对收缩。最后，随着“人口红利”衰竭和“刘易斯拐点”的到来，我国的城镇化进程将会放缓。2007 年，我国的城镇化水平达到 44.9%，比 2006 年世界平均水平低 4.1 个百分点，比高收入国家低 33.1 个百分点，表明我国城镇化还有很大潜力可挖。不过预计今后城镇化平均每年提高的速度将保持在 0.8 ~1 个百分点，很难再现 2000 年以来每年 1.35 ~1.45 个百分点的增幅。

**6. 全球经济再平衡，外部需求增速趋势性下降**

2001 年我国加入 WTO，外商直接投资大举进入，对国内企业生产技术和管理制度的改善和提升产生了良好的溢出效应，全面的对外开放也使市场化改革和结构调整步伐得以加快。外资进入带来的“学习效应”有利于我国企业生产技术和管理水平的提高，带来的“鲶鱼效应”则加剧了国内企业竞争压力，迫使其加快建立现代企业制度，更加注重学习和创新，“优胜劣汰”也推动结构调整和效率提高。经过十余年的消耗，这些“入世红利”已在衰减。2008 年全球金融危机爆发前，发达国家信贷支撑的周期进一步刺激了中国经济增长势头。2005 ~2007 年，净出口对整体 GDP 增长率的贡献高达 2 ~3 个百分点。自 2008 年以来，经济增长对外部需求的依赖逐步减少，2011 年净出口对整体 GDP 的贡献率降为负值。中国已经不像以前那么依赖出口了，中国当前的经济下滑在一定程度上是增长模式由外需向内需转型的体现。国际金融危机之后，发达国家提出实现全球经济体系再平衡，发达经济体的衰退和脆弱的复苏使得外需疲软。发达国家正致力于增加储蓄、降低消费，外需增速下降将成为一种趋势。

## （三）潜在经济增长率的判断

我们试图测算当前和未来一段时间的潜在经济增长率，以对经济波动的性质进行更为准确的刻画。我们首先测算供给方的潜在经济增长率，并在此基础上根据需求方的趋势性变化对之进行必要的修正。

在现有的潜在产出分析中，有些引进了多种要素，但是，引进一种要素（如技术、碳排放）的目的一般是为了说明这种要素对于潜在产出的影响，而我们对于潜在产出分析并不需要分析这些要素的额外影响，只需要考虑最基本的劳动、资本要素所带来的潜在总产出。因此，在生产要素的选择上，仅选择最基本的资本与劳动。

对于总产出函数的形式，我们假定我国的总产出近似服从 Cobb-Douglas 生产函数。总产出函数的对数形式可以表示为：

$$Y = A_t K_t^{\alpha} L_t^{\beta} + \varepsilon_t$$

其中下标 $t$ 取 1 时表示传统部门，取 2 时表示现代部门，我们分别对两个部门进行估计。取对数之后，回归方程为：

$$\ln(Y_t) = \ln(A_t) + \alpha\ln(K_t) + \beta\ln(L_t)$$

我们采用 1991～2012 年的年度数据。数据来自中经网统计数据库，2012 年数据为估计值，其中经济增长率的估计值为 7.8%，投资增速估计值为 20.7%，劳动力增速假设比例人口自然增长率在 0.65%。根据传统部门与现代部门的生产函数回归结果，我们首先通过计算 2008～2012 年的潜在产出，然后推算出相应年份的潜在经济增长率。据测算，2008～2012 年的潜在经济增长率平均值达到 11.2%。

这一结果更多是根据要素供给趋势增长和经济内部平均参数值计算而得。它只能表明 2008～2012 年中国经济具有 11.2% 的供给增长能力，但并不是一种“可实现的潜在经济增长率”。

事实上，自 2008 年全球金融危机后，中国更深层次的经济结构已经发生了变化，特别是需求方因素已经发生趋势性的变化。最明显的是，2008 年以后，中国巨额双顺差的局面将不复存在，进出口贸易20%～40% 的高速增长也不会再持续出现，前者将降低净出口对中国经济增长的拉动，后者则会影响中国的投资和消费增长。在中国消费需求无法快速提升的情况下，再加上中国未来需求影响因素的变化状况，中国需求方因素的变化，将导致中国经济增长率降低 2～3 个百分点。因此，中国 2008 年以后“可实现的潜在经济增长率”事实上将明显低于供给方潜在经济增长率 11.2%，我们判断应该在 8.5% 左右，而且未来 5～10 年都将维持这一潜在经济增长率。

## 三　实际产出与潜在产出间的缺口

2011 年以来，中国实际经济增长率呈现逐级下跌趋势，2012 年第 4 季度已经跌破了 7.5%，社会各界特别是工业生产企业普遍感受到较大的经营压力。在这样的形势下，有这样一种观点，即经济增长率下降有利于结构调整，从而有利于中国经济长期健康发展。从某种意义上来说，这样的观点有一定的道理。然而，经济增长率的过度下滑导致实际产出与潜在产出的缺口过大，也会加剧产能过剩，造成资源浪费，如果这种状况持续时间较长，甚至会扭曲经济结构和威胁企业生存，从而损害经济长期增长的基础。实际产出与潜在产出间的缺口应保持在合理区间，如果过大就应该及时加强逆向调控，这样既允许实际经济增长率的一定波动，又将之控制在一定区间之内，促进经济持续稳定增长。因此，准确度量这种缺口的大小，判断其合理性，分析其形成的原因，将能够为有针对性的逆向宏观调控提供必要的指导。

**1. 实际产出与潜在产出间的缺口超出合理水平**

我们的分析和判断表明，中国目前乃至未来一段时期，潜在经济增长率较全球金融危机前回落至 8.5% 左右。2012 年第 1、第 2 和第 3 季度，实际经济增长率分别为 8.1%、7.6% 和 7.4%，分别低于潜在经济增长率 0.4 个百分点、0.9 个百分点和 1.1 个百分点。就 2012 年前三季度 7.7% 的实际经济增长率而言，相对 2011 年 9.2% 的实际经济增长率，有 0.7 个百分点带有趋势性回落的特征，另外 0.8 个百分点则带有周期性回落的特征。由于中国还是发展中国家，虽然现阶段资源约束趋紧，但是劳动力和土地等资源仍然具有一定的增长和利用空间，从而对于实际产出高于潜在产出即经济过热的承受能力相对较强，但对于实际产出低于潜在产出的经济过冷承受能力相对较弱，因此中国经济波动的合理区间围绕潜在产出呈现一种不对称性。就新的阶段而言，只要实际经济增长率不高于潜在增长率 1.5 个百分点，不低于潜在增长率 1 个百分点，并且持续时间不足够长，从而不会扭曲经济结构，都应属于正常的波动范围，否则就应该加强逆向宏观经济调控。

就 2012 年而言，前三季度实际经济增长率为 7.7%，似乎仍在正常的波动范围内，但是由于两种情况的出现，仍然需要加强逆向调控以尽快消除产出缺口：一是 2011 年以来实际经济增长率由较高水平呈现逐级持续回落态势，直至 2012 年第 3 季度降至 7.4%，下跌趋势明显，持续时间又久，因此需要加强逆向宏观调控；二是目前仍然处于潜在经济增长率由高向低的过渡过程，从这个意义上，实际产出不应过度低于潜在产出，否则对经济结构和企业发展都会造成极大的损害，破坏经济恢复正常增长的基础。由于这两个原因，尽快进行逆向宏观调控，将实际经济增长率维持在新的潜在经济增长率附近，才是应有的政策操作选择。

**2. 投资减缓是导致产出缺口急剧扩大的主要因素**

中国 2012 年产出缺口的产生主要是因为外需不振、房地产严厉调控、产能结构过剩以及先前扩大内需政策的效应衰减等因素导致的。当中国潜在经济增长率降到 8.5% 附近时，三大需求的结构比例关系将发生变化。

由于全球再平衡趋势加剧，进出口贸易带来的净出口值对中国经济增长的贡献将趋于消失，进出口贸易对中国经济增长的贡献更多地表现为规模的温和增长对国内投资和消费的带动。房地产调控的主要目的是要调节不合理的住宅需求结构和抑制住宅价格，所以不是而且也不能够长期抑制房地产投资的合理增长。由于上一阶段重工业化加速等导致居民可支配收入在国民收入中所占比重下降的因素在逐渐消失，以及政府极力推动的收入分配体制改革，居民可支配收入增速与资本所得份额和政府所得份额的增长速度间的差距将缩小甚至超越，居民消费增长相对投资将有所加速。综合这些因素，我们认为在潜在经济增长率回落至 8.5% 时，三大需求对经济增长的贡献份额将发生变化，其中消费对国民经济增长的贡献份额将上升，投资的贡献份额将略降，净出口的贡献份额将趋于零。基于这一分析，我们预测假设潜在通货膨胀率为 3% 的情况下，潜在经济增长率对应的潜在投资增长率将在 24.5% 左右，潜在消费增长率将在 16.5% 左右。

2012 年前三季度居民消费价格指数为 2.8%，全国固定资产投资增长率为 20.5%，全国消费品零售总额增长率为 14.1%，分别低于潜在经济增长率4.2个百分点和2.6个百分点，投资增速下滑仍然是导致产出缺口急剧扩大的主要因素。事实上，也正是出口增速明显下滑、住宅房地产开发投资增速急剧下降和结构性产能过剩等因素对投资造成了直接冲击，导致了实际产出与潜在产出间的产出缺口急剧扩大。消费增速的放缓也主要是由投资下滑导致产出下降引起的，并进一步影响了实际产出。图2-1和图2-2

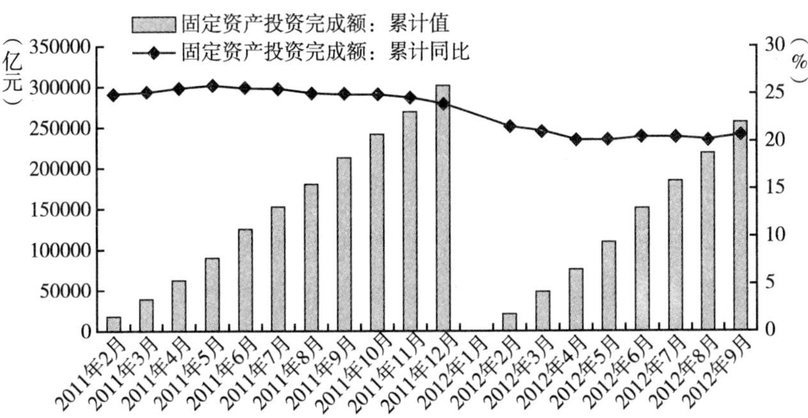


**图2-1　2011年2月至2012年9月固定资产投资完成额及同比增长情况**

资料来源：wind 咨讯。

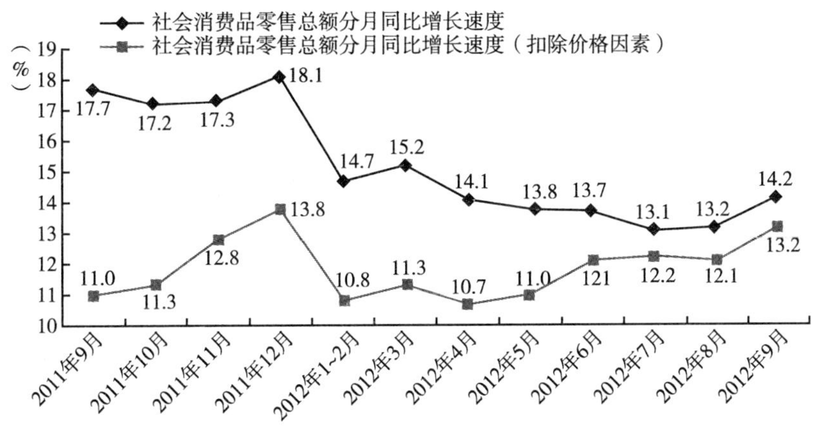


**图2-2　2011年9月至2012年9月社会消费品零售总额月同比增长情况**

资料来源：中经网统计数据库。

分别描述了2012年固定资产投资和社会消费品零售总额的增速变化情况。从图中不难看出，尽管2012年前三季度社会消费品零售总额名义增长14.1%，但如果扣除价格因素实际增长11.6%。因此，全国固定资产投资增速的持续下降是影响2012年经济增长持续放缓到较低水平的最主要影响因素。

## 四 潜在经济增长率回落时缺口过大的影响

中国潜在经济增长率自2008年后开始有所回落，而实际经济增长率也经历了较大的波动。在潜在经济增长率回落过程中，实际经济增长率过度回落而导致产出缺口过大，会对经济社会造成诸多不良影响，从而不仅会造成资源的浪费和错配，还将增加未来经济增长的成本。总体来说，产出缺口过大将主要导致以下问题。

**1. 加剧企业经营困境，延缓经济结构调整**

当潜在经济增长率回落时，经济结构就不得不进行自我调整，但有两种可能的调整方式。一是当实际经济增长率自原来较高的实际产出水平缓慢回落，并逐渐维持在新的潜在经济增长率附近时，由于回落幅度相对较小，持续时间相对较长，就有可能在不压缩现有产能的基础上，只通过缩小每年的新的投资规模，就可以实现结构调整的目标。二是当实际经济增长率自原来较高的实际产出水平迅速回落，并且大幅低于新的潜在经济增长率时，由于回落幅度较大，持续时间较短，经济结构调整也会以一种较为剧烈的方式进行，即压缩现有产能，甚至一些企业会被迫破产倒闭，但由于产能过度压缩，未来不得不再重新投资，从而造成资源的极大浪费。自2011年第1季度到2012年第3季度，中国实际经济增长率从9.7%跌至7.4%，已然明显低于新的潜在经济增长水平，这导致部分行业本来存在的产能过剩问题更加严重，造成资源的大量闲置浪费，而且部分企业亏损严重，降低了通过转型升级实现结构升级的能力。图2-3描述了2011年工业企业利润总额累计增速变化状况。从图中不难看出，2012年工业企业利润总额累计增速明显降低，特别是三资工业企业利润、国有及国有控股工业企业利润总额累计增速更是显著下降。当然，实际经济增长率的过度降低也淘汰了部分企业，从而实现了强制性的结构调整，但是这种调整方式毕竟会严重浪费资源和容易引起失业，不仅不应该提倡，而且应该极力避免。

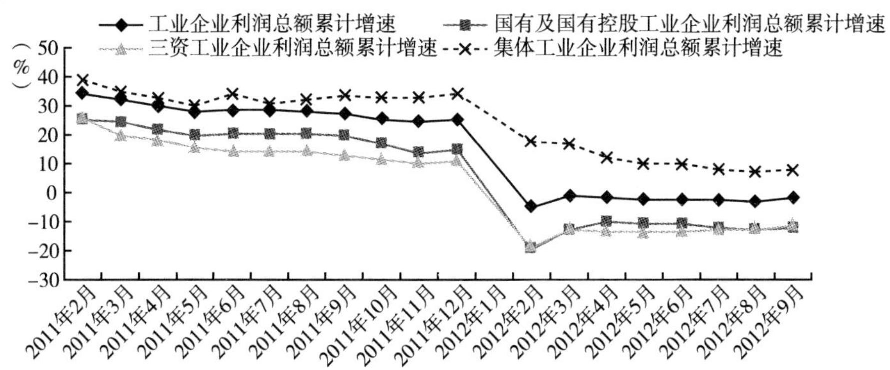


**图 2-3　2011 年 2 月至 2012 年 9 月工业企业利润总额累计增速变化状况**

资料来源：中经网统计数据库。

**2. 造成就业困难，阻碍农村劳动力顺利转移**

中国经济增长很大程度上仍然是靠要素投入特别是劳动力扩张带动的，在经济增长速度放缓或增加时，对要素特别是劳动力的需求也将随之减少或增加。根据人力资源与社会保障部公布数据，2012 年 1～9 月，全国城镇新增就业 1024 万人，完成全年 900 万人目标的 114%。城镇失业人员再就业完成 432 万人，完成全年 500 万人目标的 86%。就业困难人员实现就业 135 万人，完成全年 120 万人目标的 113%。第 3 季度末，城镇登记失业率为 4.1%，与第 2 季度末持平。这些数据表明 2012 年经济增长没有对劳动力就业造成明显的冲击。但是，据我们测算，2012 年前三季度，第二、第三产业的平均实际增长率为 8.0%，第二、第三产业就业人数增长率为 2.96%，就业弹性为 0.37。由于 2012 年前三季度第二、第三产业的平均实际增长率低于上年同期 1.96 个百分点，根据 0.37 就业弹性计算，导致了第二、第三产业就业人数少增加了 0.72 个百分点，约 378 万人。因此，虽然人力资源与社会保障部公布的数据相对乐观，但是由于经济增长率的过度下降，对新增就业人员的吸纳能力明显下降，相应减少了农村劳动力转移的人数，阻碍了城市化进程的推进。

**3. 降低财政收入增速，加重财政负担**

当实际经济增长下降幅度过大时，财政收入增速也会明显下降。中国在经济高速增长时，进出口规模不断增长，房地产市场过度繁荣，重工业化快速推进，关税、增值税和营业税等大幅增加，从而导致财政收入弹性增大，使得财政收入呈现一种超经济的增长态势。然而，一旦实际经济增长率下降，伴随着进出口规模增长放缓，房地产市场趋冷，去重工业化乍现，财政收入增长速度也会以一种超经济的方式急剧放缓。由于政府的支出具有一定刚性，财政收入的过度下降将极大加重财政负担，甚至会导致政府特别是地方政府向企业强制并过度征收税费，企业经营困境雪上加霜。而且，此时中央财政会着力于宏观调控而采取减税和增加支出政策，但在财政收入减少的情况下，中央财政能力将严重下降，如果过度举债又会增加未来财政运行风险。图2-4描述了2000～2011年财政收入增速与GDP名义增速的差异。从图中可以看到，2000年以来财政收入增速一直高于GDP增速，2008年经济增速下降时二者的差异明显缩小，只有1.35个百分点，其他年份都维持在较高的水平。这一点从财政收入弹性变化也可以看出来，2008年税收弹性只有1.07。2012年前三季度，财政收入增速只有10.9个百分点，比上年回落18.6个百分点。虽然财政收入增速下降有利于减轻企业负担，但是长时间过度下降也容易导致一些上述所说的诸多问题。

**4. 容易导致债务危机，增加金融系统风险**

当实际经济增长率过度下滑时，由于企业利润下降和财政收入增速放缓，会分别加重企业和政府的负担。对于企业而言，当企业利润下降而又无法尽快摆脱困境时，企业债务负担将进一步增加。对于许多中小企业而言，由于通过民间借贷融入资金成本高昂，将极易陷入财务危机而无法偿还。当这种情况出现时，在互相担保借贷方式盛行的地方，大批企业将因为链式反应而陷入财务危机，并进而波及银行等金融机构，增加金融系统

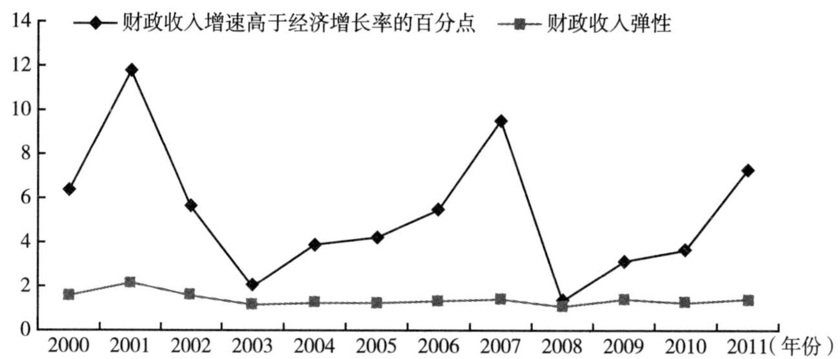


**图 2-4　2000～2011 年财政收入增速与 GDP 名义增速的差异状况**

资料来源：根据《中国统计年鉴 2011》有关数据计算而得。

风险。对于地方政府而言，财政收入增速的放缓将导致由财政担保的地方融资平台偿债能力的下降，从而引起地方融资平台的财务信用危机，并将提高银行的不良贷款比率，从而增加金融系统风险。截至第 3 季度末，除华夏银行、中信银行、南京银行尚未披露数据外，其余 13 家上市银行不良贷款余额为 3714.35 亿元，其中五大国有银行体量最大，为 3206.2 亿元，股份制银行及城商行分别为 470.93 亿元和 37.22 亿元。不同于国有银行的有升有降，除华夏银行不良贷款率小幅减少 0.07 个百分点外，几乎所有股份制银行第 3 季度不良贷款两项指标都出现了上升。其中，不良贷款主要集中于批发业和零售业，特别是主要集中于华东地区，尤其是江浙两省。因此，经济持续下滑已经引起局部地区金融系统风险开始显现。

## 五　2012～2013 年经济增长趋势与预测

在明确当前实际产出缺口的情况下，较深入地研究影响未来经济增长的因素，判断经济增长趋势，将有助于提高政策的前瞻性和提高政策操作的准确度。

**1. 趋势：需求将所有回升，增长动力将进一步加强**

（1）投资需求将明显增加。尽管外部需求不振、房地产严厉调控和产能结构过剩等影响投资增长的主要因素在 2012 年第 4 季度和 2013 年都不会发生根本改变，但是对投资的不利影响仍然会有所减轻，特别是出于稳增长的需要，政府也会逐步增加基础设施类和民生项目类投资，加之经济低位徘徊已久，也内生地要求扩大更新性投资。这些因素共同决定了未来投资增速将有所上升，投资稳定经济增长的作用将进一步增强。

（2）消费需求将继续提升。2012 年 9 月份，社会消费品零售总额的名义增速和实际增速同步回升，这一回升趋势将延续到 2013 年。这是因为消费潜力的释放主要源于居民收入的支撑。2010 年以来，中国城镇家庭人均可支配收入保持较为平稳的增长趋势，农村家庭现金收入增速尽管略有放缓，但是仍保持着较高的增长水平。2012 ~ 2013 年，全国居民的收入水平增速有望继续保持较高的水平；政府的消费刺激政策也将逐步释放。这些因素决定消费增速将得以维持并有所提高，从而对经济增长的拉动作用也将有所提升。

（3）贸易顺差或现轻微减少。未来全球经济的增长动力有望有所增强，尽管欧债危机仍有恶化的可能，但是倾向于减轻的概率更大。因此，中国未来出口增长速度将有所提升。同时，由于中国经济触底回升要求较强，加之政府稳增长的决心较大，国内经济活跃度将提升，从而导致进口将以比出口更快的速度增加。综合来说，2013 年贸易顺差将较 2012 年略有缩小，从而对经济增长的贡献度将消失甚至转为负值。

**2. 预测：产出缺口将缩小，实际增长有望达到潜在值**

综上所述，随着 2012 年 5 月以来国家积极财政政策和适度宽松货币政策的执行，2012 年第 4 季度国内需求有望稍有回暖，经济增速回调过程有可能结束，即使下一步经济增速不会出现明显回升，经济增长总体也将表现为“走稳”的态势。2012 年第 3 季度 GDP 同比增长 7.4%，前三季度累计同比增长 7.7%。按照此计算，只要第 4 季度同比增速达到 6.9%，经济就可以实现政府规定的 7.5% 的年 GDP 增长率。根据我们使用的经济预测模型的计量分析，以及需求因素的未来可能表现，我们预测 2012 年中国经济增长率应在 7.7% ~7.8%。按照时间序列分析的计量结果，同时考虑到 2013 年中国可能面临的国内外形势，2013 年的经济增长率大体在8.2%～8.7%，从而将接近潜在经济增长率，产出缺口倾向于缩小乃至消失。

## 六　“稳增长”的政策建议

“十二五”规划将未来五年的目标经济增长率调低至7.0%。虽然政府规划的经济增长率的目标值并不等于潜在经济增长率，但是它对于引导政府进行政策调整和宏观调控都具有重要的指导意义。“十二五”规划的7.0%的经济增长率是政府从实际工作层面出发，必须要保证的目标值，而从我们所谓的产出缺口来看，7.0%的经济增长率已经明显低于8.5%的潜在经济增长率，从缩小产出缺口的角度出发，也必须要进行逆向宏观调控。“十二五”规划调低经济增长率的战略意义在于凸显了政府在维持经济增长的同时，将致力于加快转变经济发展方式、切实提高经济发展质量和效益的决心。从而，中国当前“稳增长”的宏观调控政策也要与转方式、调结构、控物价、抓改革、惠民生相结合，努力以长期发展的视角来制定实现短期调控目标的政策，在实现短期经济平稳增长、消除产出缺口的同时，着重提高长期的潜在经济增长率。

因此，当前中国“稳增长”的政策，除了继续维持已经在实施的积极财政政策和适度宽松的货币政策外，更应重视通过政策调整和体制改革来实现长期发展的目标。具体来说，要努力在以下方面作出重大的政策调整。

第一，继续维持当前适度宽松的货币政策，但是应降低存款准备金率来改善流动性投放结构。

2012年以来中央银行两次下调存款准备金率和两次下调金融机构人民币存贷款基准利率，一定程度上缓解了资金紧张的局面。8月和9月大量频繁的逆回购操作，进一步促使9月末广义货币（M2）余额同比增长率提高到14.8%，狭义货币（M1）余额同比增长率达到7.3%（一定程度上受上年基数较低的影响），社会融资环境进一步得到改善。但由于经济初现回稳迹象，经济活跃度有所增加，而企业利润下降导致自身投资能力有限，在未来仍然需要保持相对宽松的货币供应环境，在货币政策操作力度上只可略有放松，但不可过早转向紧缩，特别是要将货币政策目标、物价控制目标暂时转向经济稳定目标，以降低货币政策多重目标带来的在操作上的不确定性。在坚持适度宽松的货币政策的同时，还需要加大货币流动性投放结构的调整，主要是采用降低存款准备金率、减少逆回购和外汇占款的方式来投放货币流动性，以降低宏观经济的运行成本。这是因为，较高的存款准备金率不仅会增加银行和企业的经营成本，同时由于会减小货币乘数而迫使中央银行投放更多高能货币，从而导致铸币税大幅提升，加重经济运行负担。例如，2012 年 8 月底中央银行货币发行余额上升至 55069. 10 亿元，这相当于对国民经济征收了巨额的铸币税。

第二，实施更加主动的积极财政政策，主要通过结构性的减税增支来提高经济活跃度和创新积极性。

2012 年前三季度财政支出增长速度为 21. 1% ，低于上年同期 6. 4 个百分点，财政支出并没有体现积极的特征。尽管前三季度财政收入增长速度大幅放缓至 10. 9% ，低于上年同期 11. 5 个百分点，主要是由经济增长放缓导致的被动减少。在经济初步回稳的形势下，迫切需要财政政策更加积极主动，不仅要适当扩大财政支出规模，还要通过结构性减税增支推动经济回稳。目前，要尽快结合结构调整推动结构性减税，并在部分行业和地区率先推广“营改增”，及时发挥体制改革的经济扩张效应，同时坚决制止和纠正地方政府征收“过头税”和乱收费、乱摊派的做法，切实减轻企业负担，充分发挥减税对稳定经济的积极效应。在财政支出方面，除继续适度加大基础设施投资外，要更加注重具有杠杆效应的支出方式的运用，特别是要加大对技术改造贷款贴息的支持，以及对中小微企业贷款担保公司的财政支持。

第三，以投资促进特别是投资结构调整为“稳增长”政策的核心，实现短期增长和长期发展的有机结合。

在促进投资时，要努力完善投资布局，避免安排和支持短期能够拉动内需但长期不能有效增加供给能力的投资，特别是避免对产能已明显过剩的产业的投资。为了促进投资热点的出现，还应破除当前经济体制和经济结构中那些约束投资增长和投资结构调整的障碍性因素。具体来说，这些因素包括如下几点：①企业经营负担过重，提高了企业投资的成本；②融资成本差异较大，扭曲了企业投资的结构；③科技创新能力较弱，阻碍了企业投资的升级；④专业化分工程度偏低，降低了企业投资的效率；⑤行业进入壁垒过多，限制了企业投资的机会；⑥终端消费需求不振，约束了企业投资的扩张。为破除这些障碍因素，形成更加合理的投资结构并形成新的投资热点，应努力做到以下几点：①继续推进财税金融体制改革，降低企业投资成本和调整企业投资结构；②持续加大对科技创新的支持力度，尤其要鼓励对其他产业具有基础改造意义的新兴战略产业的发展；③增加对中西部地区基础设施的投资，促进东部产业尽快向中西部转移；④支持生产性服务业的发展，不断将专业化分工引向深入；⑤破除行业壁垒，增强对中小企业进入垄断行业的支持和保护力度；⑥努力规范和提振资本市场，通过“财富效应”来激发居民消费热情和带动企业投资。

第四，重新审视对外贸易战略，尽快实现由生产导向型向福利导向型增长方式转变，回归经济增长的本来要义。

出口导向型贸易战略伴随的双顺差曾经为我国经济带来强劲的增长动力，但是目前这一国际分配关系为我国带来的收益越来越低，而成本越来越高，逐渐发生不利于我国而有利于国外的变化。在这样一种贸易战略下，出口对经济增长的需求拉动作用得到重视，而贸易分工效率对经济增长的促进作用被忽略；贸易顺差的作用得到重视，但顺差的有效运用以提高国民福利的作用被忽略。这说明，出口导向型贸易战略其实是一种生产导向型的发展战略，在经济发展初期，当我国资本缺乏和资源富裕时，这一战略有利于经济增长和资本的迅速积累，而在资本充裕和资源紧张的新阶段则不仅无益于经济的可持续增长，更加会压缩我国居民的消费从而损害我国居民的福利。因此，当前应尽快实现由生产导向型向福利导向型发展方式的转变，以回归经济发展的本来要义。这一转变也将有利于居民消费的增加和需求结构的调整，会为经济增长注入新的发展动力。具体而言，当前应该通过完善人民币汇率形成机制、减少对生产部门特别是外商投资的优惠补贴政策和提高国内居民消费能力等措施，尽快实现这一发展方式的转变。

第五，“政府主导”经济转变为“政府服务”经济，以身份的超脱为各类经济主体创造公平的竞争环境。

政府过多的行政干预不利于市场运行。中国的过多投资问题很大程度上根源于政府主导，特别是地方政府的投资冲动。在长期的“政府主导型”经济模式下，金融抑制严重，居民被迫进行预防性储蓄，利率被人为压低，而且金融资源过度集中于带有垄断性质的大型金融机构，民营企业获得金融资源的难度较大。同时，民营企业也得不到与国有企业，特别是中央企业同样的行业准入机会和市场准入机会。政府主导经济和国有企业享受特殊待遇相结合，最终导致中国经济增长产生了严重的“投资依赖”，极易因过度投资而引起经济波动。基于此，将来应该将过去政府主导的投资转变为市场主导，将过去政府筹资投资转变为以民间投资为主。政府今后要站在更高的位置，具有更远的视野，在把控投资中要做到创造宽松的投资环境，让民营企业自主投资。此外，中国的制度体系中是硬制度少、软制度多，政府的可操作空间过大，监督不到位，为寻租行为提供了空间。应通过加强法律和制度建设，规范政府部门行为，为各类经济主体提供公平的市场竞争环境，使“新36条”真正落到实处。

## 参考文献

国务院发展研究中心“中等收入陷阱问题研究”课题组：《中国经济潜在增长速度转折的时间窗口测算》，《发展研究》2011年第10期。

牛立超：《中国经济的潜在增长率及其多维动态平衡》，《改革与战略》2011年第12期。

潘宏盛：《中国经济的结构性变化与货币政策取向》，《经济社会体制比较》2011年第6期。

赵留彦：《经济学（季刊）》2006年第5卷第4期。

郑挺国：《中国产出缺口的实时估计及其可靠性研究》2010年第10期。

# 第三章
# 中国经济结构失衡指标体系的构建与探析

## 一 引言

在经历了三十多年经济快速增长之后，中国经济结构失衡问题越来越受到关注，然而，遗憾的是，迄今为止，我们还没有一套对经济结构失衡程度作出科学度量的工具①。经济结构失衡指数量问题之所以重要，那是因为如果经济增长带来的经济结构失衡仅仅是偏离均衡的微小失衡，我们完全有理由减少对经济结构失衡的顾虑，一如既往地推进经济增长；反之，如果经济结构失衡非常严重，尤其是经济结构失衡带来的成本远远超过失衡带来的收益时，就不得不反思经济发展路径存在的问题。虽然对于宏观经济失衡指数量进行探索的研究不乏出现，但是，对于宏观经济失衡指数量的研究代替不了对经济结构失衡指数量的研究，因为宏观经济的短期平衡可能正是经济结构失衡的根源。例如，2009 年为了稳定经济增长

① 虽然项俊波（2009）对中国经济结构失衡度量问题进行了开创式的研究，但是采用的对每一个指标进行 1 ~5 分打分的德尔菲法，不仅使指标本身的区分度降低，而且也与世界通用的指标体系建造方法不一致。需要指出的是，由于发达资本主义国家采取的是较严格意义上的市场经济制度，基本不存在经济结构失衡问题（可以存在宏观失衡问题），因此，很难找到专门研究经济结构失衡问题的国外文献。

这一宏观经济目标而实施的宽松货币政策，却导致了经济结构之一金融结构的严重失衡，由此引发了房地产泡沫等严重后果①。本章探讨经济结构失衡指数本身，试图弥补目前在经济结构失衡程度定量方面研究的不足。

本章以联合国开发计划署创立的人类发展指数建造方法为模板②，以《中国统计年鉴》为数据来源③，构建了一套相对完整的中国经济结构失衡指标体系，并对 1991～2011 年中国经济结构失衡程度进行了测算。结果表明，中国经济结构失衡指数从 1991 年的 0.5644 下降到 2000 年的 0.4513，然后提高到 2011 年的 0.6173。基于“中国经济结构失衡问题严重”的分析，本章还对经济结构失衡背后的原因进行了深层次的探讨，对如何解决经济结构失衡问题提出了政策建议。

## 二　中国经济结构失衡指标体系的构建

经济结构指标体系的构建是经济失衡程度测算的核心和基础环节。根据国内外指标体系建设相关理论和经验，一个完整的经济指标体系应该能够描述一个特定时间点或时间序列上的经济现象（描述功能），能够对所涉及的经济问题给予客观尺度的评价（评价功能），对动态经济发生的现象给予监测（监测功能），同时能够对所研究经济问题解决提供指示性的引导（导向功能）、必要的预警提示（预警功能）和进一步演变趋势的预测（预测功能），以防范经济风险的发生。以此为目标，本章建立了三个层次、五个二级指标和 14 个三级指标的中国经济结构失衡指标体系。

---

① 中国经济实验研究院城市生活质量研究中心（2012）对 35 个主要城市的调查表明，人们对生活的满意度不仅没有因为经济快速增长而提高，反而由于高房价为标志的高生活成本而有所降低。

② 1990 年联合国开发计划署创立了人类发展指数（HDI）。人类发展指数由三个指标构成：预期寿命、成人识字率和人均 GDP 的对数。这三个指标分别反映了人的长寿水平、知识水平和生活水平。本章以它为模板，主要参照它每项指标构建的方式、权重的设置和最后指标的合成方法。具体讲就是，它对每一个指标都设置上限值和下限值，然后将实际值转换为【0，1】区间的没有计量单位的数据，再运用主观赋权法合成上一级指标，最后使用几何平均法合成三个指标。中国 2011 年的人类发展指数为 0.687，在 178 个国家中位于第 101 名。

③ 为了使数据来源建立在可重复性和可操作性的基础上，本章全部指标测算数据都来自《中国统计年鉴》，包括基尼系数等重要指标的计算。

**1. 中国经济结构失衡指标的选择**

经济结构是一个由许多系统构成的多层次、多因素的复合体，它有多重含义，也有多种分类方法，还有宏观和微观之分。本章依据社会再生产理论，从宏观层面对经济结构进行分类，并结合国民经济核算体系理论，以“既无重叠，也无空白”（内涵上尽可能丰富、外延上尽可能包含、指标之间共线性较少）为原则，确定二级指标。按照我们熟知的社会再生产理论，物质资料的再生产包括生产、分配、交换和消费四个方面，由此可以将经济结构分解为生产结构、分配结构、交换结构和消费结构四个方面。从宏观层面上看，生产结构又可以分解为投资结构和产业结构，交换结构又可以分解为金融结构和国际收支结构。如果考虑到生产决定消费，消费结构与生产结构密不可分的话，我们可以将生产结构中的投资结构和消费结构合并成投资消费结构①，于是经济结构就可以分解为投资消费结构、产业结构、分配结构②、金融结构和国际收支结构五个方面。以此为依据，本章将投资消费结构、产业结构、收入分配结构、金融结构和国际收支结构作为经济结构的二级指标体系。对于文献上出现比较频繁的需求结构，本章通过投资消费结构和国际收支结构来间接体现，而对于区域经济结构则直接放入收入分配结构之中。

在三级指标选择上，投资消费结构的备选指标包括投资率、消费率、投资储蓄比例、全社会固定资产投资增长率、居民政府消费比例、恩格尔系数等；产业结构的备选指标包括第三产业增加值占 GDP 比重、单位 GDP 能耗、能源消费弹性系数、R&D 占 GDP 的比重等；收入分配结构的备选指标包括城乡居民人均收入比、东部和中西部收入差异比、省际的差距比、居民之间的差距系数等；金融结构的备选指标包括货币供给增长率、货币供给量占 GDP 比重、居民消费价格指数（CPI）、房价收入比、

① 在马克思对市场体系分析比较成熟的著作《资本论》中，第一卷研究了资本生产过程，第二卷研究了资本的流通过程（亦即交换过程），第三卷结合资本的生产和交换，研究了分配过程。这是从马克思理论角度，把消费结构并入生产结构的原因。从国民经济核算体系理论看，第一张表国民生产总值表是以国内生产总值为核心，对生产与使用指标的系统核算，重点就是投资与消费关系。

② 为了与通常用法相同，本章使用收入分配结构。

不良贷款率、股票市盈率等；国际收支结构备选指标包括经常项目差额占GDP比重、外汇储备余额占M2比重、外贸依存度、负债率、债务率、偿债率等。在这些指标中，本章以科学性和可操作性为原则，对备选指标逐个进行评估，在剔除一些共线性指标和保留了一些互补性指标基础上，最终确定了14个三级指标，如表3－1所示。需要强调的是，在投资消费结构中，全社会固定资产投资增长率也很重要，但该指标与投资率之间存在一定共线性，被排除；在产业结构中，R&D占GDP的比重指标（来源于《全国科技经费投入公报》）的数据公布滞后、数据可靠性不够（对历史数据修正过大、数据不是来源于《中国统计年鉴》等）和历史数据不足而被排除；金融结构中衡量资产泡沫的房价收入比由于缺乏可靠的一致性数据，并且与货币供给增长率存在着一定的关系①，而被排除；在收入分配结构中，由于缺乏区域之间和居民之间差距的一致性数据来源，本章在《中国统计年鉴》基础上，建构了区域库兹涅茨比例和基尼系数两个指标。

**表3－1 中国经济结构指标体系整体框架**

| 二级指标名称 | 三级指标名称 | 上限值 | 下限值 | 适中值 | 指标属性 | 权重（%） |
|---|---|---|---|---|---|---|
| 投资消费结构 | 消费率（%） | 70 | 50 | — | 正向指标 | 50 |
| | 投资率（%） | 50 | 10 | 30 | 适中指标 | 50 |
| 产业结构 | 第三产业增加值占GDP比重（%） | 50 | 30 | — | 正向指标 | 50 |
| | 单位GDP能耗（吨标准煤/万元） | 5.0 | 0.5 | — | 逆向指标 | 25 |
| | 能源消费弹性系数 | 1.5 | 0.0 | — | 逆向指标 | 25 |
| 金融结构 | 货币供给增长率（%） | 25 | 11 | 18 | 适中指标 | 50 |
| | 居民消费价格指数（CPI）变化率（%） | 6 | －2 | 2 | 适中指标 | 30 |
| | 工业生产者出厂价格指数（PPI）变化率（%） | 8 | －2 | 3 | 适中指标 | 20 |
| 收入分配结构 | 城乡居民人均收入比 | 4.0 | 1.0 | — | 逆向指标 | 30 |
| | 区域库兹涅茨比例 | 0.6 | 0.0 | — | 逆向指标 | 30 |
| | 基尼系数 | 0.6 | 0.0 | — | 逆向指标 | 40 |
| 国际收支结构 | 经常项目差额占GDP比重（%） | 5 | －5 | 0.0 | 适中指标 | 40 |
| | 外汇储备余额占M2比例（%） | 30 | 0 | 15 | 适中指标 | 40 |
| | 负债率（%） | 20 | 5 | — | 逆向指标 | 20 |

说明：上限值、下限值和适中值为百分数。

① 本章作者利用近年的数据对货币供给增长率与房价之间关系做过初步检验，发现二者序列相关。

### 2. 基尼系数等三级指标的解释

在14个三级指标中，消费率、投资率等指标属于常规性经济指标，定义明确，计算简单①，这里不再赘述，仅对单位GDP能耗、区域库兹涅茨比例、基尼系数、经常项目差额占GDP比重的含义和计算方法给予介绍。

单位GDP能耗：单位GDP能耗是反映能源消费水平和节能降耗状况的主要指标。其计算方法为能源供应总量与国内生产总值（GDP）的比率。该指标说明一个国家经济活动中对能源的利用程度，反映经济结构和能源利用效率的变化。

需要注意的是，计算单位GDP能耗时，为了便于比较，需要使用不变价格GDP，而《中国统计年鉴》中只有以五年为单位的不变价格GDP，不可避免地需要将历年GDP折算成基年价格。本章按照1990年为基年进行了折算，其折算方法是利用五年的不变价格计算折算系数②。

区域库兹涅茨比例：库兹涅茨比率是指一个以数值反映总体收入不平等状况的指标。其计算方法为各个阶层的收入比重与人口比重的差额的绝对值加总。

$$R = \sum_{i=1}^{n} | y_i - p_i | \qquad (3-1)$$

其中 $R$ 为库兹涅茨比率，$y_i$、$p_i$ 分别表示各阶层的收入份额和人口份额。

为了对区域之间的差距给予度量，本章尝试利用库兹涅茨比率③，计算省际的差距。考虑到GDP指标对于衡量区域差距的不可替代性，本章计算的收入比重选择了各省（区、直辖市）的GDP。

① 个别指标《中国统计年鉴》没有直接提供，需要经过简单的计算取得，如第三产业增加值占GDP比重。

② 例如，2011年不变价格GDP折算的计算方法是先折算为2005年为基年的不变价格，然后折算为2000年为基年的不变价格，再折算为1995年为基年的不变价格，最后折算为1990年为基年的不变价格。

③ 在计算区域之间的差距时，备选计算方法还有区域基尼系数、费尔系数等。

（3）基尼系数：基尼系数是国际上用来综合考察居民内部收入分配差异状况的一个重要分析指标。基尼系数由于给出了反映居民之间贫富差异的数量界线，可以较客观、直观地反映和监测居民之间的贫富差距，预报、预警和防止居民之间出现贫富两极分化，得到世界各国的广泛认同和普遍采用。在衡量居民之间分配差距时，本章选择了基尼系数。

基尼系数的计算采取原始的计算公式[①]：

$$G = \frac{1}{2\mu}\sum_{i}\sum_{j} P_i P_j \mid X_i - X_j \mid \qquad (3-2)$$

其中 $G$ 为基尼系数，$P_i$ 表示平均收入为 $X_i$ 的人口所占的比重，$\mu$ 表示所有单位的人均收入。

基尼系数计算是本章遇到的挑战之一，因为尽管存在着多达十几种的计算方法，许多学者都进行了计算，但是，无法找到分析区间（1991~2011 年）完整的基尼系数。而且一旦选用了其他学者的基尼系数，后续的计算完全依赖于该学者是否定期发布最新的基尼系数。更为重要的是，无论是来源于没有公开的微观数据，还是使用《中国统计年鉴》的数据，本章作者都无法从现有的文献中计算出完整的分析区间基尼系数，尤其是 2011 年的数据[②]。

为了计算居民之间的收入差距，本章尝试利用《中国统计年鉴》公布的城乡分组数据计算基尼系数。虽然城乡分组样本空间没有直接进行调查的样本空间大，存在着被低估的可能，但是，应该看到，《中国统计年鉴》调查的居民数据量和数据来源分布的可信程度是直接调查无法比拟的，二者各有优缺点[③]。至于能否利用分组数据进行基尼系数计算，可以进行严格的论证[④]。本章利用公式（3－2）首先对城镇居民和农村居民的基尼系数进行计算，然后采取修正城乡加权法对基尼系数进行合成，其计

---

① 参见董静和李子奈（2004）。关于基尼系数的较完整分析参见《新帕尔格雷夫经济学大辞典》（1987）关于“基尼比例”的词条。

② 即使使用计算中国基尼系数的最新文献，Chen et al.（2010）也无法完成。

③ 如果中国统计局直接公布基尼系数或更详细的分组数据，那么这个方法将完全有效。

④ 推导过程参见董静和李子奈（2004）、Chen et al.（2010）。

算公式如下①：

$$G = P_r^2 \frac{\mu_r}{\mu} G_r + P_u^2 \frac{\mu_u}{\mu} G_u + P_r P_u \frac{|\mu_r - \mu_u|}{\mu} + R \tag{3-3}$$

其中 $G$ 为总体基尼系数，$G_r$ 和 $G_u$ 是按照公式（3－2）计算的农村居民和城镇居民的基尼系数，$\mu_r$、$\mu_u$、$\mu$ 分别表示农村居民、城镇居民和所有居民的人均收入，$p_r$ 和 $p_u$ 表示农村居民和城镇居民占总人口比重，$R$ 为修正系数。修正系数来源于城乡分组在人均收入上有重叠，其计算公式如下②：

$$R = \frac{1}{2} P_r P_u \frac{|\mu_r - \mu_u|}{\mu} P[(X - Y) < 0] \tag{3-4}$$

其中 $P[(X-Y)<0]$ 表示城镇分组居民人均收入低于农村居民人均收入的概率。

根据上述公式，就可以依据《中国统计年鉴》中城乡分组数据计算出每年度的基尼系数。

（4）经常项目差额占 GDP 比重：经常项目差额是一定时期内一国商品、服务、收入和经常转移项目上借方总值和同期商品、服务、收入和经常转移项目上贷方总值之差。经常项目差额意味着本国国民储蓄和本国国民投资之间存在缺口，经常项目差额占 GDP 的比重包含着重要的国际收支结构的信息。

本章为了避免数据来源《国际统计年鉴》的滞后性，以《中国统计年鉴》为基础，对该项指标进行合成运算。其计算方法是将经常项目差额（单位：亿美元）按照当年人民币汇率中间价转换为人民币，然后与国内生产总值相除，即得到经常项目差额占 GDP 的比重。

**3. 指标临界值和权重的确定**

如表 3－1 所示中，14 个三级指标按照属性分成了三类，分别是正向

① 该公式推导参见 Chen et al.（2010）所著“The trend of the Gini coefficient of China”。

② 该公式采取了董静和李子奈（2004）的研究成果。需要注意的是该公式的成立需要假定城镇居民和农村居民收入分布为两个服从正态分布的独立随机变量。

指标、逆向指标和适中指标，并给出每一个指标的上下限值，也给出适中指标的适中值。[①] 对于正向指标，实际值越大越好，其上限值为达到均衡状态的临近值，下限值为完全失衡的临近值。对于适中指标，实际值越小越好，其上限值为完全失衡的临近值，下限值为达到均衡状态的临近值。对于适中指标，适中值是达到均衡值，上限值和下限值都是完全失衡的临界值，为了计算方便，上下限值与适中值之间保持对称关系。

指标临界值的确定对于经济结构失衡的测算至关重要。本章确定指标值标准时主要从两个方面确定：一是根据基本理论来确定。例如经常项目差额占 GDP 比重，当实际值为 0 时，意味着本国国民储蓄和本国国民投资之间不存在缺口，达到了均衡状态，任何偏离都是对均衡的偏离，因此，把经常项目差额占 GDP 比重定为适中指标，适中值为 0。二是根据国际经验兼顾国内发展的实际确定。例如消费率世界平均水平为 60% 以上，发达资本主义国家的水平一般在 80% 以上，如果将发达资本主义国家的水平作为均衡水平，均衡值应该取为 80%，但考虑到中国“二元经济”的实际情况，我们取二者的下限平均值 70% 作为均衡值。

指标权重的确定是一个重要环节，考虑到主成分分析法、功效评分法等客观赋权法存在的问题和经济指标的测度很难做到非常准确，本章对指标的权重确定采取主观赋权法，对于能够确定重要程度的三级指标，按照重要程度给予不同的权重，而对于很难确定重要程度的二级指标，参照联合国人类发展指数的方法，直接给予相同的权重。

**4. 数据无量纲处理**

由于基础数据之间在计量单位等方面存在着较大差异，无法进行直接计算和比较，因此需要对基础数据进行处理，将它转换为无计量单位的数据，即无量纲数据。借鉴联合国人类发展指数处理方法，我们将所有的基础数据都转换为【0，1】区间的可比较的无量纲数据，这里的 0 代表完全均衡，1 代表完全失衡。例如，一个正向指标的上限值为 10，下限值

---

① 联合国人类发展指数使用的术语是最大值和最小值。

为 0，当该指标的实际值为 5 时，它的无量纲转换数据为 0.5①。

**5. 数据的合成**

在完成指标选择、权重确定和数据无量纲处理后，接下来的任务就是进行数据合成，形成可评价的测度值。本章对于二级指标的合成采取加权平均法，而对于最终经济结构失衡测度值的确定采取联合国人类发展指数的方法，即几何平均法。②

**6. 指标的预警**

在完成数据的合成之后，我们不仅得到了最终经济结构失衡指数，还得到二级指标和三级指标的失衡指数，由于各级指标经济含义清楚，我们可以由此建立一个“多层次预警体系”，通过预警为宏观调控者提供决策参考。

按照通用法则，将处于【0，1】的测度值分为四个区间，【0，0.25】区间定义为均衡区间，【0.25，0.5】区间定义为次级均衡区间，【0.5，0.75】区间定义为次级不均衡区间，【0.75，1】区间定义为不均衡区间。如果某一指标值落在了均衡区间和次级均衡区间，政策调控者不需要给予过多的关注；如果某一指标值落在了次级不均衡区间，意味着该指标代表的经济变量处在不稳定的非均衡状态，政策调控者需要给予一定的关注；而一旦某一指标值落在了不均衡区间，该指标将出现预警提示，意味着该指标代表的经济变量处在非均衡状态，政策调控者必须给予重点关注。

## 三　1991～2011 年中国经济结构失衡程度的测定

在完成了中国经济结构指标体系构建后，我们利用 1982～2012 年的

---

① 为了便于对数据转换的理解，这里给出非数学语言表述的计算公式。正向指标的计算公式为：（实际值－下限值）／（上限值－下限值），当实际值大于上限值时取 0，小于下限值时取 1；逆向指标的计算公式为：（上限值－实际值）／（上限值－下限值），当实际值小于下限值时取 0，大于上限值时取 1；适中指标的计算公式为：（实际值－适中值）／（适中值－下限值），当实际值等于适中值时取 0，大于上限值或小于下限值时取 1，如果实际值小于适中值，计算结果为负数，取绝对值。

② 计算公式比较简单，这里不再列示。

《中国统计年鉴》，对中国经济结构失衡程度进行测定，并对计算结果给予分析。

### 1. 中国经济结构指标基础数据

表3-2为中国经济结构指标的基础数据。为了表明数据具有可重复性，以下对数据来源予以说明。

**表3-2 中国经济结构指标基础数据**

| 年份 | 投资消费结构 | | 产业结构 | | | 金融结构 | | |
|---|---|---|---|---|---|---|---|---|
| | 消费率（%） | 投资率（%） | 第三产业增加值占GDP比重（%） | 单位GDP能耗（吨标准煤/万元） | 能源消费弹性系数 | 货币供给增长率（%） | 通货膨胀率（%） | 工业生产者出厂价格指数（%） |
| 1991 | 62.4 | 34.8 | 33.7 | 5.12 | 0.55 | 26.52 | 3.4 | 6.2 |
| 1992 | 62.4 | 36.6 | 34.8 | 4.72 | 0.37 | 31.28 | 6.4 | 6.8 |
| 1993 | 59.3 | 42.6 | 33.7 | 4.40 | 0.45 | — | 14.7 | 24.0 |
| 1994 | 58.2 | 40.5 | 33.6 | 4.12 | 0.44 | 34.53 | 24.1 | 19.5 |
| 1995 | 58.1 | 40.3 | 32.9 | 3.97 | 0.63 | 29.47 | 17.1 | 14.9 |
| 1996 | 59.2 | 38.8 | 32.8 | 3.72 | 0.31 | 25.26 | 8.3 | 2.9 |
| 1997 | 59.0 | 36.7 | 34.2 | 3.42 | 0.06 | 17.32 | 2.8 | -0.3 |
| 1998 | 59.6 | 36.2 | 36.2 | 3.18 | 0.03 | 14.84 | -0.8 | -4.1 |
| 1999 | 61.1 | 36.2 | 37.8 | 3.05 | 0.42 | 14.74 | -1.4 | -2.6 |
| 2000 | 62.3 | 35.3 | 39.0 | 2.91 | 0.42 | 12.27 | 0.4 | 2.8 |
| 2001 | 61.4 | 36.5 | 40.5 | 2.78 | 0.40 | 17.60 | 7.0 | -1.3 |
| 2002 | 59.6 | 37.8 | 41.5 | 2.70 | 0.66 | 16.78 | -0.8 | -2.2 |
| 2003 | 56.9 | 41.0 | 41.2 | 2.83 | 1.53 | 19.58 | 1.2 | 2.3 |
| 2004 | 54.4 | 43.0 | 40.4 | 2.98 | 1.60 | 14.67 | 3.9 | 6.1 |
| 2005 | 53.0 | 41.5 | 40.5 | 2.96 | 0.93 | 17.57 | 1.8 | 4.9 |
| 2006 | 50.8 | 41.7 | 40.9 | 2.88 | 0.76 | 16.95 | 1.5 | 3.0 |
| 2007 | 49.6 | 41.6 | 41.9 | 2.74 | 0.59 | 16.74 | 4.8 | 3.1 |
| 2008 | 48.6 | 43.8 | 41.8 | 2.59 | 0.41 | 17.82 | 5.9 | 6.9 |
| 2009 | 48.5 | 47.2 | 43.4 | 2.50 | 0.57 | 27.68 | -0.7 | -5.4 |
| 2010 | 48.2 | 48.1 | 43.2 | 2.40 | 0.58 | 19.73 | 3.3 | 5.5 |
| 2011 | 49.1 | 48.3 | 43.4 | 2.22 | 0.76 | 13.61 | 5.4 | 6.0 |

续表

| 年份 | 收入分配结构 | | | 国际收支结构 | | |
|---|---|---|---|---|---|---|
| | 城乡居民人均收入比 | 区域库兹涅茨比例 | 基尼系数 | 经常项目差额占 GDP 比重(%) | 外汇储备占 M2 比重(%) | 负债率(%) |
| 1991 | 2.4 | 0.3322 | 0.3190 | 3.136 | 5.97 | 14.9 |
| 1992 | 2.6 | 0.3488 | 0.3396 | 1.280 | 4.22 | 14.4 |
| 1993 | 2.8 | 0.3780 | 0.3677 | -1.856 | 3.50 | 13.6 |
| 1994 | 2.9 | 0.3894 | 0.3636 | 1.322 | 9.48 | 16.6 |
| 1995 | 2.7 | 0.3795 | 0.3658 | 0.211 | 10.12 | 14.6 |
| 1996 | 2.5 | 0.4094 | 0.3530 | 0.807 | 11.48 | 13.6 |
| 1997 | 2.5 | 0.3762 | 0.3701 | 3.756 | 12.74 | 13.7 |
| 1998 | 2.5 | 0.3835 | 0.3704 | 3.014 | 11.48 | 14.3 |
| 1999 | 2.6 | 0.3936 | 0.3871 | 1.917 | 10.68 | 14.0 |
| 2000 | 2.8 | 0.3825 | 0.4041 | 1.719 | 10.18 | 12.2 |
| 2001 | 2.9 | 0.3852 | 0.4002 | 1.321 | 11.09 | 15.3 |
| 2002 | 3.1 | 0.3914 | 0.4308 | 2.432 | 12.81 | 13.9 |
| 2003 | 3.2 | 0.4215 | 0.4472 | 2.611 | 15.09 | 13.4 |
| 2004 | 3.2 | 0.4126 | 0.4452 | 3.543 | 19.87 | 13.6 |
| 2005 | 3.2 | 0.4093 | 0.4480 | 5.787 | 22.45 | 13.1 |
| 2006 | 3.3 | 0.4204 | 0.4489 | 8.297 | 24.60 | 12.5 |
| 2007 | 3.3 | 0.3987 | 0.4478 | 10.074 | 28.80 | 11.1 |
| 2008 | 3.3 | 0.3843 | 0.4498 | 9.245 | 28.44 | 8.6 |
| 2009 | 3.3 | 0.3794 | 0.4521 | 4.765 | 27.03 | 8.6 |
| 2010 | 3.2 | 0.3555 | 0.4408 | 3.996 | 26.56 | 9.3 |
| 2011 | 3.1 | 0.3342 | 0.4341 | 2.797 | 24.13 | 9.5 |

说明：1993 年因统计口径不统一，《中国统计年鉴 1994》中未给出货币供给增长率数据。

消费率、投资率、第三产业增加值占 GDP 比重、能源消费弹性系数数据、货币供给增长率、居民消费价格指数（CPI）、城乡居民人均收入比、负债率、单位 GDP 能耗、外汇储备余额占 M2 比例数据均来源于《中国统计年鉴 2012》。

1991～1993 年、1994～2000 年、2001～2004 年、2005～2011 年的工业生产者出厂价格指数（PPI）数据分别来源于《中国统计年鉴 1996》、《中国统计年鉴 2001》、《中国统计年鉴 2008》和《中国统计年鉴 2012》。

区域库兹涅茨比例计算使用的 1991 年、1992～1995 年、1996～1999 年、2000～2002 年、2003～2006 年、2007～2011 年各地区 GDP 数据分别来源于《中国统计年鉴 1993》《中国统计年鉴 1996》《中国统计年鉴 2000》《中国统计年鉴 2005》《中国统计年鉴 2008》和《中国统计年鉴 2012》；1991～1999 年、2000～2010 年和 2011 年人口数据分别来源于 1992～2000 年的《中国统计年鉴》《中国统计年鉴 2011》和《中国统计年鉴 2012》。

基尼系数计算使用的城镇居民分组数据来自 1992～2012 年的《中国统计年鉴》中的等分 7 组数据（注意 2002 年之前的数据还有 20 组数据），2002～2011 年农村居民分组数据来自于 2003～2012 年的《中国统计年鉴》等分 5 组数据，1997～2001 年来自于 1998～2002 年的《中国统计年鉴》的 20 组数据，1996 年来自于《中国统计年鉴 1997》的 11 组数据，1991～1995 年来自 1992～1996 年的《中国统计年鉴》的 12 组数据。城镇居民人均收入 1997～2011 年使用人均可支配收入、1992～1996 年使用平均每人生活费收入，数据均来源于同年的《中国统计年鉴》。值得强调的是，1991～2001 年农村基尼系数的计算由于使用了按户而无法转换成按人所占比例的人均收入，以及 1996 年最后分组数据所占比例过高，影响了农村基尼系数和城乡加权修正系数的准确计算。

经常项目差额占 GDP 比重中使用的经常项目差额数据 1991～1995 年来源于《中国统计年鉴 1996》、1996～2011 年来源于 1997～2011 年的《中国统计年鉴》，人民币汇率来自《中国统计年鉴 2012》。

**2. 中国经济结构指标无量纲数据**

利用表 3－2 的基础数据和表 3－1 的指标属性和临近值，通过无量纲数据转换公式，可以计算出中国经济结构指标的无量纲数据。表 3－3 给出了中国经济结构指标的无量纲数据。

**表 3－3　中国经济结构指标无量纲数据**

| 年份 | 投资消费结构 | | 产业结构 | | | 金融结构 | | |
|---|---|---|---|---|---|---|---|---|
| | 消费率 | 投资率 | 第三产业增加值占GDP比重 | 单位GDP能耗 | 能源消费弹性系数 | 货币供给增长率 | 通货膨胀率 | 工业生产者出厂价格指数 |
| 1991 | 0.38 | 0.24 | 0.82 | 1.00 | 0.37 | 1.00 | 0.35 | 0.64 |
| 1992 | 0.38 | 0.33 | 0.76 | 0.94 | 0.25 | 1.00 | 1.00 | 0.76 |
| 1993 | 0.54 | 0.63 | 0.81 | 0.87 | 0.30 | 1.00 | 1.00 | 1.00 |
| 1994 | 0.59 | 0.53 | 0.82 | 0.80 | 0.29 | 1.00 | 1.00 | 1.00 |
| 1995 | 0.60 | 0.52 | 0.86 | 0.77 | 0.42 | 1.00 | 1.00 | 1.00 |
| 1996 | 0.54 | 0.44 | 0.86 | 0.71 | 0.20 | 1.00 | 1.00 | 0.02 |
| 1997 | 0.55 | 0.34 | 0.79 | 0.65 | 0.04 | 0.09 | 0.20 | 0.66 |
| 1998 | 0.52 | 0.31 | 0.69 | 0.59 | 0.02 | 0.44 | 0.70 | 1.00 |
| 1999 | 0.45 | 0.31 | 0.61 | 0.57 | 0.28 | 0.45 | 0.85 | 1.00 |
| 2000 | 0.39 | 0.27 | 0.55 | 0.54 | 0.28 | 0.80 | 0.40 | 0.04 |
| 2001 | 0.43 | 0.32 | 0.48 | 0.51 | 0.27 | 0.06 | 1.25 | 0.86 |
| 2002 | 0.52 | 0.39 | 0.43 | 0.49 | 0.44 | 0.17 | 0.70 | 1.04 |
| 2003 | 0.66 | 0.55 | 0.44 | 0.52 | 1.02 | 0.22 | 0.20 | 0.14 |
| 2004 | 0.78 | 0.65 | 0.48 | 0.55 | 1.07 | 0.46 | 0.48 | 0.62 |
| 2005 | 0.85 | 0.58 | 0.47 | 0.55 | 0.62 | 0.06 | 0.05 | 0.38 |
| 2006 | 0.96 | 0.59 | 0.45 | 0.53 | 0.50 | 0.15 | 0.13 | 0.00 |
| 2007 | 1.00 | 0.58 | 0.41 | 0.50 | 0.40 | 0.18 | 0.70 | 0.02 |
| 2008 | 1.00 | 0.69 | 0.41 | 0.47 | 0.27 | 0.03 | 0.98 | 0.78 |
| 2009 | 1.00 | 0.86 | 0.33 | 0.44 | 0.38 | 1.00 | 0.68 | 1.00 |
| 2010 | 48.2 | 48.1 | 43.2 | 2.40 | 0.58 | 19.73 | 3.3 | 5.50 |
| 2011 | 49.1 | 48.3 | 43.4 | 2.22 | 0.76 | 13.61 | 5.4 | 6.00 |

| 年份 | 收入分配结构 | | | 国际收支结构 | | |
|---|---|---|---|---|---|---|
| | 城乡居民人均收入比 | 区域库兹涅茨比例 | 基尼系数 | 经常项目差额占GDP比重 | 外汇储备占M2比重 | 负债率 |
| 1991 | 0.47 | 0.55 | 0.58 | 0.63 | 0.60 | 0.66 |
| 1992 | 0.53 | 0.58 | 0.62 | 0.26 | 0.72 | 0.62 |
| 1993 | 0.60 | 0.63 | 0.66 | 0.37 | 0.77 | 0.58 |
| 1994 | 0.62 | 0.65 | 0.67 | 0.26 | 0.37 | 0.77 |
| 1995 | 0.57 | 0.63 | 0.66 | 0.04 | 0.33 | 0.64 |
| 1996 | 0.50 | 0.68 | 0.62 | 0.16 | 0.23 | 0.57 |
| 1997 | 0.49 | 0.63 | 0.62 | 0.75 | 0.15 | 0.58 |

续表

| 年份 | 收入分配结构 | | | 国际收支结构 | | |
|---|---|---|---|---|---|---|
| | 城乡居民人均收入比 | 区域库兹涅茨比例 | 基尼系数 | 经常项目差额占 GDP 比重 | 外汇储备占 M2 比重 | 负债率 |
| 1998 | 0.50 | 0.64 | 0.64 | 0.60 | 0.23 | 0.62 |
| 1999 | 0.55 | 0.66 | 0.65 | 0.38 | 0.29 | 0.60 |
| 2000 | 0.60 | 0.64 | 0.66 | 0.34 | 0.32 | 0.48 |
| 2001 | 0.63 | 0.64 | 0.68 | 0.26 | 0.26 | 0.69 |
| 2002 | 0.70 | 0.65 | 0.71 | 0.49 | 0.15 | 0.60 |
| 2003 | 0.74 | 0.70 | 0.73 | 0.52 | 0.01 | 0.56 |
| 2004 | 0.74 | 0.69 | 0.72 | 0.71 | 0.32 | 0.57 |
| 2005 | 0.74 | 0.68 | 0.72 | 1.00 | 0.50 | 0.54 |
| 2006 | 0.76 | 0.70 | 0.73 | 1.00 | 0.64 | 0.50 |
| 2007 | 0.78 | 0.66 | 0.73 | 1.00 | 0.92 | 0.41 |
| 2008 | 0.77 | 0.64 | 0.73 | 1.00 | 0.90 | 0.24 |
| 2009 | 0.78 | 0.63 | 0.73 | 0.95 | 0.80 | 0.24 |
| 2010 | 0.74 | 0.59 | 0.73 | 0.80 | 0.77 | 0.29 |
| 2011 | 0.71 | 0.56 | 0.73 | 0.56 | 0.61 | 0.30 |

说明：1993 年货币供给增长率无量纲数据根据 1992 年和 1994 年数据计算。

### 3. 1991～2011 年的中国经济结构失衡程度测算结果

利用表 3－3 的数据和表 3－1 的权重系数，可以计算出中国经济结构失衡指数。表 3－4 给出了中国经济结构失衡指数测量的结果。

**表 3－4　中国经济结构失衡指数测量结果**

| 年份 | 投资消费结构 | 产业结构 | 金融结构 | 收入分配结构 | 国际收支结构 | 中国经济结构 |
|---|---|---|---|---|---|---|
| 1991 | 0.31 | 0.75 | 0.73 | 0.54 | 0.62 | 0.5644 |
| 1992 | 0.36 | 0.68 | 0.95 | 0.58 | 0.51 | 0.5844 |
| 1993 | 0.58 | 0.70 | 1.00 | 0.63 | 0.57 | 0.6810 |
| 1994 | 0.56 | 0.69 | 1.00 | 0.65 | 0.41 | 0.6324 |
| 1995 | 0.56 | 0.73 | 1.00 | 0.62 | 0.28 | 0.5864 |
| 1996 | 0.49 | 0.66 | 0.80 | 0.61 | 0.27 | 0.5330 |
| 1997 | 0.44 | 0.57 | 0.24 | 0.58 | 0.48 | 0.4413 |

续表

| 年份 | 投资消费结构 | 产业结构 | 金融结构 | 收入分配结构 | 国际收支结构 | 中国经济结构 |
|---|---|---|---|---|---|---|
| 1998 | 0.42 | 0.50 | 0.63 | 0.60 | 0.46 | 0.5134 |
| 1999 | 0.38 | 0.52 | 0.68 | 0.62 | 0.39 | 0.5028 |
| 2000 | 0.33 | 0.48 | 0.53 | 0.63 | 0.36 | 0.4513 |
| 2001 | 0.38 | 0.43 | 0.57 | 0.65 | 0.35 | 0.4629 |
| 2002 | 0.46 | 0.45 | 0.50 | 0.69 | 0.37 | 0.4826 |
| 2003 | 0.60 | 0.60 | 0.20 | 0.72 | 0.32 | 0.4415 |
| 2004 | 0.71 | 0.64 | 0.50 | 0.72 | 0.53 | 0.6132 |
| 2005 | 0.71 | 0.53 | 0.12 | 0.72 | 0.71 | 0.4708 |
| 2006 | 0.77 | 0.48 | 0.11 | 0.73 | 0.76 | 0.4697 |
| 2007 | 0.79 | 0.43 | 0.30 | 0.72 | 0.85 | 0.5745 |
| 2008 | 0.84 | 0.39 | 0.46 | 0.72 | 0.81 | 0.6142 |
| 2009 | 0.93 | 0.37 | 0.90 | 0.71 | 0.75 | 0.6987 |
| 2010 | 0.95 | 0.37 | 0.32 | 0.69 | 0.69 | 0.5564 |
| 2011 | 0.96 | 0.39 | 0.68 | 0.67 | 0.53 | 0.6173 |

根据表 3－4 可以得到 1991～2011 年中国经济失衡指数图和中国经济失衡指数的变动图，分别如图 3－1 和图 3－2 所示。

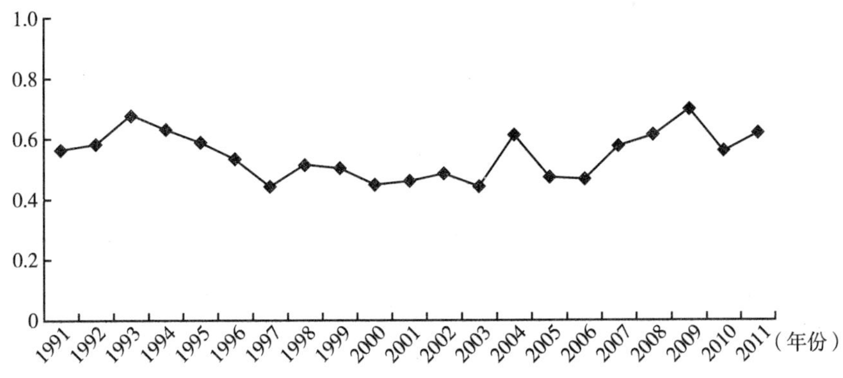


**图 3－1　中国经济结构失衡指数**

从表 3－4 可以看出，中国经济结构失衡指数从 1991 年的 0.5644 下降到 2000 年的 0.4513，然后提高到 2011 年的 0.6173，总体处于次级不均

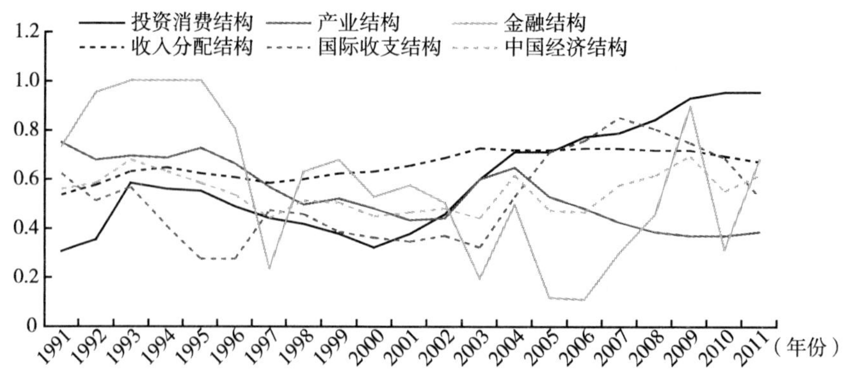


**图 3－2　中国经济结构失衡指数变动情况**

衡状态。投资消费结构和金融结构失衡最为严重，均出现过六次预警提示；国际收支结构失衡也非常严重，出现过四次预警提示；收入分配结构失衡指数虽然未出现预警提示，但是所有年份都处于次级不均衡状态，近年来呈现不断上升趋势，非常值得关注；相比而言，产业结构失衡指数仅在 1991 年出现过一次预警提示，2006 年以来，失衡指数从进入下降通道，连续六年处于次级均衡状态。

从图 3－1 可以看出，中国经济结构失衡指数从 1991 年开始逐渐上升，到 1993 年达到波峰，出现了经济过热和严重的通货膨胀。这是货币供给增长率增长过快、金融结构严重失衡导致“流动过剩”的必然结果。1993 年下半年中国政府开始采取紧缩的财政政策和货币政策来抑制需求膨胀，加上 1997 年爆发的金融危机对“流动性过剩”的消化，中国经济结构失衡指数逐渐从次级不均衡状态转变为 2000 年前后的次级均衡状态。总体看，1991～2000 年，除了严重失衡的金融结构外，投资消费结构和国际收支结构基本处于次级均衡状态，产业结构失衡指数逐渐下降，2000 年也进入了次级均衡状态，只有收入分配结构失衡指数趋势不断上升，一直处于次级不均衡状态。2000～2009 年，由于推行投资拉动等战略，消费率从 62.3% 快速下降到 48.2%，而投资率从 35.3% 上升到 47.2%，投资消费结构开始出现严重失衡。同时，由于长期推行出口导向型经济战略，国际收支结构也连续出现了预警提示。金融结构失衡状况在经历了几年平稳之后，2009年又一次为应对金融危机而进入预警提示状态。收入分配结构不仅没有好转，到2009年反而接近预警提示水平。于是，2009年中国经济结构失衡指数达到了最高点。最近两年，虽然经济结构失衡指数有所下降，但是依然处于次级不均衡状态，2011年投资消费结构失衡指数高达0.96，进入完全失衡的边缘。

从中国经济结构失衡指数的变化可以看出，中国长期推行的政府主导型需求管理政策在保持经济快速增长的同时，不断加剧经济结构失衡程度，而以高房价为代表的高生活成本不仅没有使更多的大众分享到经济增长成果，反而使很多人生活满意度降低[①]，不得不使我们对中国经济结构失衡背后的原因进行反思。

## 四　中国经济结构失衡的根源分析

基于上述“中国经济结构严重失衡”的国情估价，结合苏联、东欧国家剧变和欧债危机的反思，以及宏观经济理论最新进展的跟踪，本章在完成中国经济结构失衡指标构建之后，试图寻找经济结构失衡背后的原因。

**1. 思想迷茫：充满诱惑的理性设计色彩**

尽管我们对“有计划按比例生产”导致的经济严重短缺并不陌生，在知识存量中还存在着东欧“计划与市场结合”尝试的失败，但是对市场“自发性、盲目性和滞后性”的深恶痛绝及对计划经济的“路径依赖”和对计划“理性设计”的情不自禁的青睐，使我们在潜意识中总是希望将市场与计划二者的优势结合起来，总是“狂傲地自负”于我们政府的力量，然而，美好的愿望并不一定能产生美好的结果，我们不能用海市蜃楼里的绿洲去覆盖地上的沙漠。如果不能摆脱计划体制残留的“惰性思维”，过去的成功经验将会变成中国发展道路的桎梏，我们很可能陷入“中等收入陷阱”。下面从一个计划思维模式简单案例出发开始我们的分析。

2012年第1季度白糖受供给的正常冲击，国际市场价格持续下跌，

---

① 参见中国经济实验研究院城市生活质量研究中心2011年和2012年对中国主要城市的调查结果。

本来榨糖厂商完全可以利用期货市场的套期保值来规避风险，以白糖为原料的加工厂因原材料成本的降低能够以较低的价格提供给消费者，使消费者剩余增加，但是，国家收储和打击白糖走私的政策不仅成本巨大，而且扭曲了价格对资源配置的作用，其结果还是换来了 4 月 12 日开始期货市场和现货市场白糖价格的暴跌。如果用市场经济模式去思考这个问题，一定不是这样一个结局。接下来我们从“少年卢卡斯的困惑”开始重新反思“计划与市场”的关系。

在著名经济学大师卢卡斯七八岁的时候，父亲看到“五六种牛奶车都送同一种奶，问他是否浪费”，见他无法回答便语重心长地告诉他，“在计划经济体制下，只有一辆牛奶车送牛奶，可以使重复送货过程中浪费的时间和汽油节省下来用在别的事情上”。这是卢卡斯记忆中最早接触经济问题，而且是一个让他思考了几十年的颇有诱惑性的问题[①]。“少年卢卡斯的困惑”是每一个对计划体制有着美好憧憬的人几乎都存在的困惑。遗憾的是，人类已经实践过的计划体制尚无法解决资源浪费问题。接下来，我们简略地看一下计划体制已有的实践。

苏联、东欧国家和新中国成立后最初的实践给人的印象是深刻的，那就是计划体制能够最大限度地动用一切资源，可以使经济快速发展。但是，由于计划体制无法像市场体制一样对资源使用进行“经济核算”[②]，从而无法进行有效的配置，于是，随着资源的过度使用和人们建设热情的降低，不仅会出现经济结构严重失衡问题，而且也无法持续下去。苏联从 1971 年开始，综合要素生产率已下降到 -1.3，直到解体也没有恢复到正值就是一个很好的例证[③]。科尔奈风靡全球的名著《短缺经济学》则从东欧计划体制的实践，得出了计划体制就意味着“经济的短缺”的结论。

斯大林逝世以后，对苏联模式下经济实绩的不满在其他国家公开化，出现了改变传统计划经济模式的思想倾向，于是，一些学者开始反思这种模式，并试图对它运行的机制进行重新设计，以解决经济核算和资源配置

① 故事参见郭冠清（2012c）《新增长理论的开拓者——罗伯特·卢卡斯与〈发展经济学讲座〉》。

② 参见杨春学（2010）《“社会主义经济核算争论”及其理论遗产》论述。

③ 参见布鲁斯（1989）《从马克思到市场：社会主义对经济体制的求索》。

的扭曲问题。这种反思的核心思想是：如何在计划经济中引入市场因素，以此完善计划的实施。毫无疑问，无论是南斯拉夫的“工人自治模式”、波兰的“分权模式”，还是匈牙利的“计划与市场有机结合模式”等，都无一例外以失败而告终。苏联一批颇具声望的学者在斯大林去世后曾做过让我国学者难以置信的最优化设计，其结果也无法摆脱失败的命运①。试图通过“计划与市场”相结合来解决计划体制内生缺陷的尝试，没有留下任何实践空间。

欧债危机是计划背离市场遭到惩罚的现代版实例。缺乏统一主权的各国幻想通过统一的货币来促进各国经济的发展，却不可避免地给欧元区和世界经济发展带来灾难性影响，而且在可以预期的一段时间内，灾难很难过去。这是“欧元之父”、诺贝尔奖获得者蒙代尔精心设计却无意中酿造的悲剧，也许用“蒙代尔悲剧”来称谓更加合适。

如果说计划体制无法解决效率问题，那么计划体制能解决公平问题甚至人的异化问题吗?② 在严格的计划体制下，斯大林的“大清洗”、中国“文化大革命”，使人与人之间的关系进入到“你向我走来时一边看我一边看云，你看云时很近，看我时很远”的黑暗状态，人不仅没有走向马克思设想的从异化到人性的复归，反而人的异化现象更加严重。在充满计划色彩的混合经济下，公平问题也很难得到保证，这一点从有着计划体制痕迹国家的基尼系数普遍较高就可以看出。作为对“真自由主义”的背叛，过度的资源控制力往往会产生极权和腐败等问题，很难解决公平和人的异化问题。

通过苏联、东欧国家剧变和欧债危机的反思，我们应该看到，尽管市场经济存在着种种缺陷，但是迄今为止我们还没有找到比市场经济更有效的资源配置方式。我们也应该看到，中国之所以没有重蹈前苏联和东欧的

① 其代表人物之一康托罗维奇因由于在创建和发展线性规划方法以及革新、推广和发展资源最优化理论方面所作出的杰出贡献而获得了1975年的诺贝尔奖。

② 马克思在《巴黎手稿》中创造性地提出了人的异化学说，在《资本论》等著作中对市场经济下人的异化现象给予了辛辣的批判。遗憾的是，马克思关于人的异化学说没有引起中国学者的足够重视。

命运，反而缔造了世界经济发展史上经济快速增长的神话，那是因为中国义无反顾地走向了社会主义市场经济道路，对此，我们应该有清醒的认识。

**2. 理论困惑：难以割舍的需求管理情结**

凯恩斯政策（又称需求管理政策）操作的简单性和短期效果突出，加上符合决策者追求政绩的偏好，在中国很普及，以至日本地震发生后中央电视台节目中的专家就有日本地震拉动经济增长的评价。由于实施凯恩斯政策出现了问题，却依然用凯恩斯政策进行医治，这一点从某种意义上可以注解中国经济结构严重失衡的现状。下面通过一个案例来开始我们的分析。

看一看 2011 年 10 月 18 日国家统计局发言人表示中国四万亿投资计划非常成功，正视资产泡沫所带来的社会福利净损失，想一想 2009 年严重失衡的中国经济结构，以及短期经济增长带来的长期负效应，我们不能不重新思考靠投资拉动经济增长的模式。毫无疑问，宽松的货币政策、对房地产行业的不适当激励机制，以及偏爱 GDP 增长的地方政府绩效考核的长期运行模式，造就了今天严重背离收入水平的高房价和巨额的地方债务水平，也造就了实体经济发展严重不足、虚拟经济的不适合发展。在控制房价过高方面，政府的决心很大，但效果并不明显。一方面，患病容易治病难，政府对房地产行业的前后变化，就如同为了医治儿童的感冒给孩子误吃了激素使他得了肥胖症减肥困难一样；另一方面，对经济发展崩溃的担忧使政府没有“真心实意”去抑制房价，过度的保障房建设和不恰当的政策趋向，没有构成对投机性需求的致命打击，却减少了有效供给。

产生于 20 世纪 30 年代大萧条背景下的凯恩斯理论，以及孪生的凯恩斯政策，对于稳定经济功不可没，然而，正如著名宏观经济学家张平所讲，需求管理政策的价值在于短期经济的恢复，它对原有的经济增长路径和结构调整没有任何启动意义，一旦需求管理政策超出了稳定经济的范围，政府过多地进行相机抉择，试图拉动经济增长，除了容易让微观主体患上需求扩张依赖症，加重经济结构失衡外，几乎没有任何实质效果[①]。

① 参见张平（2010）《后危机时代宏观政策转变：从需求扩张转向供给激励》。

中国经济结构失衡指数最高的1993年和2009年都是过度使用需求管理政策的结果。试图使用过度货币政策来加快经济增长，不可避免地带来滞后的通货膨胀、资产价格泡沫和虚实经济错位；试图使用过度财政政策来加快经济增长，则不可避免地产生产能过剩、资源配置扭曲和资源过度使用。

对宏观经济理论发展缺乏有效跟踪，使我们的政策决策还停留在早期的“凯恩斯理论”阶段，甚至还对相机抉择的货币政策情有独钟，而忽视了相机抉择的货币政策在价格扭曲等方面的负面作用。20世纪90年代末，宏观经济学出现了一个融合新古典主义和新凯恩斯主义的优点，并取得学术界普遍共识的新组合——新兴的新古典综合学派。该学派提出的货币政策建议目前已在20多个国家进行了实践，效果卓越。根据新兴的新古典综合学派的理论，“盯住通货膨胀”的中性货币政策，可以从消除通货膨胀而提高交易效率和降低相对价格扭曲获得巨大收益。从表面看，货币政策和财政政策的搭配，可以较快稳定经济而不带来更多的负面作用，事实上，一旦政府运用货币政策来稳定经济，货币政策很少不被滥用，经济很容易偏离潜在经济增长路径，出现经济结构失衡等问题，因此，货币政策的主要作用就是稳定价格、治理通货膨胀，而稳定经济则可由财政政策来完成。[①]

## 五　政策建议：让经济结构转变远离计划体制的航线

由于缺乏2012年度14个指标大部分数据，本章没有对2012年前三个季度经济结构失衡指数进行测算，也没有预测2012~2013年经济结构失衡指数走势。此外，在本章作者看来，只要政策调控者对于计划与市场关系的认识没有改变，只要政府主导型的需求管理政策没有改变，拉动增长的冲动将驱除改善经济结构失衡的动力，我们没有理由认为中国经济结构失衡的问题短期内会有实质性的改变，因此，本章给予的政策建议与其

① 参见郭冠清（2012b）《宏观经济学的最新进展：新兴的新古典综合学派》。

说是对中国经济结构调整的建议，不如说是对改变经济运行环境的建议。

**1. 为市场经济发展创造良好的宏观环境**

认真吸取苏联、东欧剧变的历史教训，充分认识根植于人为制度设计内生缺陷的欧债危机对欧洲经济体和全球经济带来的影响，坚持发挥市场基础性资源配置作用，纠正在大宗商品等价格方面的错误行为，最大程度减少政府干预，把政府的作用逐步转移到为市场经济保驾护航上，努力创造良好的宏观环境，尤其是做好公共服务，促使中国经济结构逐步恢复到均衡状态。

**2. 从需求管理转向稳定需求与供给激励相结合的总量政策**

充分认识需求管理政策的局限性，加快从需求扩展转向稳定需求与供给激励相结合的总量政策的步伐。在当前投资消费结构严重失衡、收入分配结构不断恶化、稳增长压力不断加大的情况下，主要做好以下几个方面工作：着力调整税制结构，优化税制设计，推进以减轻企业负担和激发企业创新为核心的供给激励机制；提高边际消费倾向较低的高收入人群的税负，减轻中低层群体的负担；打破垄断，优化投资结构，促进经济竞争，由市场去淘汰落后的产能；坚决抑制中央政府和地方政府的投资冲动，采取切实有效措施，激发民间投资热情。

**3. 从相机抉择的货币政策转向中性货币政策**

认真总结1991~1996年和2009年等年份通过货币扩展推动经济带来的严重后果，坚决摈弃相机抉择货币政策，积极推进中性货币政策实施，以维持适中的货币增长供给率为核心，以利率为工具，以减少金融结构失衡为目标，夯实货币政策在稳定物价、汇率和资产价格中的作用。

**4. 以内生增长为目标，促进产业结构升级**

充分认识四万亿元投资计划、过度城市化建设等调控措施在拉动经济增长的同时对中国经济结构的影响，正确理解过度经济增长带来的社会福利的净损失，以内生增长代替拉动增长，以结构化升级代替过分依赖消费、出口和投资拉动的增长模式。以促进文化产业发展为契机，通过“文化化”和“技术化”促进投资消费结构的升级，推进现代服务业的发展。重视实体经济的发展，加强现代工业的发展，使工业真正成为经济发展的“发动机”。纠正“新农村建设”中的一些错误的举措和“惠民工程”中的一些错误的政策倾向，加强现代农业建设，缩小城乡差别，为经济增长带来持续的发展动力。

## 参考文献

陈希孺：《基尼系数及其估计》，《统计研究》2004 年第 8 期。

陈宗胜：《关于总体基尼系数估算方法的一个建议——对李实研究员〈答复〉的再评论》，《经济研究》2002 年第 5 期。

崔潮：《中国经济结构失衡的成因与对策》，《现代经济探讨》2010 年第 5 期。

董静、李子奈：《修正城乡加权法及其应用——由农村和城镇基尼系数推算全国基尼系数》，《数量经济技术经济研究》2004 年第 5 期。

郭冠清：《西方经济思想史导读》，中国民主法制出版社，2012a。

郭冠清：《宏观经济学的最新进展：新兴的新古典综合学派》，《经济研究》工作论文（255），2012b。

郭冠清：《新增长理论的开拓者——罗伯特·卢卡斯与〈发展经济学讲座〉》，载杨春学主编的《经济名著导读》，学习出版社，2012c。

李实：《对基尼系数估算与分解的进一步说明——对陈宗胜教授评论的再答复》，《经济研究》2002 年第 5 期。

刘树成：《2011 年和“十二五”时期中国经济增长与波动分析》，《经济学动态》2001 年第 7 期。

刘霞辉：《对当前国内几个宏观经济问题的思考》，《经济学动态》2010 年第 6 期。

柳欣、赵雷、吕元祥：《我国经济增长中的需求结构失衡探源》，《经济学动态》2012 年第 7 期。

项俊波：中国经济结构失衡的测度与分析，《管理世界》2008 年第 9 期。

〔英〕约翰·伊特韦尔等编《新帕尔格雷夫经济学大辞典》，经济科学出版社，1992。

杨春学：《“社会主义经济核算争论”及其理论遗产》，《经济学动态》2010 年第 9 期。

袁富华：《低碳经济约束下的中国潜在经济增长》，《经济研究》2010 年第 8 期。

周文、孙懿：《中国面对“中等收入陷阱”问题的解构：本质、挑战与对策》，《经济学动态》2012 年第 7 期。

张平：《后危机时代宏观政策转变：从需求扩张转向供给激励》，《经济学动态》2012 年第 12 期。

张晓晶：《滞胀成因的重新审视与中国的滞胀风险》，《经济学动态》2011 年第 7 期。

张自然、袁富华、赵家章：《中国经济发展中的两个反差——中国 30 个城市生活质量调查报告》，《经济学动态》2011 年第 7 期。

中国经济实验研究院城市生活质量研究中心：《高生活成本拖累城市生活质量满意度提高》，《经济学动态》2012 年第 7 期。

中国人民大学中国宏观经济分析与预测课题组：《中国宏观经济分析与预测：2011～2012》，《宏观经济》2011 年第 11 期。

Mookherjee, Dilip & Shorrocks, Anthony F, 1982. "A Decomposition Analysis of the Trend in UK Income Inequality," *Economic Journal*, Royal Economic Society, vol. 92 (368), pages 886 -902, December.

Chen, Jiandong & Dai Dai & Ming Pu & Wenxuan Hou & Qiaobin Feng, 2010. "The trend of the Gini coefficient of China", *Brooks World Poverty Institute Working Paper Series* 105, BWPI, The University of Manchester.

Xiaobing Wang & Jenifer Piesse & Nick Weaver, 2011. "Mind the gaps: a political economy of the multiple dimensions of China's rural-urban divide," Brooks World Poverty Institute Working Paper Series *15211*, BWPI, The University of Manchester.

# 要素与价格

# 第四章 2012～2013年物价走势分析与预测

## 一 引言

国家统计局数据显示，截至目前，2012年消费价格指数（CPI）和工业生产者出厂价格指数（PPI）双双呈下滑态势。1～9月CPI同比涨幅平均为2.84%，显著低于上年同期5.4%的年度平均涨幅。2012年第1、2、3季度CPI同比涨幅分别为3.8%、2.8%和1.9%，依次回落，比2011年同期值分别回落1.3个、2.8个和4.4个百分点。2012年第1季度延续了2011年较高物价形势，涨幅为全年最高。第2季度后，物价回落至3.0%区间内。其中，7月份CPI为全年谷底，当月CPI同比涨幅仅为1.8%，成为自2010年1月份出现1.5%的低速增长以来的次低水平。与CPI指数相比，2012年PPI指数跌幅更深。PPI指数继2011年增速下行并创下4.9%的年度跌幅之后，2012年1～9月继续下降4.2%，并出现了连续7个月的同比负增长，见图4－1。受CPI回落因素影响，中国居民实际存款利率两年来首次由负转正。

2012年CPI与PPI的下滑是国内物价水平自2008年全球金融危机以来的二次快速回落。CPI同比增速由2011年7月6.5%的峰值降至2012

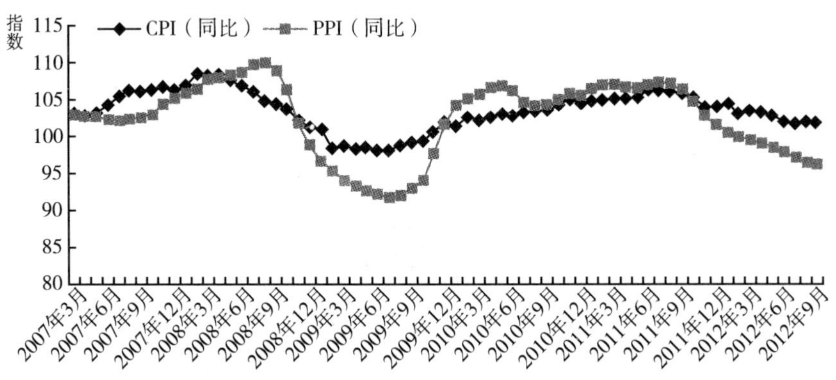


**图 4-1　2007～2012 年 CPI 和 PPI 月同比指数**

资料来源：国家统计局网站。

年 7 月 1.8% 的只用了一年时间，4.7 个百分点更是创下了 CPI 同比增速自 1998 年以来的第二大跌幅纪录。自 5 月份以来，CPI 同比增速已经连续位于 3.0% 以内。再来看 GDP 增长率情况，GDP 增速连续 7 个季度持续下行，2012 年第 3 季度进一步降为 7.4%，成为自 1998 年第 2 季度 7.2% 的低速增长以来的次低水平。由此可见，中国宏观经济已经出现了明显的通货紧缩迹象。进入 2 月份之后，PPI 一直负增长，所表示出的宏观经济通货紧缩苗头更为显著。

尽管 2012 年物价呈现通货紧缩的迹象，但从长期来看，劳动力成本上升、大宗商品和住宅价格仍然过高、全球流动性过剩等因素仍然会增加通货膨胀压力。因此，中国物价水平当短期内有紧缩压力，长期内有上涨趋势，无疑加剧了货币政策操作的难度。

在保持经济持续快速增长的同时，有效稳定物价水平是政府的一项重要工作。继 2011 年政府工作报告中提出把稳定物价总水平作为宏观调控首要任务之后，2012 年政府工作报告继续提出要把稳增长与控物价更好地结合起来，继续采取综合措施，保持物价总水平基本稳定。中央银行也把稳定物价以保持宏观经济稳定和促进经济发展作为当前工作的重中之重。2012 年全年物价涨幅目标定为 4.0% 左右，既有对上一年较高的通胀形势以及输入性通胀、要素成本上升等各种影响因素的考虑，也是在为

2012年的价格改革预留了一定空间。本章试图探析年内物价变动原因及影响因素，再进一步分析和预测2012年第4季度及2013年的物价形势。

## 二 影响物价波动的因素及逻辑

现实生活中的通货膨胀是多种因素作用的结果，正确认识物价变动的影响因素以及何种影响因素所起作用相对重要，对于理解2012年以来的物价及宏观经济走势以及制定合理有效的调控政策，维持物价和宏观经济走势的稳定尤其重要。综合来看，流动性过剩、需求拉动、成本推动、食品价格以及国外通胀传导等因素对国内物价水平，尤其是物价上行的压力尤为明显，是影响中国物价变动的主导因素。其中，食品价格波动对物价波动传导较快，直接影响当期物价走势。流动性过剩和总需求上升因素对物价的影响更多是趋势性的。实证研究表明，物价总水平变化与货币供给和名义利率之间具有较强相关性，对中国通货膨胀影响程度最高。过度需求一方面来自于出口，另一方面也来自于巨额外汇储备留在国内所形成的庞大购买力。进口因素尤其是原材料进口和国内成本因素都属于供给层面因素，这方面价格上涨压力的减轻有利于物价的稳定。本章将对上述现实因素对物价的影响机制的逻辑因果关系进行阐述。

### 1. 食品价格是近年来CPI上涨的第一推手

近年来，食品价格上涨成为CPI上涨的第一推手，食品价格走势与CPI总体趋势高度一致（见图4－2），几次大的物价上涨几乎都与食品价格过快上涨有关。在CPI涨幅比较高的2004、2007、2008、2010和2011年，食品价格也是大幅上涨，且上涨幅度比CPI涨幅还要高很多。而在CPI涨幅比较低的2001、2002、2003、2005、2006和2009等，食品价格涨幅与CPI涨幅的差距也比较小。与CPI和PPI相比，食品价格更加不稳定、波动更为强烈，故而容易成为抑制通胀的途径和手段，抑制食品价格过快上涨既是决策层的目标，也是稳定物价的重要抓手。

食品价格波动的季节性、节令性特征明显，且受自然条件影响较大。除自然灾害和虫害等不可控因素外，农业生产成本上升、国际市场价格波

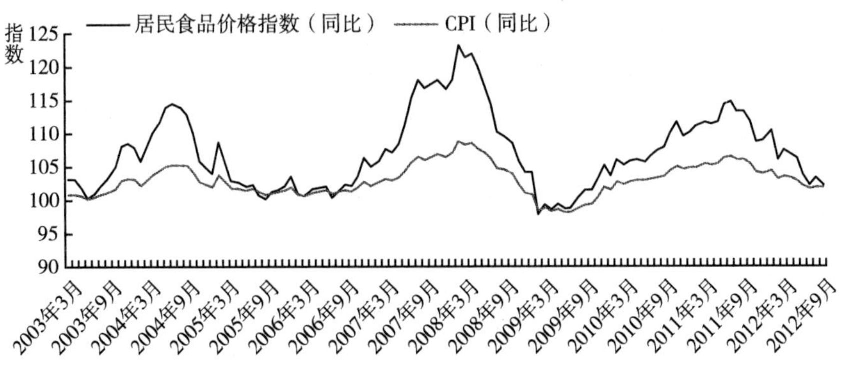


**图 4－2　2003～2012 年食品价格与 CPI 月同比指数**

资料来源：国家统计局网站。

动、需求结构升级等因素对食品价格影响也很大。生产成本对农产品和食品价格的影响是直接的。根据中国人民银行测算，农产品生产总成本每提高 1.0%，农产品价格上升 0.92%。生产成本主要包括生产资料和用工成本，前者主要受石油价格影响，后者主要取决于劳动力价格。随着成本因素占粮食和食品价格比重的提升，粮食增产对粮价和食品价格的稳定作用下降，粮食丰收并不表明粮食价格和食品价格一定会保持稳定。截至 2012 年，中国粮食产量连续 9 年丰收，但过去多数年份食品价格都呈涨价态势。城市化加速引致对食品需求的增加，而收入增长又促使对食品消费的升级。近年来货币因素对食品价格短期影响增大。2004～2005 年、2007～2008 年、2010～2011 年的三次食品价格大幅上涨都与较高的货币投放有关。

近几年猪肉价格的大幅上涨成了 CPI 高涨的重要因素，肉禽价格变动如图 4－3 所示。一方面，生活条件的改善提高了人们对于肉类的消费需求，加上节日和季节性因素，使得猪肉需求波动性加大。另一方面，猪肉供给的集约化程度低，分散经营难以对快速变化的需求行情作出及时和适时反应。在成本方面，饲料投入的价格受国际市场影响较大，加上用工成本上升，都推动猪肉价格上涨。

**2. 产出缺口与 CPI 指数正相关**

新凯恩斯理论认为需求压力（产出缺口）以及通胀预期决定中短期

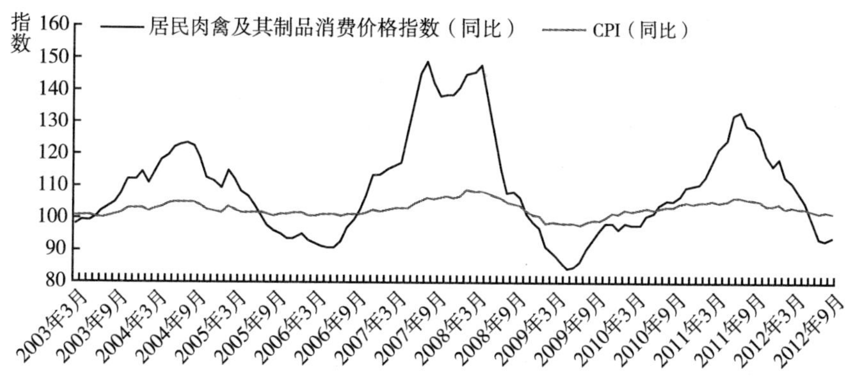


**图 4－3　2003～2012 年肉禽价格指数与 CPI 走势**

资料来源：国家统计局网站。

的通胀动态。经验告诉我们，经济增长过快往往伴随着物价上涨，而通货膨胀压力消除则伴随经济增长的减速放缓。产出缺口波峰（波谷）稳定地领先于 CPI 的波峰（波谷）。反映需求压力的常用指标是衡量实际产出与潜在产出之间差异的产出缺口。潜在产出是指在既定的技术和资源条件下，在不引发加速通货膨胀的情况下，经济体处于最佳生产水平时的产出水平。潜在产出体现可持续与价格水平合理稳定情况下的总供给。产出缺口的估计及其与通货膨胀率的关系是宏观经济学研究的重要内容。当实际产出高于潜在产出时，产出缺口为正，意味着总需求超出总供给的幅度越大，经济过热会拉高 CPI，反之亦然。

国内大多数实证研究都支持中国产出缺口与通货膨胀率有稳定的相关关系，认为产出缺口通常领先 CPI 3～6 个月。根据测算，中国产出缺口率如图 4－4 所示。从历史经验来看不难发现，亚洲金融危机期间中国经济增长严重下滑，产出缺口持续为负，通货膨胀率也出现负值，通货紧缩特征明显。1998～2002 年，中央政府累计发行 6600 亿元长期建设国债，此举极大地刺激了投资增长，在其他政策的调控配合下，中国宏观经济出现恢复迹象，通货膨胀率也随之明显升高。2007～2008 年上半年，由于受固定资产投资增长过快、国际贸易顺差过大以及银行体系流动性过剩等因素影响，产出缺口正向偏离较大，通货膨胀率明显较高。为防止经济进一步过热，宏观调控也由“双稳健”的政策取向转变为稳健的财政政策与从紧的货币政策，加上国际金融危机影响逐渐显现，2008 年下半年和 2009 年产出缺口再度为负，通货膨胀率也处于较低水平。随着 2009 年负向产出缺口的逐渐缩小，通货膨胀率开始上升，并在 2009 年底达到一个峰值。2010 年初，产出缺口转为正值，通胀率也重新抬头。

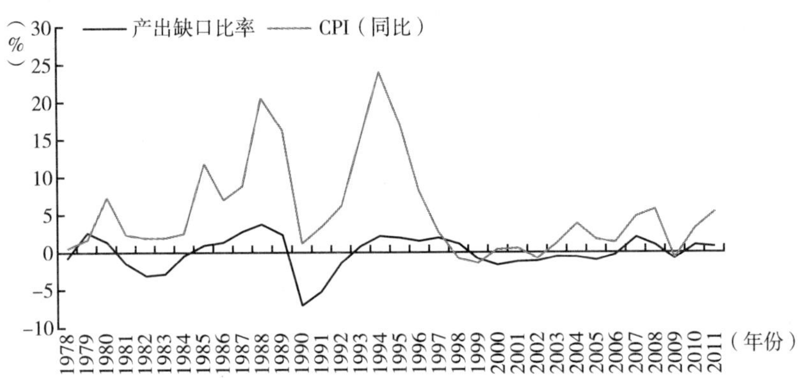


**图 4－4　1978～2011 年产出缺口率与 CPI 增速**

资料来源：根据国家统计局网站有关数据测算。

### 3. 货币供给增加是导致通货膨胀的直接原因

货币数量理论认为“通货膨胀无论何时都只是一种货币现象”，一个经济体的货币数量与其产品和服务的价格水平之间存在着直接的关系，“过多的货币追逐过少的商品”，于是造成物价上涨。货币供给过量造成了货币缺口，形成了流动性过剩，并导致通货膨胀。货币缺口和产出缺口共同影响物价水平。2010 年初中国产出转为正值，但是产出缺口的大小不能与 2007 年相比。尽管如此，2010～2011 年物价上涨势头却不减于 2007～2008 年，主要是因为这一阶段的流动性增速远高于 2007～2008 年的水平。所以说，2010～2011 年 CPI 的增长主要并不是需求拉动的，而主要是由 2009 年以来的宽松货币政策推动的。

货币供给超过均衡货币供给的时候，就会出现流动性过剩的现象，反之就会出现流动性不足，二者的差即为货币缺口。理论上，流动性过剩可以通过三个途径影响物价水平：第一，带来充足的货币供给，刺激消费、扩张投资，拉动经济快速增长，从而造成需求拉动型通货膨胀；第二，刺激资产价格上升，再通过财富效应影响消费和投资；第三，影响通货膨胀预期，超额货币供给引致实际购买力下降，形成投机性需求，带来资产价格暴涨、证券市场过度繁荣等负面影响，形成潜在通胀压力。归结结底，总需求的上升只有配合货币超发才会导致物价上涨，就这一点而言，纯粹的需求拉动型通货膨胀是难以成立的。不过，货币超发也不一定就会立即带来通货膨胀，如果超发的货币被囤积起来或者货币流通速度下降，暂时不会造成物价上涨。

中国广义货币（M2）余额月同比增速与 CPI 月同比增速情况如图 4－5所示。从历史经验来看，中国经济在 1997 年成功实现了“软着陆”。1998 年第 1 季度至 1998 年第 3 季度之间，货币供给与货币需求基本一致，并出现了轻微的货币短缺现象。为应对东南亚金融危机影响，货币政策又逐渐放松，实际货币供给始终超过均衡货币供给，特别是 2003 年达到了最大。随着经济增长的稳定，2003～2007 年的实际货币供给始终与均衡货币供给保持较小的差距，货币缺口逐步降低。2008 年国际金融危机之后，各国中央银行普遍采用扩大货币供给方法来缓解市场流动性不足，第 4 季度货币政策由从紧转向适度宽松。2009 年第 1 季度后，再一次出现了货币需求缺口正向变化的趋势，带来了通货膨胀的压力。

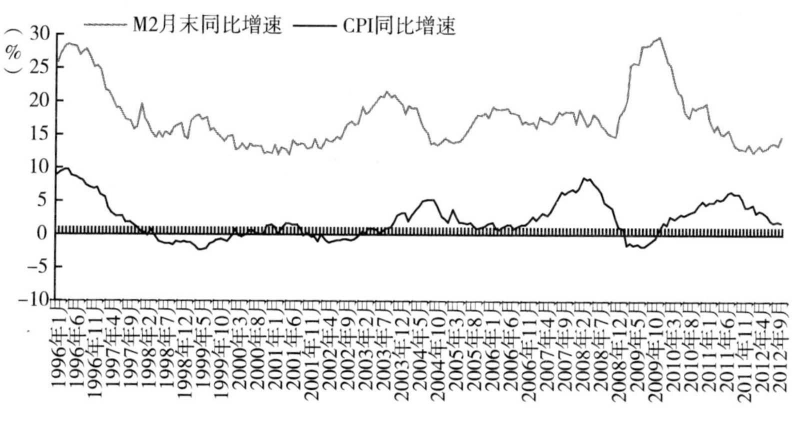


**图 4－5　1996～2012 年 M2 与 CPI 月同比增速**

资料来源：国家统计局网站。

实验研究表明，货币缺口与通货膨胀率之间正相关，货币缺口波动对通货膨胀的贡献大于产出缺口的贡献，且货币缺口与通货膨胀存在双向的格兰杰因果关系，即货币缺口是中国通货膨胀的格兰杰原因，并且通货膨胀也是中国货币缺口的格兰杰原因。处于扩张状态的货币供给增加是导致通货膨胀的主要原因。当前，中国正处于转轨时期，流动性问题既是由于金融体制不完善、人民币升值预期、贸易失衡等因素所致，也是由于货币政策不能及时对经济发展的变化作出反应而成。没有完全被实体经济所吸纳的过剩资金滞留在资本市场，并通过各种传导路径对宏观经济运行产生短期冲击和深远影响，增加了物价调控的压力。

**4. 工资与物价之间有非常强的联动性**

工资对物价的影响渠道有两条。从需求面来看，工资主要通过影响居民收入，进而影响消费和有效需求从而对物价造成影响。从供给面来看，由于工资通常构成总生产成本的一大部分，劳动力成本上涨增加企业成本，成本增加必然加大对最终消费品价格的传导压力，对通胀的上涨无疑形成了新的压力。因此工资以及原材料成本的上涨，是成本推动型通胀背后常见的驱动因素。

消费除受收入影响外，还受经济中的不确定性、流动性约束等因素的长期影响，短期之内很难通过增加收入来促进消费。因此，工资对物价的影响短期之内难以显现。相比之下，供给面影响更为直接。近年来，劳动力价格出现了长期较快上涨的趋势，中国的劳动力供不应求格局的扭转，是推动工资水平不断上涨的重要原因。工资是刚性的，一旦涨上去就很难再下来。劳动力成本与物价之间存在“螺旋”上升关系，劳动力成本过快上涨引起工资、物价螺旋式上升的触发机制是货币工资的上涨幅度超过了劳动生产率增速。应该看到，当前劳动力工资的大幅上扬不仅仅是作为对劳动生产率提高的补偿，而且是对长期扭曲的劳动力价格的合理回归，是收入分配政策调整的结果。

除了提升制造业生产成本外，工资上涨还可能通过农产品表现出来，从而推动食品价格上涨，在短期内构成对 CPI 的上行推力。2004 年以来，中国农民工的报酬水平开始进入了非常快速的上升通道，务农的机会成本在上升。留在农村的以及外出打工返乡务农的低端劳动力所要求的劳动报酬在迅速上升。由于劳动报酬的快速上升，形成的成本压力最终会在农产品价格层面上表现出来。

工资上涨也会影响非食品类及服务业价格。2011年非食品类价格上涨，如加工维修服务、家庭服务、服装价格等均创历史新高，这些非食品类价格上涨均与人工成本上升有着密切关系。因此，受工资影响的非食品价格将成为推动CPI上涨的重要因素。

资料显示，物价与工资之间表现了非常强的联动性。2008年第1季度CPI同比增速达到了近十年来的最高水平，随后受金融危机影响大幅度下降。2009年第2季度CPI同比增速跌至近十年来的最低水平。2010年起CPI同比增速又迅速上升。与此对应，同比货币工资增长率也频繁波动，2008年第3季度达到较高水平，2009年迅速下降，2010年起逐渐回升（见图4－6）。

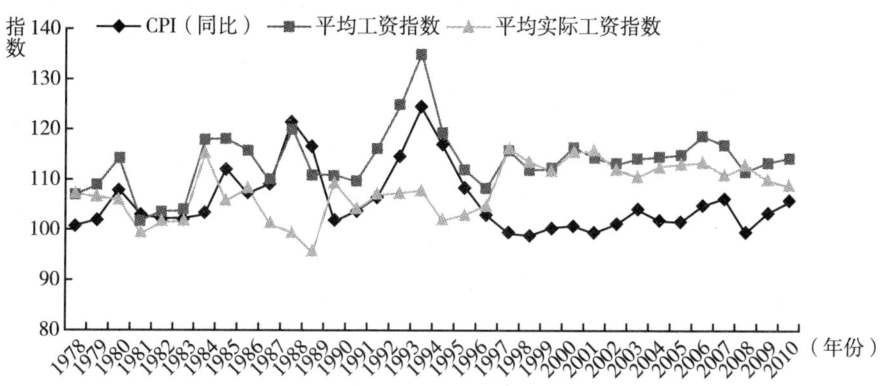


**图4－6　1978～2010年工资与CPI走势**

资料来源：国家统计局网站。

### 5. 国内货币因素是促成输入性通胀的深层原因

近年来，输入性通货膨胀因素广受关注，其指国外通货膨胀因素通过一定的途径传导至国内，从而对国内物价水平产生影响，主要是通过贸易性输入和货币性输入两种途径。通常，进口商品价格上涨主要通过两种方式作用于国内价格水平：一是进口商品为粮食、食品等农产品。一方面，直接推高终端消费用食品价格的上涨；另一方面，间接推动以其作为饲料和原料的蛋类、肉类、食用油商品价格上涨。二是进口商品为原油等原材料。一方面，直接推高成品油价格，带动物流、交通等服务类商品价格上涨和交易成本的上涨；另一方面，带动橡胶、塑料、钢铁、化肥等中间商品和农业生产资料价格上涨，推动下游及终端消费品价格上涨。

现实中，输入性通胀因素对国内物价的影响并不是线性的。实证研究表明，外部成本冲击虽然能够对通货膨胀产生影响，但其冲击强度以及持续时间长度更取决于国内货币因素，后者是促成输入性通胀的更深层次的原因。当前，实体经济应对外部输入商品价格冲击的能力已经显著高于20世纪70年代石油危机期间。

开放经济条件下，资本的流入流出会对各国外汇市场带来影响，导致主权国货币出现贬值或升值压力。中央银行出于对本国货币币值稳定因素的考虑，被动地投放或紧缩本国货币，用以冲销国际资本流动的影响。贸易领域的持续顺差和外商直接投资增长带来的外汇占款增加为市场注入了充裕的流动性。国际游资通过各种渠道进入大陆，也对国内货币松紧程度构成影响。自1994年实施外汇并轨以来，中国的货币投放机制便开始出现微妙变化，通过外汇占款实现的货币投放逐渐成为中国基础货币投放的一个重要渠道。加入WTO以来，中国外汇占款增量与中央银行基础货币增量的比值越来越高，2005年突破100%，达到了110%，随后几年持续上升，2009年更是达到134%，外汇占款已经成为中国货币创造的主渠道。外汇占款同比增速情况如图4－7所示。现有汇率体制下，由经常账户和资本金融账户顺差累积形成的外汇储备所引致的被动货币投放以及信贷扩张是造成流动性过剩的主要原因。

## 三　促使2012年物价回落的主要原因及表现

### 1. 经济增长放缓、外汇占款下降抑制了物价的过快上涨

央行曾在2011年三次加息、六次上调法定存款准备金率以抑制通胀上升，2011年第4季度物价过快上涨的势头得到初步控制。由于经济下行趋势显现、出口增速放缓，加之国际经济、金融环境的恶化，宏观经济调控面对的国内国际形势更加严峻，中央政府更加强调全面落实稳增长的

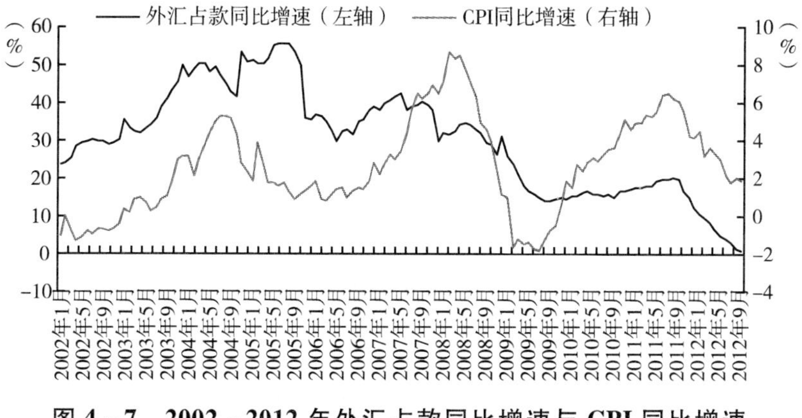


**图4－7　2002～2012年外汇占款同比增速与CPI同比增速**

资料来源：国家统计局网站。

各项政策措施，2011年底的中央经济工作会议将2012年的调控主基调定为“保增长、调结构、防通胀”。贯穿2011年的“防通胀”退居第三位，“稳增长”成为2012年的首要政策目标，正式明确货币政策风格转向“稳健”。在执行过程中，央行于2月24日和5月18日下调存款准备金率，以缓解市场流动性压力。利率工具也成为2012年货币调控的主要手段，央行于6月8日和7月6日两度实施降息，运用不对称降息以支持实体经济。1～9月中国广义货币（M2）余额、狭义货币（M1）余额发行速度处于历史低位，货币总量控制使得物价上行势头得到遏制。经济增速适度放缓是抑制房价过快上涨、约束地方债务膨胀的宏观政策调控的结果，对于物价平稳运行、国民经济结构的调整和经济的可持续增长具有积极意义，也并非完全是一件坏事。

2012年外汇占款下降是影响物价回落的主要货币因素，也是造成2012年流动性偏紧的源头所在（见图4－8）。加入WTO以来，中国外汇占款增量与中央银行基础货币的增量比值越来越高。不过2011年10月以来月度外汇占款额屡次出现自2000年以来难得一见的环比负增长情况。2012年前三季度全部金融机构口径的外汇占款净增加4120亿元，远低于2011年同期的2.43万亿元。其中，2012年第1季度增加2906亿元，第2季度仅增加120亿元，第3季度增加1094亿元，与2011年同期相比分别下降了 74%、99% 和 87%。由于中国长期以来形成了依赖外汇占款实现货币投放的格局，外汇占款的下降直接导致 2012 年基础货币投放明显减少。

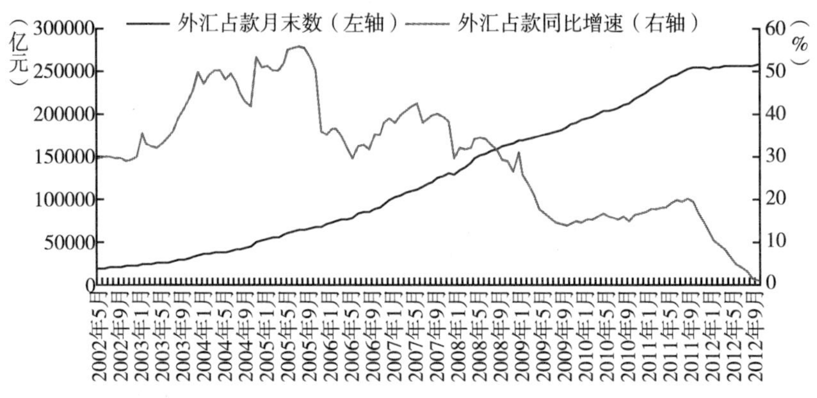


**图 4-8　2002～2012 年中国外汇占款变化**

资料来源：国家统计局网站。

外汇占款对国内价格水平的影响是正向的。外汇占款高，较多的资金流入银行和实体经济带来物价上行压力，需要上调存款准备金率或采取其他对冲操作；反过来，外汇占款不断减少，货币供应不足，技术上央行可以用与应对外汇占款增加相对的反向策略应对外汇占款减少，减少央票和正回购发行，增加逆回购，或是下调存款准备金率以确保合意的货币供应量。实践中，央行先是通过暂停央票发行与正回购来缓和市场流动性，进而执行了两轮降准和降息操作以回补外汇占款增速放缓的流动性缺口。随着货币信贷增长向常态水平回归，居民通胀预期明显下降。6 月、7 月 CPI 同比增速创出新低，缓解了市场对通胀重返上升通道的忧虑。从 8 月份开始，央行重点改用逆回购操作微调市场流动性。8 月、9 月两个月份，央行逆回购规模共计约达 1.4 万亿元，净投放资金量约 7000 亿元。不过，逆回购调控仍难以达到有效稳定投资预期的目的，不能向市场主体传递清晰的政策信号，大规模逆回购的出现也使得市场一再期盼的准备金率的下调时间被推迟。

在经历了数月下降后，到 9 月末，中国广义货币（M2）余额为 94.37 万亿元，同比增长 14.8%；狭义货币（M1）余额 28.68 万亿元，同比增长 7.3%。在中国，客观上存在着一条繁荣期 M1 增长率高于 M2、衰退期 M2 增长率高于 M1 的规律，这既与货币供给的内在结构密切相关，也符合宏观经济运行实际。但是 2012 年，M1、M2 同比增速月度平均值创下 2002 年以来的最低纪录，不仅明显低于其应有理论值，更与 7.5% 的经济增长目标不相适应。目前，偏低的 M1 增速凸显企业经营活动中资金占用项目增多，应该是与原材料及燃料动力价格上涨、劳动力成本提高等成本因素有关。货币政策保持谨慎稳健取得了控制物价水平上行的良好效果，但同时经济增速未能成功稳住，表明货币政策谨慎有余，难以从结构性角度缓解实体经济融资难题。这也是为什么到目前为止中国众多中小微企业仍感资金紧张和融资难、融资贵的一个重要原因。有鉴于此，货币政策应进一步适度宽松，特别是要努力让宽松货币政策调控效果真正惠及中小微企业层面，真正缓解其融资难、融资贵困局。

**2. 大宗商品降价减轻原材料输入性通货膨胀压力**

2012 年上半年，大宗商品价格处于相对低位，所以上半年 CPI 受输入性膨胀因素影响较小。2012 年前三个月，欧美国家连续出台稳定经济措施，市场信心明显恢复，世界主要大宗商品第 1 季度价格持续扬升。随后，美、欧等国家公布的第 1 季度经济数据不尽如人意，发展中国家经济数据也不理想，在此大环境、大背景下，国际商品价格第 2 季度后开始转跌。整个上半年，矿产品、金属和橡胶类价格降幅较大，农产品价格降幅相对较小。

石油是国民经济物质生产活动的基础性商品，其价格升降对物价的影响不小。国际原油价格走低为 2012 年前三季度 CPI 平稳下降创造了宽松环境。整个上半年，纽约和伦敦两地油价跌幅分别为 14% 和 9%。国际油价在 3 月 1 日达到第 1 季度的高点，随后由于伊朗局势趋稳、欧洲债务危机恶化、美国原油库存持续增加，以及美国和中国经济增速放缓等原因，国际油价进入下跌通道。尤其第 2 季度更是加速下跌，纽约和伦敦油价分别大跌 18% 和 20%，创下自 2008 年第 4 季度以来单季最大跌幅，国内成品油挂钩油种之一的布伦特原油期货价格从每桶接近 120 美元跌至 90 美元下方。仅 6 月份 1 个月，美国西德克萨斯轻质原油、英国布伦特原油以及亚洲迪拜原油现货价格环比分别下降 14%、13% 和 12%，与 2011 年同期相比分别下降14%、14%和10%。

受供应紧张和投机资金炒作的影响，以铜为代表的国际市场有色金属价格在2011年年初上涨至历史新高，此后出现震荡下行走势，2011年年底略有回升。2012年前4个月，有色金属价格总体在回升后的水平小幅波动，5~6月，有色金属价格出现下跌走势。6月底，反映国际市场有色金属价格总水平的伦敦有色金属价格指数比年初下跌7%左右。7月初，伦敦金属交易所铜、铝期货价格分别为每吨7310美元、1862美元，比年初分别下降6%、10%。

2012年，国际市场粮食价格涨跌不均，小麦、玉米价格走低，大豆价格大幅上升。国际市场小麦价格总体呈高位小幅波动状态。5月中旬，由于美国西部平原、乌克兰、俄罗斯等小麦种植区出现干旱天气，市场大举炒作，小麦价格一度大幅上升17%。但随着天气因素影响，炒作降温，5月下旬价格出现明显回落。6月份，芝加哥商品交易所软红冬麦期货价格比2011年同期下跌10%，与2011年12月相当。国际市场玉米价格总体呈小幅震荡下跌走势，7月初芝加哥商品交易所期货价格比2011年同期低15%，与2011年12月相当。

2012年夏季的干旱天气伤及美国、阿根廷及巴西等大豆主产国，产量下降致使世界市场大豆价格创历史新高。强烈减产预期下，对冲基金转向这一领域，助推大豆价格。2012年8月国际市场玉米价格比2010年6月初价格高出1倍多，超越了2008年6月（MYM7.87）以及2011年4月（MYM7.74）的历史高位。国际原材料和大宗商品的价格对国内物价的传导一般存在3~6个月的时滞效应。2012年7月底和8月初，高盛商品指数（GSCI）和路透商品研究局指数（CRB）走出了一波明显的上升行情。自8月份以来，GSCI同比增速由负值逆转为正增长势头，CRB同比增速也大幅回升（见图4-9），由此引起人们对2013年国内物价上涨的预期。

国际大宗商品市场是一个宏观因素驱动的市场，行情变化既取决于经济基本面，更受资金面变化和未来经济增长的预期影响。投资者情绪波动往往带来市场的超买超卖，带动市场巨幅波动。总体而言，2012年上半年国际大宗商品下跌的品种和幅度大于上涨的品种和幅度，为国内物价调

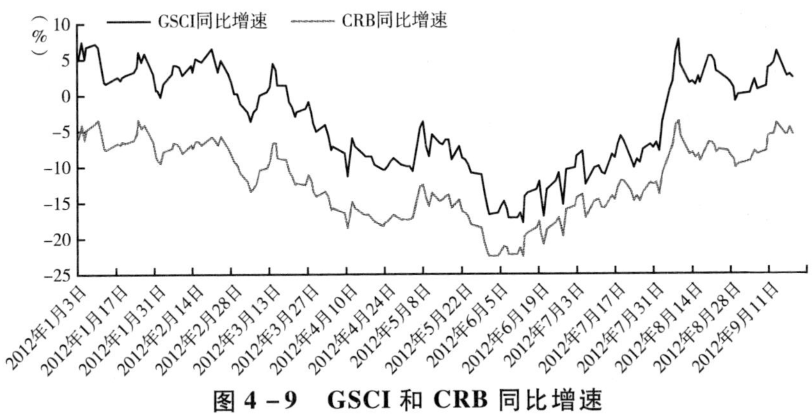


**图 4－9　GSCI 和 CRB 同比增速**

资料来源：彭博资讯（Bloomberg）。

控提供了一个十分有利的国际环境，原材料输入性通货膨胀压力较 2011 年同期显著下降。

### 3. 国内粮食、猪肉等食品价格回落下拉 CPI 作用明显

在中国 CPI 构成中，食品价格占比超 30%，食品类商品价格上涨或下跌对 CPI 的影响非常大。2011 年，食品价格全年涨幅达到了 11.8%，直接推动 CPI 上涨超过 3 个百分点。2012 年，食品价格结束了 2010～2011 年高达两位数的涨价势头，1～9 月份同比增速月度平均值仅为 5.5%，环比增速月度平均值仅为 0.3%（见图 4－10）。

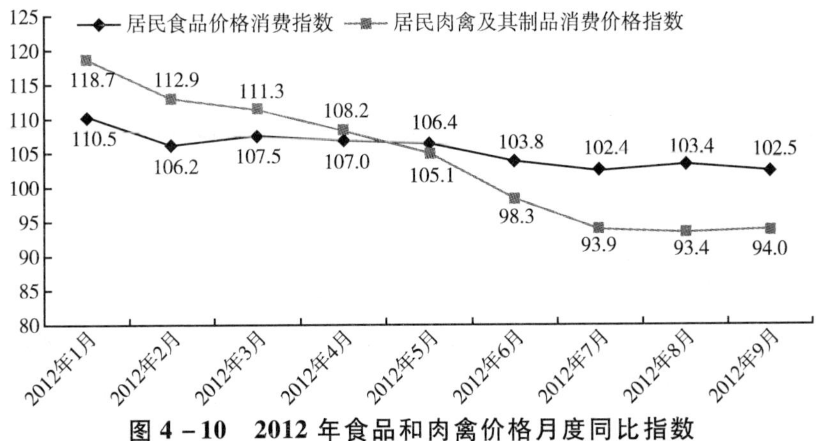


**图 4－10　2012 年食品和肉禽价格月度同比指数**

资料来源：国家统计局网站。

粮食价格占 CPI 比重高达 11%。1～9 月份，粮价同比增速月度平均值为 4%，与 2011 年同期相比下降 9.4 个百分点，涨势十分温和。2012 年以来，中国粮食生产继续保持良好势头，粮食价格整体呈现稳中略涨走势，与前几年相比，粮食价格涨幅有明显缩小。粮食生产形势较好，有利于粮价保持基本稳定。在 2011 年连续八年增产基础上，2012 年中国夏粮继续稳产丰收，气候条件对粮食生产业比较有利，种植面积比 2011 年略有扩大。尤其是玉米播种面积明显扩大，大大缓解了玉米市场的供求矛盾。种粮成本持续上升是粮食价格持续保持正增长的重要因素。农药、化肥以及劳动力成本上升对粮价起到一定程度的推涨作用。进入 9 月中旬之后，秋粮稳产增产局面明朗化，中国将实现连续九年粮食丰产。虽然粮食丰收和粮价稳定之间并不存在固定关系，但丰收而不是歉收无疑更有利于全年粮价的稳定。粮食丰收也有利于国内粮价在国际粮价上涨面前保持平稳。7 月份国际粮价环比大幅跳涨 6%，而中国粮食价格环比上涨 0.2%，保持平稳运行。

肉价占 CPI 比重约为 7%。2012 年，居民肉禽及其制品消费价格同比、环比指数出现负增长的频率和幅度大大高于往年，肉价走势对 CPI 下拉作用明显。虽然 2012 年春节期间猪肉价格有所上涨，但随后猪肉价格明显大幅下降。据农业部统计，受 2011 年猪肉价格大涨刺激，养殖户补栏积极性空前提高，生猪存栏量增加，现有产能继续扩大，生猪供给量呈现持续大幅增加态势推动猪肉价格下降。7 月份 CPI 同比增速创 30 个月新低，主要还是受猪肉等副食品价格大幅回落影响，当月居民肉禽及其制品消费价格同比指数仅为 93.9，比 2011 年同期值下降 39.7 个百分点。与此同时，中国宏观经济运行呈现效益下降、预期不稳等特点，较大程度上抑制了猪肉消费需求，猪肉供需形势逆转，价格随之走跌。

**4. 翘尾因素对 2012 年物价的影响程度较 2011 年减弱**

翘尾因素对 2012 年物价有一定程度影响。排除新涨价因素，根据测算，2012 年全年物价涨幅受翘尾因素影响程度约为 1.3%，受影响程度整体小于 2011 年 CPI 所受影响程度，这也是 2012 年物价相对 2011 年物价有明显回落的重要原因之一。各月翘尾影响程度测算如图 4－11

所示。翘尾因素以及基期值高低对2012年CPI走势的影响主要表现为以下四点。

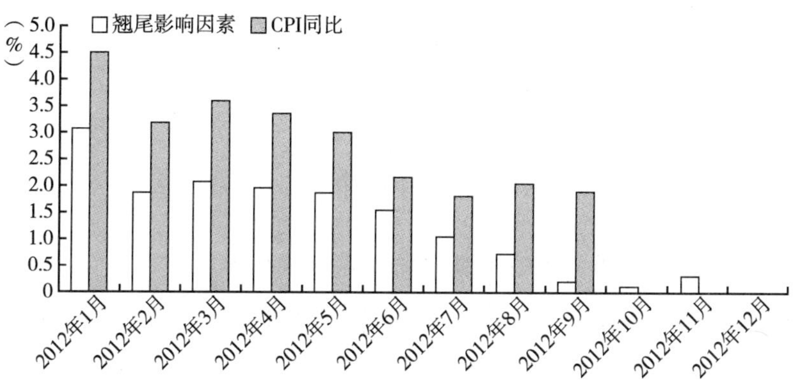


**图4－11　翘尾因素对2012年各月CPI指数的影响**

资料来源：根据国家统计局网站有关数据计算。

其一，翘尾因素对2012年物价走势1.3%影响幅度分解到上半年和下半年分别是2.1%和0.4%，一定程度上塑成了全年物价上半年均值高于下半年均值的态势。其中，1月、3月受翘尾因素影响相对更为明显，分别为3%和2%。实际数据表明，1月、3月两个月份确实是2012年同比CPI最高和次高月份。随着翘尾因素对物价影响力的消退，年中物价逐月回落，新涨价因素影响程度在下半年明显上升。

其二，2011年同比CPI整体较高（为自2000年以来第二高年份），如此高的基期值势必对2012年物价运行产生下拉作用。即使2012年维持通胀形势不变，全年同比CPI涨幅也会较2011年有所回落。实际数据也证实了这一点，2012年同比CPI涨幅显著回落，2011年物价高增长局面并未在2012年再次延续。

其三，2011年CPI走势中，第1季度较低，第2、第3季度较高，第4季度有所回落，给2012年全年同比CPI营造了一个两头低、中间高的基期背景。2012年第1季度CPI受2011年高位运行趋势影响最大，同比涨幅3.8%，为2012年4个季度最高；此后，第2、第3季度同比CPI显著下降；预计第4季度CPI受翘尾因素影响程度最低，物价将小幅上扬。

其四，2011 年 CPI 峰值出现在年中 7 月，故 2012 年 7 月 CPI 值具有同比最高基期，该月迎来年中最低值的概率最高。进一步结合环比数据观察，2012 年环比 CPI 走势相当平稳，物价并未出现逐月高企姿态。实际数据表明，年中 7 月份不失所望地成为了全年同比 CPI 的底部。

## 四　未来物价走势分析与预测

**1. 宏观经济外部平衡的恢复有助于稳定物价水平**

中国宏观经济外部失衡的“双顺差”局面由来已久，其带来的直接后果就是外汇储备的不断增加和以外汇占款为主的基础货币投放量持续上升，不仅对宏观货币政策调控造成实质性干扰，也增加了稳定物价、控制通胀的难度。2011 年第 4 季度以来中国国际收支状况继续改善，困扰中国多年的大规模外汇净收入正在消融，新增外汇占款规模开始缩减。随着人民币升值预期的消失，以及中国国内增长前景、竞争环境的变化，经常项目和资本项目顺差额度和态势都逐渐发生变化，跨境资本流动呈双向变化。中国经常项目顺差占 GDP 的比重已经从 2007 年的超过 10% 降至 2011 年的不足 3%，表明中国试图摆脱出口导向型的经济增长模式的努力正在取得成效。中国国际收支告别持续已久的经常项目和资本项目“双顺差”状况，外汇储备增长放缓符合国家宏观调控方向。随着外汇占款增量规模缩减成为长期趋势，被动流动性投放威胁从源头上得到缓解，这给中国增强货币政策自主性和有效性创造了新平台，外汇占款量对物价上行的压力将大大减负。

虽然 2012 年第 2、第 3 季度中国进出口再现顺差增长，但通过对其原因的探究，我们认为这只是一种波动，并不代表长期趋势，并不代表向“双顺差”格局的回归。外贸顺差大幅增加主要原因在于进口商品价格大幅下降引起的进口增速放缓。2012 年上半年，海关统计的进口价格指数上升了 1.5%，而 2011 年同期这一数字接近 15%。价格因素使得进口金额的增速总体偏低，多数商品进口数量还在快速增长。另外，国际市场不振影响了加工贸易的进口，而中国经济的下行压力加大、国内需求偏弱也导致进口需求不旺。中国坚持缩小贸易顺差、追求贸易平衡的目标不会改变。因此，长期来看经常项目顺差占GDP的比重不会再大幅反弹。随着欧盟对华高科技产品出口限制的放松，以及国内“稳增长”政策措施逐步落实，国内消费投资的拉动作用逐步显现，未来中国进口需求会有所升温。

从国内因素来看，经济增长放缓、人口红利的衰减、人民币贸易结算的放开，以及更多企业“走出去”都有利于外汇储备规模的下降。从国外因素来看，美、欧经济体的再平衡、财政赤字的削减、服务业顺差的扩大，以及国内制造业的恢复性发展意味着未来其与中国的贸易逆差难以再持续扩大。未来中国外汇占款可能出现趋势性减少，中国基础货币被动投放机制将得以扭转，货币被动扩张时代面临拐点。随着货币政策独立性的增强，未来物价调控手段也将从以往依靠行政手段和直接调控转而依靠间接调控。

**2. 稳增长的宽松货币政策将增加物价上行的潜在风险**

2012年以来，物价的持续走低与中国货币稳健的货币调控节奏始终基本保持一致。当前，GDP增速连续7个季度下行，已经引起决策层的高度关注，年内物价的持续下降为稳增长政策的进一步微调打开操作空间。预期未来的货币政策将在保持“稳健”基调的同时坚持“稳中求进”，进一步向“宽松”方向微调。不过，货币调控的放松力度主要还是要看市场的真实货币需求，尤其需要注意货币政策对未来物价的再次上扬产生的影响。

国内需求特别是投资需求的疲弱是制约经济增长的主要因素，货币政策依然偏紧在一定程度上减缓了经济复苏的步伐。尽管社会融资规模特别是人民币贷款有较明显的增加，但货币信贷环境仍然偏紧，信贷成本仍然偏高，且货币政策操作主要依赖于逆回购。逆回购公开市场操作，虽然有利于构建回购利率机制和推进利率市场化进程，也可能有助于降低直接操控货币供应量带来经济过大波动的风险，但不利于尽快降低企业融资成本，投资者也难从中获得较为明确的政策信号并由此形成较为明确的政策预期。经济运行中多种不利因素的存在增加了未来一段时期经济复苏的难度，迫切需要采取更加切实有力的措施进一步加大货币政策的放松力度。

中国经济从2011年6月份起开始新一轮的深度调整，至今持续时间已经超过2008年全球金融危机时期，而且尚没有明显改善迹象，使得许多企业还没有从上一轮危机中完全恢复过来就又遭遇新的较大冲击，导致其生产经营更加困难。同时，出于推动结构深层次调整的需要和对经济增长下滑容忍度的提高，中央政府出台大规模扩张性财政政策刺激经济的愿望和能力也远逊于2009年。这些因素决定了中国未来经济复苏只能更加依赖自身的修复能力，复苏之路也就更加坎坷崎岖，经济难以再现“V”形反转，未来数月经济仍将在底部徘徊。在这种情况下，经济复苏更加需要一个宽松的货币政策环境，以防止企业资金链条断裂而引起不良连锁反应和避免经济进一步下探的风险，并降低企业资金成本和提升其投资愿望，增强而不是损害经济的自身修复能力。在这个意义上，宽松货币政策应该扮演比现在更加积极的角色并发挥更大的作用。

目前，扩张性政策刺激增长的效应可能在下降，刺激通胀的效应则在增强。一方面，实体经济需要通过释放流动性和降息来减轻企业融资成本；另一方面，在全球流动性重回宽松轨道的背景下，央行继续降息、继续释放流动性可能又会加大未来通胀压力，中国货币政策再度面临两难挑战。货币政策对物价的影响要大于对实体经济回升的带动。

2012年9月，PMI、M1和PPI等宏观经济数据均转好，表明经济企稳态势的可持续性，未来对资金的需求量必然会出现明显加大。目前已经看到的是，PMI回升、用电量增加、房地产和水泥钢材等板块资金流入明显，这些都是资金需求加大的信号。企业的信贷、金融改革中与资本市场相关的改革，这些都需要市场资金的宽松。当前，通胀压力明显减轻，表明未来的货币政策仍然存有空间，这对实体经济来说是好事。但物价的下行并不表明通胀隐患已完全消除。中国未来物价变动还将主要取决于经济增长的实际绩效。

**3. 警惕输入性因素与国内刺激政策叠加对物价的潜在上推力量**

当前及今后一段时间，需要警惕进口渠道国际大宗商品价格上涨导致输入性通胀压力。就实体经济情况来看，近期一段时间以来，全球经济增长虽然动力不足，但业界有强烈的经济回升期望。欧盟核心国以及欧债危机国都意识到保持经济增长而不是一味地紧缩经济更有助于债务危机的解决，美国也在尽力提升就业和重振制造业，稳增长不仅是中国也是全球各大经济体的政策重点。未来涨价因素包括欧元区国家巨额债务包袱基本卸除、世界各国皆努力刺激经济增长、流动性泛滥卷土重来、商品价格早前超跌，都是大宗商品价格触底回升的重要支撑。中国进口商品价格会因为全球需求增加而走高。

国际市场密切关注中国的宏观经济状况，中国的经济增长、贸易、投资等数据影响大宗商品价格。2012年9月初，发改委集中公布批复总投资规模逾万亿元的基础设施规划建设项目。此利好消息一出，大宗商品价格应声反弹。6日至9月中旬，纽约商品交易所（Comex）铜期货价格快速上涨7%。截至9月17日，中国25个主要港口的进口铁矿石价格较前一周上涨15个单位。

美元指数和大宗商品价格将依旧保持高度相关性。长期来看，二者将依旧保持负相关关系。维护美国和美元的霸权地位是美国的核心利益。受欧债避险情绪影响，2011年末以来，新兴市场资金回流美国，客观上降低了人民币升值压力，推高美元指数。美国需要保持自身对全球资本的吸引力，这既符合其维系美元霸权地位的核心利益，同时也是确保其良好发债能力以解决眼前债务问题的现实性要求。但是另一方面，美国需要通过美元的贬值推动贸易逆差的缩减、还债压力的减轻、经济的复苏和制造业就业的回升，强劲美元不利于当前美国经济实力的恢复。美国需要在这两个相互矛盾的利益需求之间寻找平衡，这是未来一段时间美元行情波动的逻辑基础。预测今后一段时间美元会在加息和减息、升值和贬值之间阶段性波动，大幅贬值很难出现，但大方向是温和下行。

2012年9月13日，美国推出了第三轮量化宽松的货币政策，短期国内物价走势不会很快受到QE3冲击，但中长期中国CPI无疑会因美国新一轮量化宽松而承受走高压力。2009～2011年，美联储先后推出两轮量化宽松货币政策，当时，市场对商品价格走势也是普遍看好的，大宗商品的原油、黄金等价格立即出现大幅上升。第三轮量化宽松政策出台后，市场同样持价格上涨的普遍预期。欧洲无限制购买政府债券，欧洲央行也正在通过超发货币推动欧元贬值，推动欧元区竞争力提升和经济复苏。全球流动性泛滥已经成为客观事实。之所以欧、美等国物价指数尚未出现大幅上涨，主要原因可能在于货币流通速度的暂时性下降，居民和企业部门正在努力恢复资产负债表平衡。随着人们对未来经济预期明朗化，流动性泛滥的威胁就会成为事实。如果美联储和欧洲央行不能通过及时加息和公开市场操作的方式来回收流动性，不能通过政策引导将资金引入实体经济领域，资金就会如洪水般流入到股市、房地产、商品期货等资本领域，未来全球通胀压力加大。

目前全球实体经济的恢复还较为脆弱。以美、欧为代表的消费为主的增长模式和以中国为代表的生产为主的增长模式需要进行调整。世界三大经济体经济增长方式调整绝非短期内能一蹴而就，调整路径仍在摸索当中。在调整的过程中，美、欧消费的下滑导致中国外需减少是不可逆转的，而中国的内需在短期内也难以较快提高，这会打压大宗商品的需求，从而导致价格的下跌。实体经济在全球经济的再平衡过程中表现出了复苏的乏力。经济复苏利好消息会刺激大宗商品价格暴涨，反之，经济疲软利空消息会刺激大宗商品价格暴跌。全球经济复苏的不确定性将会不断引发短线波动行情，加剧了商品价格的波动。经济面对大宗商品价格的支撑力度不敌金融面对大宗商品价格的冲击，市场投机性增强。在全球宽松货币政策的背景下，推动国际大宗商品价格上涨的动因依然存在。目前，一些新涨价因素在增多，在新老因素叠加因素影响下，或将导致未来国际大宗商品价格趋势性上涨且波动加剧。

综上所述，在国内外因素的综合作用下，我们预计 2012 年第 4 季度 CPI 会延续 8、9 月份的小幅上涨态势。根据经济预测模型的计量分析，我们得到 2012 年第 4 季度的 CPI 同比增长率可能会达到 2.0%，从而 2012 年全年 CPI 同比增长率达到 2.6%。考虑到 2013 年中国可能面临的国内外形势以及本章以上所分析的需求各因素，我们判断 2013 年物价水平环比会逐步升高，但同比涨幅会有所回落，预计全年 CPI 同比增长率为 2.2% ~2.7%。

## 五 关于未来物价调控的政策建议

### 1. 稳定粮食生产是稳定经济、稳定物价的基础

粮食生产对于稳定经济、稳定物价具有特别重要的意义。应在粮食生产连续九年增产基础上，进一步稳定粮食生产，实现全社会农产品有效供给。

一是要保护农民种粮积极性。粮食生产成本大幅上升而粮食不能涨价，这意味着农民将为稳定粮价买单。农民利益受损，直接威胁到粮食生产，短期或许还能够维持粮价稳定，最终结果仍然是粮价上涨。应保持国家粮食政策的稳定性和连续性，加大强农惠农力度，采取更直接、更有力、更明确的综合性措施增加农民收入，继续适当提高主要粮食品种的最低收购价水平，让农民种粮有利可图。

二是要探讨给予农业生产财政补贴的新方式。目前主要是通过减免农业税等形式支农，但削弱农民种粮的积极性主要还是农资价格的快速上涨。对农业化肥、杀虫剂、农用工具、农业机械等农业生产物资实行退免税有利于降低粮食生产成本，在稳定粮价的同时增加农民利益，是财政支农的新途径。农业零税率是国际通行做法，应尽快将目前的农资综合补贴措施推进到零税率层次，进一步加大财政支农力度。

三是要推广农业规模化经营。让掌握现代科技的新型农民逐步成为现代农业生产主体。大力培育粮食产业化龙头企业，积极发展企业与农民的利益共同体。积极培育和发展农民粮食经济合作组织等粮食市场主体。发挥粮食行业协会等各类中介组织的作用，构建新型粮食购销服务网络。

四是要加大对农业生产加工活动的金融信贷支持。金融部门要按照商业信贷原则采取小额信贷等方式加大扶持种植大户和产业化企业的贷款力度，重点支持扩大生产规模解决粮食产品经销、加工、收购中的所需资金贷款。鼓励粮食生产大户和大型粮食加工企业利用期市避险功能提前锁定收益，降低风险。

**2. 完善农产品流通体系是防止物价剧烈波动的最好方法**

农产品表面贵，实质上反映的是农户在产业流通链条中处于弱势地位和产业链上利益分配关系的失衡。农产品“过山车式”的价格波动给农民造成不小损失，而薄弱的农产品流通体系也会妨碍国民经济的应有复苏。

一是要发展多种形式的产销衔接，缩减农产品从田间地头到百姓餐桌间的流通链条。农产品流通体系主要包括批发和零售两大环节。在批发市场体系中，应鼓励大型农产品批发市场和经销商通过代理等方式与主要的生产产区建立稳定的产销关系。在零售市场体系中，又分为农贸市场和超市两大体系，应扩大农－贸对接、农－超对接模式，鼓励增加对接合作社的数量和对接的商品品种。引导农产品连锁超市建立鲜活农产品配送中心，积极发展订单农业。

二是要加快农产品流通基础设施建设，重点完善商品集散、价格形成、信息发布等功能。引导各类投资主体投资建设和改造农产品批发市场和农贸市场、菜市场、社区菜店、生鲜超市、平价商店等鲜活农产品零售网点。加强鲜活农产品产地预冷、预选分级、加工配送、冷藏冷冻、冷链运输、包装仓储、电子结算、检验检测和安全监控等设施建设。提高物流的效率和物流的服务水平，降低农产品物流成本。发展农产品电子商务，扩大网上交易规模，加快农产品流通科技研发和应用。

三是重点要加强批发市场建设，扶植培育一批大型农产品批发龙头企业。农产品批发市场是整个农产品流通体系的中心环节和主渠道。批发环节功能的完善需要从推进批发市场建设和培育农产品经销商入手，要引导经销商实现公司化、规模化、品牌化发展。政府应该采取更多政策倾斜手段，给予更多投资优惠和税费减免措施培育大企业的发展，以利于今后行业的整合。

**3. 在适度宽松货币政策与抑制通胀之间寻找新的平衡**

一方面，实体经济需要通过释放流动性和降息来减轻企业融资成本；另一方面，在全球流动性重回宽松轨道的背景下，央行继续降息、继续释放流动性可能又会加大未来通胀压力，中国货币政策再度面临两难挑战。

一是要采取更加切实有力的措施进一步加大货币政策的放松力度。货币政策依然偏紧在一定程度上减缓了经济复苏的步伐。经济运行中多种不利因素的存在增加了未来一段时期经济复苏的难度。在这种情况下，经济复苏更加需要一个宽松的货币政策环境，以防止企业资金链条断裂而引起不良连锁反应和避免经济进一步下探的风险，并降低企业资金成本和提升其投资愿望，增强而不是损害经济的自身修复能力。从稳增长的角度来看，宽松货币政策应该扮演比现在更加积极的角色并发挥更大的作用。应适度放宽贷款额度、存贷比等行政性控制，适度逐步下调存款准备金率，择机小幅降息，加大对实体经济的信贷支持力度，降低企业资金成本，改善企业的盈利预期。

二是要抓住外汇占款增速放缓有利时机，调整长期以来形成的以提高存款准备金对冲外汇占款的货币发行机制，缓和国内市场资金供求结构的失衡。在当货币的创造是通过较高法定准备金率对冲外汇占款这样一种机制实现的时候，企业所获得的贷款主要源于创汇企业的存款。在给定货币乘数的情况下，企业创汇形成的存款增加得快的地区，货币创造的活跃性也高，货币扩张能力也较强，企业融资需求较易得到满足；反之亦然。高存款准备金率不仅带来了国内市场资金供求结构的失衡，还加剧了地区经济发展的不平衡。当前大型金融机构存款准备金率为20%，处于历史较高水平，有较大的下调空间，适当降低存款准备金率，放松货币乘数有利于缓和国内市场资金供求结构的失衡。

三是要寻求适当宽松货币政策与稳增长、抑通胀之间的新平衡。存款准备金率下调等宽松性货币政策并不必然导致通货膨胀抬头。只有当通过新释放资金脱离实体经济转而进入资本市场或进行投机时才会推高物价水平。当前，银行信贷表面上的供求总量基本平衡难掩实质上的资金供给结构性失衡，融资难、融资贵的情况依然存在。应进一步优化信贷结构，在贷款投放中，要更加注重差别对待，加强与产业政策的协调配合，有保有压，对重点领域和薄弱环节，不仅要提供充足的贷款，还要给予优惠的贷款，具体而言，要加大对“三农”、节能环保、高端制造、自主创新等领域以及对中小微企业的信贷支持，严格控制对高耗能、高排放行业和产能过剩行业的贷款。要是能将流动性真正引入亟待发展的领域，就能寻找到适度宽松货币政策与稳增长、抑通胀之间的新平衡。

四是要加强准备金率调整与公开市场操作配合，保持银行体系流动性平稳。外汇占款增长势头已发生改变，将继续低增长甚至负增长，法定存款准备金下调是未来趋势。公开市场操作则需兼顾外汇占款变化、市场资金需求变动、短期特殊因素等方面的需要，并与准备金率调整灵活搭配。准备金率下调可与开展正回购同时进行，在不引起市场利率上行的情况下调整到期资金结构。准备金率暂停调整时则通过适度开展逆回购调节短期流动性，引导市场利率平稳运行。

**4. 降低外汇储备、平衡国际收支减少外汇占款带来的通胀压力**

通过降低外汇储备及其占款，创造有利于存款准备金下调的货币市场环境，不仅有利于降低通货膨胀压力，也有利于改变当前实际上存在的有利于向大企业释放流动性、不利于向中小微企业释放流动性的非对称性货币创造与投放格局，这对于切实纠正中国宏观经济运行中普遍存在的流动性表面充裕、实际紧张的弊症，避免经济增长率进一步下滑倾向具有重要意义。

一是要坚决放弃盲目追求贸易顺差的倾向。要妥善处理稳出口与保增长的关系，防止经济下滑背景下各项稳定出口措施对低效率企业的过度保护。要把出口退税的重点全面转向技术研发与创新和高端设计和制造类企业及其产品。要拨出财政专款补贴高技术及其产品的进口。要全面放弃售结汇制度和购汇限制，同时加大财政补贴力度，鼓励先进技术和设备、重要原材料和物资以及高质量生活资料的进口。

二是要鼓励出口企业积极主动地开展人民币结算，打开人民币国际化的对外贸易窗口。人民币先流动到境外是推广出口贸易人民币结算的前提条件。因此，要大力推进人民币的境外流动，降低境外客户获得人民币的成本，拓宽贸易伙伴国家和企业以及个人获得人民币的渠道，主动创造人民币计价结算机会。商业银行则应当主动跟进市场需求，积极开办人民币国际结算业务及其网络，开发多种金融避险工具，降低服务费率，提高服务效率，创造人民币跨境结算服务便利，推动人民币离岸市场发展，打开人民币国际化的对外贸易窗口。

三是要鼓励国内企业"走出去","以出助投",释放外汇储备过多的压力。要尽快实现以储备投资为代表的资本被动流出向以海外新建企业和并购为代表的主动流出格局转变,引导外汇资本双向有序流动。要进一步简化企业办理对外直接投资的相关手续,降低"走出去"成本,通过鼓励企业"走出去"助推对外投资,提升国民资本使用效率。要积极推进各种对外投资优惠资助和基金项目等资源的整合,重视和支持中小企业的对外直接投资,加大对其信息咨询和金融服务方面的支持力度。要着力鼓励纺织、轻工、家电、机械等行业优质企业向其他有条件的发展中国家投资建厂、转移国内过剩产能。要积极鼓励国内优质企业到海外设立生产流水线,实现企业从市场导向销售型向生产销售并重型转变。要鼓励国内商业银行加大海外布局力度,协助企业克服"走出去"后的资金紧张和当地融资瓶颈。

四是要探讨设立中国对外投资银行,盘活外汇储备资产存量。设立中国对外投资银行,为国内企业对外直接投资提供外币贷款融资服务,有助于充分发掘企业最大限度盘活外汇储备资产存量的积极性和能动性。对外投资银行设立之初,可将业务重点放在支持并购国外技术含量高、资产品质优的企业资金需求上,也可积极开展国际市场投资汇兑风险违约掉期担保等,以此有效盘活外汇储备资产存量。

## 参考文献

傅强、朱映凤、袁晨:《中国通货膨胀主要影响因素的判定与阐释》,《中国工业经济》2011年第5期。

伍戈:《输入性通胀与货币政策应对:兼议汇率的作用》,《国际经济评论》2011年第6期。

中国社会科学院财经战略研究院宏观经济课题组:《实行宽松货币政策仍有较大空间——8月份宏观经济运行与逆回购政策评析》,2012年9月24日《经济参考报》。

中国社会科学院财经战略研究院宏观经济课题组:《进一步降低准备金率:实现短期维稳、长期增长的必要选择》,2012年11月1日《经济参考报》。

# 第五章 中国经济周期波动中的就业调整

## 一 引言

全球金融危机以来，世界经济经历了一个从急速下滑、逐步复苏到再度衰退的波动过程，导致很多国家失业率高居不下，严重影响了社会稳定和居民消费，进一步制约了经济的复苏和步入正常的增长轨道。但是，由于经济发展阶段和劳动力市场的特征不同，各国失业严重程度和动态调整的表现也不尽相同。从2009年2月到2012年8月，美国失业率已连续43个月保持在8.0%以上，其中2009~2011年的失业率都保持在9.0%以上，即使在2010年经济恢复性增长率超过3.0%时，失业率也仍然维持在9.6%的高位。危机以来的日本经济波动幅度甚至超过美国，但是失业率只从2007年的3.9%上升到5.0%以上，在2011年只有4.6%，失业波动幅度明显小于美国。2012年9月，日本失业率降至4.1%，美国失业率略降至7.8%，欧元区失业率则升至9.7%。中国失业率也经历了一个由较快上升再到缓慢下降的过程，城镇登记失业率先是由2007年的4.0%上升到2008年的4.2%和2009年的4.3%，此后又下降到2010年的4.1%并维持至今。从数据来看，中国的失业率波动明显低于许多发达国家乃至发展中国家，而且2011年以来尽管中国经济增长率不断走低，但失业率并没有明显上升，甚至还低于危机前许多年份的失业率。中国失业率的这种波动特征，也和亚洲金融危机以后失业率的表现大不相同。事实上，中国城镇登记失业率从1996年的3.0%上升到3.1%以后，若干年里都维持了同样的失业率水平，并在2001年以后逐步抬高并维持在4.0%以上（见图5－1）。

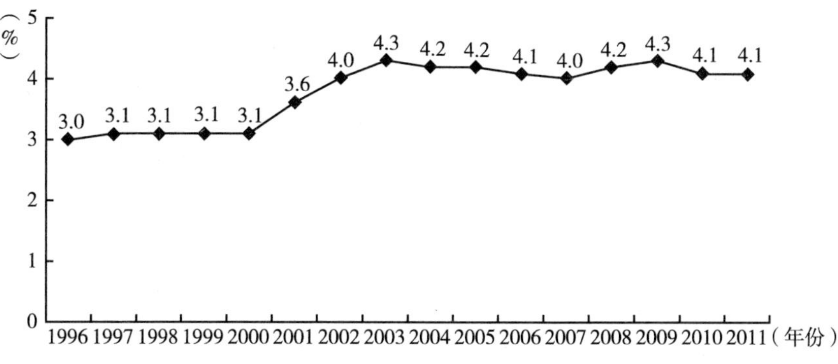


**图5－1　1996年以来中国城镇登记失业率变化状况**

资料来源：国家统计局编《中国统计年鉴》（2000年、2005年和2011年）及国家统计局新闻发布数据。

中国失业率的变化状况受到多种因素的影响，这些因素不仅包括劳动力市场供求关系和劳动力市场结构状况等，也包括经济波动性质、经济波动程度和经济调整方式等。也正是由于长期和短期因素、总量和结构因素的混合作用，才导致中国失业率的波动特征不但区别于世界其他国家，也明显区别于自身历史表现。探讨中国失业率在经济波动中特别是经济衰退时的波动特征，分析中国劳动力就业状况的未来趋势，将有利于把握中国现阶段失业问题的性质和认识失业问题的可能严重程度，从而为及时应对经济波动带来的失业问题发挥应有的指导作用。

## 二　中国劳动力市场特征的转变

中国自改革开放以来，经济维持高速增长，劳动就业环境也发生了根本性的变化，从而在各阶段劳动力市场的特征和失业的表现形式也不尽相同。

**1. 劳动力供给由绝对剩余转向相对剩余**

由于城市化进程的推进和计划生育政策的影响，以及经济总量的较快增长，中国适龄劳动力的供给相对于需求变得越来越有限。根据国家统计局公布的统计数据以及各年《中国统计年鉴》，2011 年中国城镇人口比重达到51.27%，比上年上升 1.32 个百分点，15～64 岁的劳动力人口占总人口比重却比上年微降0.10 个百分点，至74.40%。其中，经济活动人口增幅也出现了较大的下滑，从 2001～2005 年的 3345 万人下降到 2006～2010 年的 2073 万人，而同期中国不变国内生产总值的增幅却由 40.06%上升至50.91%。这些数据表明中国劳动力市场将越来越有利于供给方。但是，由于可以转移的潜在农村剩余劳动力依然占有相当大的比重，劳动力人口总数还在缓慢增长，劳动力供给仍然相对剩余，只在高端人才和低端劳动力呈现结构性短缺，并没有达到普遍短缺的程度。

**2. 劳动力就业的市场化程度日益提高**

随着市场经济的发展，中国劳动力就业结构也发生了较大的变化。其中，城镇单位就业人口数量占城镇就业人口总数的比重出现下降，已由2001 年的45.08%下降到2010 年的37.63%。从登记注册类型来看，国有单位就业人口占城镇就业人口总数的比重由 31.91%下降到 18.79%，城镇集体单位就业人口比重由 5.39%下降到 1.72%，有限责任公司和股份有限责任公司就业人口比重由 9.87%上升到 18.57%，港澳台商投资单位和外商投资单位就业人口比重由 4.24%上升到 8.29%，个体和私营企业就业人口比重则由 15.27%上升到 30.38%，城镇灵活就业等人员比重由38.25%下降到 32.82%（见图 5－2）。这些数据表明，以长期合同为主的国有单位和集体单位就业人口比重下降较多，城镇灵活就业等非正式就业人口比重也有所下降，而个体和私营企业、港澳台商和外商投资单位就业人口比重明显上升，劳动力就业的市场化程度迅速提高。

**3. 劳动力工资水平提高，上涨速度加快**

由于中国劳动力供给逐渐由绝对过剩转向相对过剩，以及经济增长和城市化导致生活成本和迁移成本上升，劳动力工资近年开始呈现一种加速上涨的特点。2000～2005 年，城镇单位就业人口平均工资年均增长

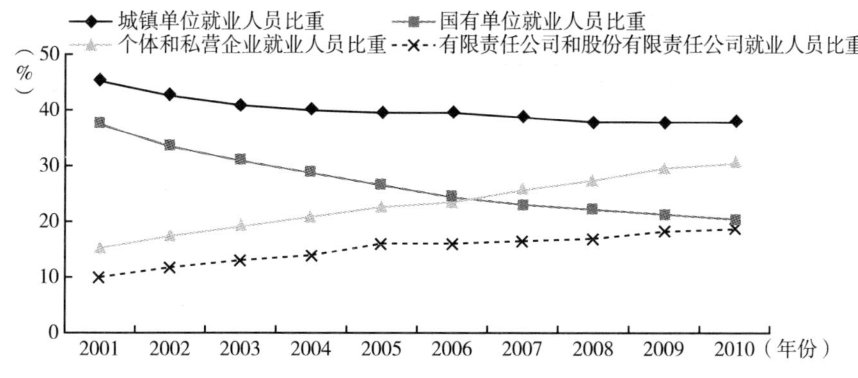


**图 5－2　2001～2010 年城镇就业人口结构变化状况**

资料来源：国家统计局编《中国统计年鉴》（2006 年和 2011 年）。

14.29%。2005～2011 年，尽管经历了全球金融危机的冲击，平均工资年增长率仍上升到 14.95%。在所有登记注册类型单位中，吸收了大量劳动力的其他内资企业、外商和港澳台商投资单位就业人口平均工资虽然增速最慢，但近几年也呈加速之势，2000～2005 年平均工资年均增长率分别只有 2.58%、8.53% 和 7.87%，而 2005～2010 年增速已分别升至 17.59%、12.05% 和 12.39%。事实上，除了国有单位就业人口平均工资由于一直维持了较高的增速从而加速态势表现得不明显外，2005～2010 年，其他类型企业就业人口平均工资平均增速较 2000～2005 年都明显加快，分别提高 2～5 个百分点不等。农民工工资涨幅更加明显，2011 年中国外出农民工月均收入达到 2049 元，增速达 21.2%，远高于 2011 年 14.90% 的城镇单位就业人口平均工资增长率。不过，农民工平均工资水平仍然远低于城镇单位就业人口平均工资水平，只相当于后者的 58.7%。

## 三　中国经济波动对失业的影响

中国经济结构和劳动力市场的变化，也影响到失业的表现形式和调整方式的变化，特别是使周期性失业呈现新的不同特点。我们这里主要考察 2008 年金融危机以后特别是 2011 年以来，中国经济增长率波动给失业带来的影响情况，探讨现阶段失业特别是周期性失业呈现的新特点。

**1. 经济下滑带来新增就业人口的减少和失业劳动力的同时增加**

中国尚处于城市化进程和经济较快增长阶段，经济增速下滑时就业人口的绝对数量仍然会增加，此时劳动力市场受到的负面影响会体现在两个方面：一是经济对新增就业人口的吸纳能力会减弱，新增就业人口的数量可能会减少；二是许多企业会出现效益下滑甚至亏损倒闭的情况，此时企业将进行裁员从而导致失业人员的增加。2008 年受全球金融危机的影响，中国经济增长率由上年的 14.2% 下降到 9.6%，2009 年进一步下降到 9.2%，与此相应，劳动力就业状况也发生了较大的波动。2008 年，在经济活动人口比上年多增加 300 万人的情况下，城镇新增就业人口少增加了 100 万人，乡村企业和个体就业人口少增加 41 万人，城镇登记失业率上升到 4.2%。不过，2009 年，在经济增长率进一步下降从而城镇登记失业率进一步上升至 4.3% 的情况下，城镇新增就业人口、乡村企业和个体就业人口增加数却都出现明显回升。2010 年，经济增长率上升到 10.4%，就业状况有了明显改善，城镇登记失业率下降到 4.1%，城镇新增就业人口数也超过了 2007 年的水平。2010 年，乡村务农及其他就业人口减少数达到 1876 万人，基本都被非农产业吸收，表明该年经济的就业吸收能力明显增强。但值得注意的是，2010 年经济活动人口增加数达到 878 万人，而城乡就业人口只增加 277 万人，尚有 600 余万人劳动力没有被吸收，这 600 余万人中大部分将形成城镇中的失业人口，并在现行的失业统计制度下很难被反映在城镇登记失业率上面（见表 5－1）。

图 5－3 进一步详细描绘了 2007 年第 1 季度到 2012 年第 3 季度经济增长率与城镇新增就业人口的变化情况。从图 5－3 中不难看出，经济增长率与城镇新增就业人口的变化具有一定的相对一致性。不过，图 5－3 也表明，尽管 2012 年前两个季度经济增长率较低，分别只有 8.1% 和 7.6%，分别低于上年同期 1.6 个和 1.9 个百分点，但是城镇新增人口数却分别比上年同期增加了 29 万人和 10 万人。这一方面与城镇新增就业人口的季度特征有关，即每年前两个季度普遍较高，同时也和当年需要就业的劳动力数量巨大一定程度上增加了结构性就业有关，经济总量的增加也

有利于城镇新增就业人口的增长。而到第 3 季度，当经济增长率进一步下滑至 7.4% 时，城镇新增就业人口降至 330 万人，较上年同期减少 9 万人。

**表 5 - 1　2007 ~ 2011 年劳动力就业变化状况**

单位：万人，%

| 类别 \ 年份 | 2007 | 2008 | 2009 | 2010 | 2011 |
|---|---|---|---|---|---|
| 经济活动人口增加数 | 216 | 515 | 464 | 878 | — |
| 就业人口增加数 | 343 | 243 | 264 | 277 | 315 |
| 城镇新增就业人口增加数 | 1323 | 1150 | 1219 | 1365 | 1221 |
| 乡村企业和个体就业人口增加数 | 490 | 449 | 594 | 788 | — |
| 城镇登记失业率 | 4. 0 | 4. 2 | 4. 3 | 4. 1 | 4. 1 |
| GDP 增长率 | 14. 2 | 9. 6 | 9. 2 | 10. 4 | 9. 2 |

资料来源：国家统计局编《中国统计年鉴 2011》及人力资源和社会保障部发布的各年《人力资源和社会保障事业发展统计公报》。

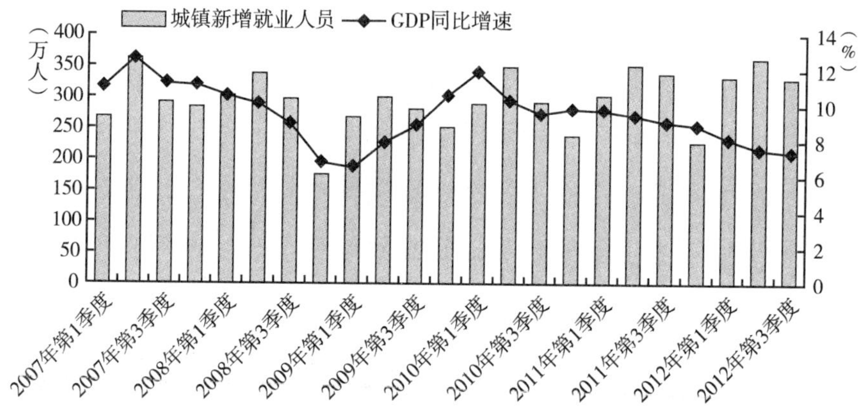


**图 5 - 3　2007 ~ 2012 年经济增长与城镇新增就业人口季度变化状况**

资料来源：国家统计局及人力资源和社会保障部的新闻发布数据或者据此估计数据。

**2. 中小企业特别是出口导向型企业失业率波动较大**

全球金融危机以来，出口导向型企业生产受到的冲击最直接也最显著，然后这种冲击带来的负面影响又通过投资和消费活动扩展至经济生活的方方面面，导致经济出现明显下滑和失业率增加。由于中小企业规模较小、利润率偏低和融资能力过弱，危机导致很多中小企业倒闭破产，或者停产减产，引起了较大范围的失业。图 5 - 4 表明了 2008 年金融危机以来，海外投资企业、私营企业和个体经营用工需求的变化状况，其中的数据来自中国劳动力市场信息网监测中心对全国部分城市劳动力市场职业供求信息的分析报告。由于海外投资企业、私营企业和个体私营企业多为中小企业，因此，图 5 - 4 的数据变化情况也基本能够反映中小企业用工变化情况。该图显示，2008 年第 4 季度，海外投资企业、私营企业和个体经营用工需求占所有企业用工需求的比重由上季度的 53.9% 下降到 50.7%，2009 年的第 1 季度和第 2 季度也比较低，分别只有 50.4% 和 50.7%，其后这一比重才略有上升，但从 2010 年第 4 季度开始，这一比重又开始呈现下降趋势，2012 年第 1 季度和第 2 季度分别只有 48.4% 和 50.2%，然而第 3 季度却又明显上升，达到 52.8%。就海外投资企业而言，用工需求比重在 2008 年第 4 季度由上季度的 18.0% 急剧下降到 14.2%，2009 年第 1 季度、第 2 季度和第 3 季度分别只有 13.3%、14.6% 和 14.5%，2009 年第 4 季度后这一比重略有回升，但波动性加大，2010 年第 4 季度和 2011 年第 1 季度分别只有 10.6% 和 10.9%，2012 年第 1 季度、第 2 季度和第 3 季度分别上升为 16.0%、17.3% 和 19.0%。由于海外投资企业出口导向型企业较多，因此其用工需求所占企业比重的变化基本反映了出口导向型企业的用工变化情况。

中小企业特别是出口导向型企业的用工需求在所有企业用工需求中所占比重在经济不景气时会趋向于变小，反映了这些企业在吸引劳动力反面能力下降，也自然伴随着失业率的上升。事实上，根据国家发改委中小企业司的一项调查，2008 年上半年中国的经济增速已经开始明显放缓，截止到 2008 年 6 月底，沿海地区有 6.8 万家规模以上的中小企业倒闭，作为劳动密集型产业代表的纺织行业中小企业倒闭超过 1 万多家，有 2/3 的纺织企业面临重整。中小企业特别是劳动密集型中小企业的破产停产对劳动力就业市场造成了严重的冲击，提升了劳动力的失业率。但是，2012 年第 3 季度，中小企业特别是出口企业用工需求比重有较明显的上升趋

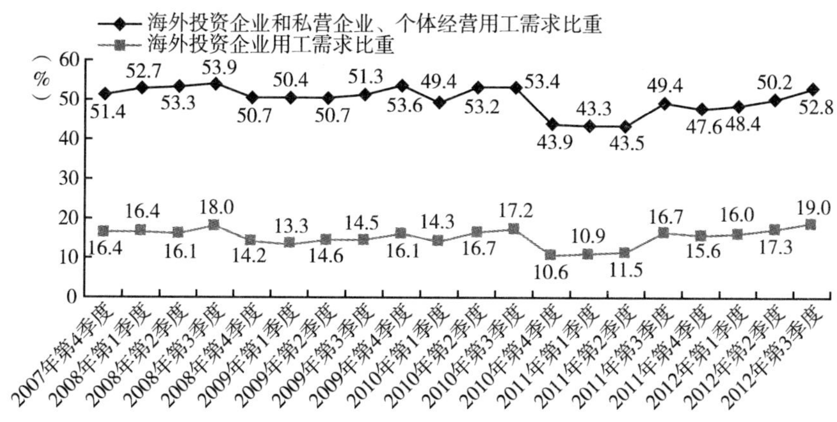


**图 5－4　部分城市海外投资企业和私营企业、个体经营占企业用人需求比重**

资料来源：中华人民共和国人力资源和社会保障部所属中国就业网。

势，一定程度上反映了经济有企稳的迹象，中小企业用工需求率先有复苏趋势。

### 3. 应届大学生和农民工群体就业最易受到经济波动冲击

青年劳动力更容易受到经济不景气的影响，这主要是因为由于培训成本和劳动合同的限制，企业解雇年轻人的机会成本要低于解雇年较长的工人，同时，企业在不景气时也倾向于减少招聘新的员工，进一步增加了青年劳动力就业的难度。在中国，由于应届大学毕业生越来越多，青年应届大学毕业生在经济不景气时候的失业率进一步上升，成为最容易受到经济波动冲击的群体之一。图 5－5 描述了部分城市劳动力需求比重季度同比变化的情况。图 5－5 显示，16～24 岁的劳动力需求比重在 2008 年第 3 季度开始减少，当季同比降低了 0.1 个百分点，2008 年第 4 季度到 2009 年第 2 季度分别下降 0.6 个百分点、3.3 个百分点和 2.2 个百分点，波幅高于其他年龄组。特别是 2011 年第 1 季度起，连续三个季度同比大幅减少，分别降低 6.0 个百分点、4.9 个百分点和 4.4 个百分点，相对其他年龄组波动幅度更为剧烈。16～24 岁的劳动力需求比重在 2012 年第 1～3 季度有所好转，各季度分别同比增长 0.4 个百分点、0.6 个百分点和 2.4 个百分点。

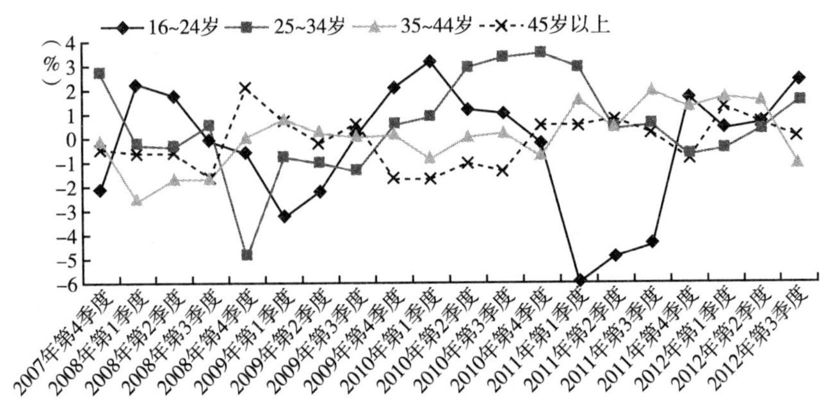


**图 5－5　部分城市劳动力需求季度同比变化情况**

资料来源：中华人民共和国人力资源和社会保障部所属中国就业网。

农民工群体大多就业于中小型企业，特别是劳动力密集型的制造业和建筑业企业，加之自身技能较差和缺少劳动合同保护，也成为最容易受到危机冲击的群体之一。根据中国劳动力市场信息网监测中心对全国部分城市劳动力市场职业供求信息的分析报告，2009 年第 1 季度，本市农村求职人员比上年同期增加了 33.1%，在寻找工作的劳动力中所占的比重也由上年同期的 15.1% 上升到了 18.4%，基本反映了农民工在经济下滑时遇到的巨大困境。2011 年第 1 季度以来，本市农村求职人员在寻找工作的劳动力中所占的比重又上升并维持在高位，2012 年第 1 季度这一比重达 19.3%，反映了农民工就业形势依然有待改善。不过，2012 年第 3 季度这一比重略有降低，至 15.6%，表明经济增长状况略有好转。

**4. 政府干预在稳定就业中具有较大的影响力**

中国以公有制经济为主体的经济制度使政府具有较强的稳定就业的能力。2007 年，国有及国有控股工业企业总产值占规模以上工业企业总产值的比重为 29.5%，全部从业人员比重为 22.1%，虽然这两种比重一直呈下降趋势，但截至 2010 年，依然分别达到 26.6% 和 19.2%。在受危机冲击比较严重的 2008 年和 2009 年，国有及国有控股工业企业总产值比重分别为 28.4% 和 26.7%，全部从业人员比重分别为 20.3% 和 20.4%。可以看出 2009 年总产值比重比上年略有降低的情况下，全部就业人口比重却略有上升，反映出国有及国有控股工业企业就业相对于其他经济形式的经济单位更为稳定。这种稳定在一定程度上是由于国有及国有控股工业企业规模较大，抗冲击能力较强，也有国有及国有控股工业企业劳动合同期限更长并且更注重对劳动者利益保护等方面的原因，但是也与政府在危机期间鼓励国有单位大量招聘新员工有关。此外，政府在2009年还大量增加了机关事业单位人员的招聘，在一定程度上缓解了就业问题，特别是应届大学生的就业问题。根据中国劳动力市场信息网监测中心对全国部分城市劳动力市场职业供求信息的分析报告，2008年第2季度被监测城市机关事业单位用工需求人数占所有用工的比重为0.8%，而在2009年第2季度危机时期这一比重上升到了1.0%，这对就业起到了一定的稳定作用。

## 四　就业弹性与失业调整

中国经济发展阶段和劳动力市场的新特征，会对就业变化方式和失业调整机制有重要影响，经济波动导致的失业的表现形式和幅度也与以往有了较大的差别。同时，经济结构特别是二元就业结构、企业规模结构和单位所有制结构等因素会导致劳动力市场呈现一定的分隔特征，从而使得不同类劳动力市场的就业变化方式和失业调整机制也相差甚远。就业弹性能够较综合地反映中国经济增长对就业的影响情况，特别是通过分析不同产业和行业的结构变化和就业弹性变化，有利于从总体上理解中国经济发展对就业的影响和深刻把握失业调整的机制。我们这里分析中国经济增长就业弹性与失业调整的关系。表5－2描述了中国不同时期经济增长的就业弹性，而表5－3以中国规模以上工业企业为例，描述了不同类型工业企业的产值就业弹性。这两个表从不同的角度反映了中国经济增长对就业的影响状况，也反映了失业调整的内在机制。

**1. 中国经济增长就业弹性略有降低，第三产业就业弹性相对较高**

从表5－2中可以看出，中国经济增长与社会就业关系存在如下四个特点：①经济危机或萧条期间经济增长的就业弹性降低。表5－2显示，

1998～2000年，第二三产业就业弹性都在0.10以下，而第二产业就业弹性甚至为负。这或许是因为危机期间企业更偏重于加强内部管理和挖潜改造，而对于招聘新的员工相对谨慎，甚至还要裁减人员。2008年危机期间也体现了这一特点。②第三产业就业弹性相对较大而稳定。1997～2011年，第三产业的就业弹性均值为0.28，而第二产业就业弹性均值为0.18，这主要是第三产业以服务业为主，居民服务消费相对稳定。同时，第二产业就业弹性的标准差达0.25，而第三产业只有0.12。③第二、第三产业就业弹性在某时期可能会出现背离。2005～2007年，第二产业就业弹性都较高，2005年甚至达到0.57，但是第三产业就业弹性却较低，2007年甚至降到0.07，这反映出第二、第三产业在一定时期对就业有一定的竞争性，特别是房地产快速发展在短期吸纳了较多的劳动力有可能对第三产业

**表5-2　中国经济增长的就业弹性**

| 年份 | 新增单位GDP带动的就业人数(人/万元) | 第二三产业就业弹性(比率) | 第二产业就业弹性(比率) | 第三产业就业弹性(比率) |
|---|---|---|---|---|
| 1997 | 0.40 | 0.22 | 0.19 | 0.25 |
| 1998 | 0.14 | 0.08 | -0.04 | 0.20 |
| 1999 | 0.05 | 0.03 | -0.15 | 0.18 |
| 2000 | 0.15 | 0.10 | -0.15 | 0.31 |
| 2001 | 0.38 | 0.28 | 0.20 | 0.33 |
| 2002 | 0.12 | 0.10 | -0.31 | 0.41 |
| 2003 | 0.28 | 0.25 | 0.15 | 0.36 |
| 2004 | 0.54 | 0.51 | 0.47 | 0.55 |
| 2005 | 0.40 | 0.40 | 0.57 | 0.27 |
| 2006 | 0.19 | 0.21 | 0.33 | 0.11 |
| 2007 | 0.20 | 0.23 | 0.45 | 0.07 |
| 2008 | 0.18 | 0.23 | 0.18 | 0.27 |
| 2009 | 0.21 | 0.29 | 0.26 | 0.32 |
| 2010 | 0.16 | 0.24 | 0.29 | 0.19 |
| 2011 | 0.22 | 0.35 | 0.30 | 0.41 |

注：表中有关数据是经过GDP折算指数调整后的实际值，其中新增GDP指的是第二、第三产业的增加值。

资料来源：国家统计局编《中国统计年鉴》（1998～2012年的）和国家统计局网站。

就业供给形成制约。④中国经济增长就业弹性总体略有降低，但并不明显。2000～2005年，第二、第三产业平均就业弹性为0.27，而2006～2011年平均就业弹性为0.26，只降低了0.01。不过新增单位GDP带动的就业人数却有明显减少，2000～2005年，新增单位GDP带动的就业人数平均为0.31，而2006～2011年仅为0.19。

**2. 2008年经济衰退期就业弹性相比1998年有所趋稳**

在受外部冲击引起的两次经济衰退期的就业弹性表现不同，2008年经济衰退期相比1998年和1999年产业就业弹性变化相对稳定，即使第二产业也仍然维持了就业增长。1998～2000年，第二产业就业弹性为负值，即第二产业就业数量出现了绝对减少的情况。2008年，第二产业就业弹性虽然从2007年的0.45的高位大幅降至0.18，但是仍然维持了一定的就业增长。2008年，第三产业对就业起到了较大的稳定作用，就业弹性由上年的0.07增加到了0.27，由于第三产业比重相对于1998年也有了一定的提升，从而对全部社会就业的稳定作用进一步加大。

**3. 2011年以来就业弹性较高，经济衰退并没有对就业造成严重影响**

2011年和2012年前三季度就业弹性较高。2011年，第二三产业就业弹性为0.35，在表5－2的数据中仅低于2004年和2005年，第二产业和第三产业也分别达到0.30和0.41。但是，较高的就业弹性主要在两种情形下出现：一种情形是在经济活跃期企业倾向于雇佣相比生产而言更多的劳动力，以应对更大规模的产品生产；另一种是在经济缓慢衰退期，虽然企业雇佣劳动力的积极性下降，但生产增速会以更大幅度下降，从而就业弹性也会较高。2011年就业人数增长了3.42%，比2010年提高了0.79个百分点，但第二三产业的增加值增速却比2010年下降了1.25个百分点，而2010年时增加了1.28个百分点。2010年经济增长速度较快，促进了企业雇佣的积极性，并且由于滞后性的存在，这种积极性可能会延续到下一年，从而提高了2011年雇佣劳动力的人数，有助于2011年就业弹性的提升。但2011年第二、第三产业增加值增速的降低仍然是抬升当年就业弹性的主要因素。由于企业对雇佣存在一定的滞后性，如果经济持续疲弱，将有可能出现企业减少雇佣劳动力人数，从而拉低下一年度的就业弹性。然而，就数据来看，这一现象并没有出现，2012 年前三季度，第二、第三产业的就业弹性依然上升，达到 0.37。这种情况的出现可能是由于招工难问题的存在一定程度使得企业更多采用缩短工时而不是少雇佣工人的方式来应对经营困境。而且尽管 2011 年以来的经济下滑持续时间较长，但是并非急剧下滑，从而破产倒闭企业和失业人员也较少。同时，大中型企业特别是重工业企业是此轮经济下滑的主要受冲击者，但是此类企业也具有较强的抗风险能力，从而就业受到的负面影响较少。

**4. 重工业和大型企业就业弹性较高，国有和集体企业就业弹性偏低**

从表 5 - 3 中不难看出，不同工业企业产值的就业弹性有三个特点：①重工业产值就业弹性相对价高，轻工业就业弹性波动较大。2007 ~ 2010 年，重工业产值平均就业弹性为 0.29，轻工业只有 0.20，2009 年甚至为负值。从波动幅度来看，轻工业年就业弹性波动较大，特别是 2009 年比

**表 5 - 3 中国规模以上工业企业产值增长就业弹性**

| 年份 | | 2007 | 2008 | 2009 | 2010 | 4 年平均值 |
|---|---|---|---|---|---|---|
| 平均值 | | 0.251 | 0.484 | -0.009 | 0.295 | 0.25 |
| 按轻重工业分 | 轻工业 | 0.22 | 0.44 | -0.12 | 0.20 | 0.20 |
| | 重工业 | 0.28 | 0.53 | 0.12 | 0.31 | 0.29 |
| 按企业规模分 | 大型企业 | 0.23 | 0.40 | 0.96 | 0.50 | 0.32 |
| | 中型企业 | 0.28 | 0.35 | -0.01 | 0.25 | 0.25 |
| | 小型企业 | 0.23 | 0.54 | -0.15 | 0.20 | 0.20 |
| 按登记注册类型分 | 国有企业 | -0.47 | 0.26 | 3.11 | -0.01 | -0.11 |
| | 集体企业 | -0.69 | 0.98 | -1.21 | -0.63 | -2.21 |
| | 股份合作企业 | -0.35 | 1.91 | -1.03 | -1.23 | -1.38 |
| | 联营企业 | -0.14 | -1.90 | 0.79 | -1.31 | 4.72 |
| | 有限责任公司 | 0.11 | 0.09 | 0.38 | 0.27 | 0.15 |
| | 股份有限公司 | 0.32 | 0.57 | 324.22 | 0.30 | 0.39 |
| | 私营企业 | 0.36 | 0.61 | 0.19 | 0.36 | 0.31 |
| | 港澳台商投资企业 | 0.29 | 0.42 | -2.93 | 0.32 | 0.21 |
| | 外商投资企业 | 0.51 | 0.67 | -2.40 | 0.33 | 0.34 |

注：产值数据为当年价格。产值就业弹性 4 年平均值为 2010 年相对 2006 年的就业弹性。

资料来源：国家统计局编《中国统计年鉴》（2008、2009、2010、2011 年）和国家统计局网站。

2008 年降低了 0.56。②大型企业产值平均就业弹性最高，小型企业就业弹性波动最大。2007～2010 年，大型企业产值平均就业弹性为 0.32，中型和小型企业分别为 0.25 和 0.20，特别在 2009 年，大型企业产值就业弹性达 0.96，而中小型企业为负值。③股份有限公司和外商投资企业等平均就业弹性较高，国有企业和集体企业等平均就业弹性较低。2007～2010 年，股份有限公司和外商投资企业产值平均就业弹性分别为 0.39 和 0.34，私营企业也较高，平均就业弹性为 0.31。国有企业、集体企业和股份合作企业为负值，主要是就业人数减少导致的。联营企业平均就业弹性也很高，但是主要是产值和就业同时减少导致的。

**5. 重工业和大型企业是危机时期稳定就业的重要因素，而外资企业负面影响最大**

重工业企业和大型企业是危机时期稳定社会就业的重要因素，而港澳台商投资企业和外商投资企业却对就业负面影响最大。表 5－3 显示，2009 年，重工业企业产值就业弹性虽然下降，但仍小于轻工业企业；大型企业产值就业弹性更是高达 0.96，表明大型企业产值增速的放缓并没有对就业形成严重冲击，体现了大型企业的抗危机风险的能力。从不同注册类型来看，2009 年，国有企业产值就业弹性虽然较高，却是因为产值减少导致了更多的就业减少，不过 2008 年却对就业稳定作出一定的贡献；港澳台商投资企业和外商投资企业产值就业弹性为负值，即在产值增长的同时出现了就业的减少，对就业造成了不良影响。

## 五　劳动合同差异与失业调整

尽管古典学派主张由于工资和价格的灵活调整使得非自愿失业难以存在，但是现实生活的复杂性决定了市场出清的假定并不成立，非自愿失业仍然实际存在。弗里德曼（1968）提出自然失业率的概念，在古典自愿失业的基础上，加入了信息不完善、经济结构变化和劳动力流动性不足导致的失业。自然失业率可以用来衡量一个国家或地区长期内的失业现象，但是短期内的经济波动依然会导致失业率的变化，周期性失业也现实存在，这也就是凯恩斯1936年在《就业、利息和货币通论》提出的“有效需求不足”的失业理论，即由于社会对商品的需求不足导致生产吸纳愿意工作的劳动力的能力不足而造成的失业。新凯恩斯主义者则在微观经济学基础上进一步阐明了长期劳动合同、隐含合同、效率工资、内部人和外部人理论等工资粘性理论与失业的关系。这些不同的失业理论可以为我们观察分析目前中国失业现象起到一定的指导作用，特别是新凯恩斯主义提出的工资粘性与失业理论对于研究中国公有制经济单位的失业问题更具有适用性。我们这里试图利用这些理论来分析探讨中国目前的失业现象和失业调整机制的问题。

**1. 破产倒闭企业的增多将直接导致严重的失业问题**

这类企业由于市场冲击过于严重，无论是裁员还是降低工资（如果可行），都难以获得足够的市场订单和必要的利润，而且资金链也存在断裂的可能，在这种情况下，选择破产倒闭就是最佳选择。企业走上破产倒闭之路，无论这类企业原来与员工签订的合同性质如何，员工都不得不面对失业的困境。在全球金融危机突然袭来的2008年和2009年，出口导向型特别是加工贸易型的企业出现了较多的破产倒闭的情况。2006～2008年，规模以上外商投资工业企业数每年平均增加5289户，但2009年却减少了1258户，而且2009年外商直接投资实际利用外资金额仍然超过900亿元，并没有明显下降，这表明在有许多新的企业产生的同时，也有数千户的外商投资企业破产倒闭或者撤销，从而导致了大量劳动力失业。2006～2008年，规模以上外商投资工业企业全部从业人员数平均每年增加143万人，但2009年却减少了66万人，约200万人失业。港澳台商投资企业也基本面临着这种情况。

**2. 中小型企业特别是小微企业灵活雇工合同也易导致失业波动**

中国中小型企业特别是小微企业与劳动力签订的劳动合同基本上属于灵活雇工合同，特别是其中的非技能型的劳动力，会根据订单大小或业务量的变化灵活从劳动力市场上招聘或者解雇。这类企业是最倾向于按照劳动力的边际产品成本和边际产品收益相等的原则来招聘员工的，但是由于整个社会的工资粘性和产品价格粘性，无论是劳动力市场还是产品市场，都无法达到出清。事实上，在全球金融危机爆发后，企业面临着产品有效需求的绝对减少，已经不是通过价格灵活变化所能的调节，因此，勉强维持生产的中小型企业只能根据订单或业务量的大小来灵活调整用工多少。当订单或者业务量较长期大量减少时，这些企业不仅将停止招聘新的员工，裁员也将不可避免，从而会导致大量员工失业。随着分工的深化和信息技术的发展，企业平均规模有变小的趋势。但是，2008 年，规模以上的中型工业企业平均从业人员由 768 人下降到 750 人，小型工业企业则从 116 人下降到 106 人；2009 年，中型企业则由 750 人下降到 733 人，小型企业则从 106 人下降到 102 人，中小企业平均从业人员下降幅度都明显大于大型企业，而且也远大于历史平均下降值。中小企业平均从业人员的明显下降一定程度反映了中小企业存在较大幅度的裁员情况，一些员工加入了失业队伍。

**3. 大型企业的粘性工资合同减少了内部人失业的同时增加了社会失业**

大型企业是新凯恩斯主义者所谓的粘性工资合同的主要签订者，这些合同的签订也加大了整个社会的工资粘性程度。尽管从理论上来说，大型企业粘性工资合同的签订由于增加了工资调整的难度，而且通常高于市场出清工资水平，使市场更加容易偏离出清状态，从而减少劳动力雇佣数量，增加外部人的失业，但是，在经济危机来临时，这些合同却有利于减少裁员的数量，特别是长期劳动合同、隐含合同、内部人影响等，也导致在岗职工不容易遭到解雇，从而有助于减少内部人失业，也有利于减少社会整体失业。而大企业抵御风险能力较强，也使得当冲击到来时，这些合同的有效执行成为可能。例如，2008 年，规模以上的大型企业平均从业人员规模由上年的 6265 人下降到了 6181 人；2009 年，大型企业平均从业人员规模由上年的 6181 人上升到了 6280 人，大型企业的平均从业人数下降速度明显小于中小型企业。

**4. 国有单位的长期劳动合同与政府干预减小了失业波动**

国有单位包括机关和国有企事业单位一般仍然签订较长期的劳动合同，而且通常是通过考察从业人员的表现而较少根据经济状况来决定对职工是否解聘。这种国有单位的长期劳动合同导致面临冲击时解聘职工较为困难，从而对就业具有较大稳定作用，减小了失业波动。同时，政府由于对国有单位具有所有权或者部分所有权，因而对国有单位的干预和指导能力较强，在冲击来临时有可能鼓励这些单位扩大职工招聘规模，减少社会失业。2008 年，规模以上的工业股份有限公司的平均从业人员由上年的 622 人下降到 587 人，私营企业平均从业人员由 127 人下降到 117 人，而国有企业则由 641 人上升到 718 人。2009 年国有企业平均从业人员规模略有下降，而股份有限公司略有上升，表明国有单位面临冲击时有可能逆周期招聘人员，但会缩小以后年度的招聘规模。

劳动合同差异导致各种类型的企业在面临冲击时选择不同的劳动力政策，从而对劳动力市场产生不同的影响。总体来说，大型企业、国有单位的失业波动较小，中小型企业和非国有单位的失业波动较大，而随着经济的发展，中小型企业和非国有单位的就业比重越来越大，因此，中国未来遭遇经济冲击时将面临更大的失业波动。

## 六　中国劳动力就业的可能趋势与问题

中国劳动合同性质结构的演变，使得中国就业的市场化特征越来越明显，但由于中国仍然处于经济较快增长和用工需求较快增加的阶段，失业特征仍然与国外发达市场经济国家存在着较大的差异。不过，当前中国正经历着新的一轮经济衰退，用工需求增加放缓，劳动力供给数量仍在增加，从而使中国在未来一段时间仍然面临着较大就业压力，结构性失业也将更加严重。

**1. 经济持续回落将加重企业用工压力**

在一定程度上受上年经济较快增长的影响，2011 年中国仍然维持了较高的经济增长就业弹性。然而，2011 年以来经济增速的持续逐级回落，导致了企业经营日益困难，这将最终影响到企业的用工。特别是 2012 年以来，这种下滑态势得以延续，使得 2012 年 1 ~8 月全国规模以上工业企业实现利润 30597 亿元，同比下降 3.1%，8 月当月实现利润 3812 亿元，同比下降 6.2%，而在 2009 年全国规模以上工业企业实现利润还增长了

13.0%。2012年经济下滑对企业造成了更大的损害，而这种损害将最终对企业用工产生影响。因此，2012年第4季度企业用工并不容乐观，城镇新增就业人数增加幅度将放缓。而由于受2013年企业经营状况持续恶化的影响，2013年即使经济增长速度有所加快，企业用工方面也将承受较大的压力。

**2. 工业投资增速放缓将降低用工需求**

2012年吸纳劳动力较多的主要工业行业中，除了化学原料及化学制品制造业、专用设备制造业等外，大部分行业投资增速都出现了大幅度放缓。其中，2012年1~8月，纺织业投资增速相比上年同期同比回落17.0个百分点，纺织服装、鞋、帽制造业投资同比回落18.7个百分点，电气机械及器材制造业投资增速同比大幅回落43.1个百分点，通信设备、计算机及其他电子设备制造业投资增速同比回落了32.0个百分点。这些工业行业投资增速的大幅回落，将会影响未来特别是2013年工业企业用工的需求，进而影响全社会就业的增长。

**3. 劳动力供给量仍高，结构性失业将更为严重**

2012年城镇需要安排的就业人数达到2500万人，虽然从城镇新增就业人数来看尚有所增加，但供需矛盾依然较为尖锐，特别是青年大学毕业生的就业形势更为严峻。2013年大学应届毕业生将达700万人左右，城镇待就业人口数量也较为庞大，对就业岗位的需求更为巨大。由于2013年经济形势难以根本好转，劳动力就业压力将进一步增大，特别是青年大学生结构性失业现象将更为严重。

**4. 失业将更多地表现为新增就业人口的失业**

由于中国经济仍然维持较高的增长速度，除了企业破产引发大量既有人员的失业外，通常失业将更多地表现为新增就业人口的失业。2009年由于危机冲击过于猛烈，大量企业特别是出口企业和中小企业出现了大量倒闭的现象，导致了许多在岗就业人口的失业。除了部分行业外，2011年以来经济衰退虽然导致企业经营困难，但是破产倒闭企业仍然较少。特别是这次更多带有经济调整的性质，大型企业和重化工企业受到更大的冲击，这些企业虽然利润下降和生产增速放缓，却由于较高的风险抵抗能力而仍然能维持经营，从而减少了在职人员的失业。不过，中国经济的整体不振，仍然导致对用工需求的增速下降，从而会导致有就业需求的新增人员的失业。因此，2012 年乃至 2013 年，中国的失业现象将更多地表现为新增就业人口的失业。

## 七　政策建议

当前经济增长速度放缓，企业经营困难，企业用工需求疲弱，增加了劳动力供给和需求的矛盾，为了稳定社会就业，减少经济波动对就业的影响，以及减轻失业对社会经济的冲击，就需要采取必要的促进就业政策和增强失业保障的政策。

第一，鼓励和支持传统劳动密集型产业的发展，继续发挥其带动就业的积极作用。

在中国城市化结束之前，鼓励和支持传统劳动密集型产业仍然必要，不仅可以促进城市化进程，而且对于那些较少教育和培训的人员的就业具有更为重要的意义。当前，需要采取财税等优惠政策支持纺织业和纺织服装、鞋、帽等产业扩大出口，维持其必要的国际竞争力，继续发挥其带动就业的作用。

第二，鼓励和支持服务业的发展，适当提高服务业就业的比重。

中国城乡二元分割体制以及部分服务业的进入壁垒的存在，以及重化工业的过度发展，使得服务业发展水平低于城市化发展水平，导致服务业发展不足，在一定程度上减少了用工需求，也加剧了就业需求波动和失业波动。因此，中国迫切需要采取措施消除城乡二元分割体制和打破服务业进入壁垒，鼓励和支持服务业发展，发挥服务业扩大和稳定就业的作用。

第三，调整劳动力供给结构，减少结构性失业。

中国存在的青年大学生失业和技工等高端技术人才短缺同时并存的局面，导致了较严重的结构性失业。这种情况要求高校根据社会岗位的变化适时调整专业设置，同时，也要加快发展职业技术学校，培养更多的熟练技术工人，解决部分企业发展的人才瓶颈问题，促进企业顺利发展，并进而带动社会就业。

第四，坚持适度宽松的宏观调控政策，促进企业用工需求的增长。

中国经济已经连续数个季度下滑，对企业经营造成很大的困难。在未来相当长一段时间，需要继续维持目前宽松的货币政策和财政政策，以纾解企业经营困难，降低企业破产倒闭风险，促进企业用工需求的尽快增长。

第五，完善登记失业制度，加大失业保障力度。

中国缺少健全的登记失业制度，对失业信息掌握不充分，从而导致对失业者难以进行有效保障，使失业者对社会危害更加严重。中国应该首先从完善登记失业制度开始，逐步扩大失业保险的覆盖面，并提高失业保险保障的程度，使失业保障切实成为一个维持中国社会生活稳定的“缓冲器”。

## 参考文献

蔡昉、都阳、高文书：《就业弹性、自然失业和宏观经济政策——为什么经济增长没有带来显性就业》，《经济研究》2004 年第 9 期。

〔美〕戴维·罗默著《高级宏观经济学》，苏剑、罗涛译，商务印书馆，1999。

杨子晖、张光南、温雪莲：《我国是否存在失业回滞效应？——基于第一、二代面板单位根检验的实证分析》，《南海经济》2009 年第 10 期。

〔英〕经济学家主编《21 世纪的经济学》，中国金融出版社，1992。

〔英〕凯恩斯著《就业、利息和货币通论》，李欣全译，南海出版社，2007。

徐海霞：《周期性失业与宏观财政政策的就业效应》，《首都经济贸易大学学报》2011 年第 5 期。

中国劳动力市场信息网监测中心：《部分城市劳动力市场供求状况分析报告》（2007 年第 4 季度至 2012 年第 3 季度）。

# 第六章 企业融资环境差异与金融体制改革

## 一 引言

2012年，中国经济运行方式有所改变，政策刺激力度减弱，消费和投资自主增长程度相对提高，不过由于外部不利因素的冲击，消费和投资也相应都有较大的回落。由于投资在国民经济中占有较大的比重，并且在外部需求减弱和房地产严厉调控中受到的冲击更为严重，导致经济增长率持续下滑。从而，企业投资能否回稳并有效增长，将是决定中国经济是否能够尽快回稳并重新步上增长轨道的决定因素，而其中，企业融资状况又是影响企业投资回升的重要因素。

2012年，虽然连续两次降低存款准备金率和金融机构存贷款基准利率，但是，货币政策仍然显得有些偏紧，导致货币供应量数月来在低位徘徊，直接影响了企业的融资成本和融资价格。企业融资成本提高，直接增加了企业经营成本，加大了经营难度和风险。从2011年第4季度开始，不仅规模以上工业企业的利润增幅持续降低，而且中小企业也呈现经营困难的状况，突出表现在要素价格的持续提高和加大企业成本压力方面。企业融资价格升高主要体现为银行贷款利率的普遍上浮，特别是对民营企业贷款更是如此，四大国有银行对民营企业贷款利率达到16%左右，股份制银行则上浮幅度更高，达到20%～30%。因此，研究中国目前企业融资过程中存在的问题，特别是剖析民营企业和中小企业融资难、融资贵问题，并在此基础上探讨能够有效解决这些问题的政策措施，将具有重要的现实紧迫性。

## 二　企业融资的基本状况

企业的资金来源主要包括内源融资和外源融资两个渠道。总体来说，尽管近年来中国资本市场发展迅速，市场规模逐步扩大，但直接融资比重仍然偏低，间接融资为主、直接融资为辅的融资格局仍未改变。根据央行数据，2012 年 1～8 月，企业进行直接融资的绝对数额从 523 亿元增至2803.76 亿元，占社会融资总规模的比例从 5.36% 波动升至 22.51%，而企业间接融资的规模，由 1 月的 9126 亿元增至 8 月的 10008 亿元，占社会融资总规模的比例相应有所下降，不过各月占社会融资总规模的平均值仍然达到 77.7%。直接融资比例的提高可以提升储蓄向投资转化的效率，有利于企业融资环境改善和融资成本的降低，但是，由于直接融资对企业的规模和经营状况要求更高，广大的中小微企业并不能明显从中受益，目前仍然不得不主要借助间接融资的方式解决企业发展所需资金的问题。事实上，2012 年，中小微企业贷款增速一直保持了持续快速增长的势头，国家政策的支持使得中小微企业贷款难问题有所缓解。然而，这并不表明中小微企业的融资问题已得到根本解决，中小微企业所获得的金融资源与其所创造的就业和产值相比仍然显得极不匹配，其融资环境仍然亟须通过深刻的政策调整和深入的体制改革来加以改善。本章试图通过对企业融资规模、融资结构和融资成本的考察，来揭示企业融资特别是中小微企业融资中存在的主要问题。

### （一）企业融资一般状况

#### 1. 企业直接融资比例波动上升，但增速有所下降

随着金融改革创新快速推进，中国近年来的直接融资比例快速上升，

但总体波动幅度较大。以沪、深两个交易所为标志的证券市场在 20 世纪 90 年代相继成立，为上市公司进行外部股权融资创造了极其重要的途径和场所。目前，中国企业的股权融资所占比重平均超过了 50%，其中，上市公司通过股票市场公开发行 A 股进行的股权融资在全部股权融资资本中的比例平均达到了 80% 左右的水平。根据中国人民银行公布的社会融资数据，2011 年中国社会融资总量达到 12.8 万亿元，比 2002 年的 2.0 万亿元增长了 5.4 倍。但是，同期人民币贷款占社会融资总量的比重却由 91.9% 下降至 58.2%，下降了 33.7 个百分点，而企业债券和非金融企业境内股票融资占社会融资规模比重则上升至 14.0%，比 2002 年提高 9.1 个百分点。这些数据表明直接融资的增速明显快于间接融资。

2008～2010 年，“4 万亿”大规模经济刺激计划使得股市回温，筹资总额明显回升，2010 年筹资总额达到 11971.93 亿元，创近十年最高点。但随后，2011 年的经济背景是大规模刺激计划逐步退出，投资者对通胀等不良效果过度估计和过度反应，而欧债危机则发挥了雪上加霜作用，导致股市筹资总额下降到 5073.1 亿元。

根据中国人民银行数据显示，2012 年 1～8 月，非金融类企业进行股权融资总额达到 2016.9 亿元，2012 年前 3 个月，股权交易一直呈现攀升的走势，到 3 月份出现一个小高峰，交易额达到 565 亿元，而之后陡然滑落至 190 亿元。截至 2012 年 8 月，股权融资的月度走势波动幅度较大。

尽管企业直接融资比例有所上升，但是由于经济不景气的影响，增速却有所下降。欧债危机和国内股市低迷造成股权融资增速下降。以上市公司境内 A 股融资为例，如图 6－1 所示，截止到 2012 年 7 月末，企业股权融资总额达到 553.81 亿元，比年初增长 359.99 亿元，同比减少 1.36%。2011 年末，直接融资总额为 554.78 亿元，相比 2010 年末的 1047.71 亿元减少了 492.93 亿元，同比减少 47.0 个百分点。从总体趋势看，上市公司境内融资额成下降趋势，这主要是由于欧债危机及国际、国内经济不景气导致的投资者信心不足。

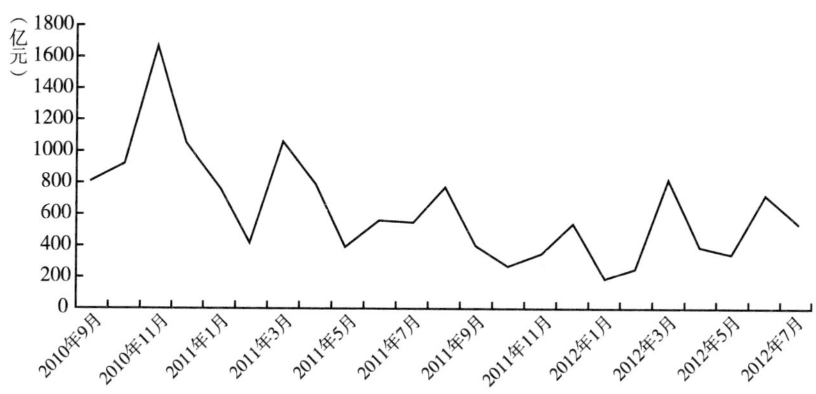


**图 6－1　股票境内筹资额合计**

资料来源：中经网统计数据库。

### 2. 中小企业直接融资渠道渐宽，但占比仍然过低

由于中小企业规模小，抗风险能力弱，加上单笔融资规模过小，使得大型商业银行向中小企业提供银行贷款的成本偏高，从而更偏爱向大型企业发放贷款，同时中国也缺乏以中小型企业为主要服务对象的中小型银行，导致中小企业取得银行贷款变得比较困难。在这种情况下，中小企业只有拓展直接融资渠道来满足自身生存和发展的资金需求。事实上，近几年中小企业直接融资渠道已经越来越多，特别是创业板的建立，使中小企业股权融资规模大幅扩张。同时，其他的直接融资形式，如风险投资、资产证券化和债券融资等，也越来越为中小企业所重视。尽管如此，中小企业直接融资比重仍然偏低，特别是相比国外中小企业以直接融资为主的情形，中国中小企业直接融资渠道仍然亟须进一步拓宽，规模也有待进一步提升。

2011 年以来，虽然中小企业上市公司数量有所增加，但筹资金额却在不断减少。2011 年，通过中小板或创业板上市的企业共 927 家，较年初增加 243 家；共筹资 2275.63 亿元，较上年同期减少 1037.47 亿元。其中，IPO 公司数为 243 家，IPO 筹资金额为 1810.42 亿元。

中小板市场和创业板市场之所以并没有成为中小企业融资的主渠道，主要有两个方面的原因：一是中小板市场和创业板市场上市门槛仍然显得过高，导致绝大部分中小企业无缘资本市场；二是中小板市场和创业板市场与主板市场共用一套系统，使得在中下板市场与创业板市场上市的中小企业与蓝筹股相比竞争力减弱，并不能得到广大投资者的青睐，难以募集足够的发展资金。

**3. 企业间接融资趋缓，但中小微企业间接融资加速**

企业间接融资总量呈现缓慢提升的态势。2012 年 1 ~8 月，企业间接融资总额达 370 万亿元，同比增长 14.81%。从 2011 年第 4 季度到 2012 年 8 月份，间接融资总额为 499 万亿元，相比 2010 ~2011 年同期的 438 万亿元增长了 61 万亿元，同比增长 13.93%。企业间接融资总量的上升显示出中国整体经济基本面较为稳定（见图 6 –2）。

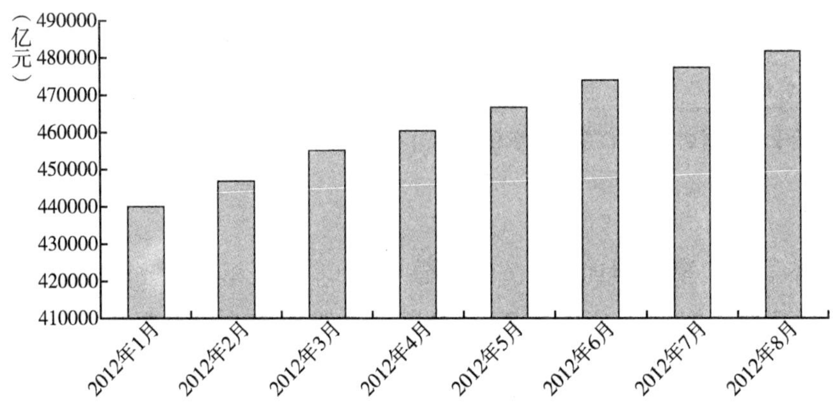


**图 6 –2　2012 年企业间接融资规模**

资料来源：中国人民银行网站。

在企业间接融资缓慢提升的背景下，中小微企业的融资特别是小微企业的贷款融资快速增长。截至 2012 年 9 月末，主要金融机构及主要农村金融机构、城市信用社和外资银行人民币企业贷款余额达 39.53 万亿元，同比增长 15.7%。其中，小微企业贷款余额 11.29 万亿元，同比增长 20.7%，分别比同期大、中型企业贷款增速高 9.9 个和 4.0 个百分点，比全部企业贷款增速高 5.0 个百分点。2012 年 9 月末，小微企业贷款余额占全部企业贷款余额的 28.6%，比本年度第 2 季度末高 0.4 个百分点。2012

年前三季度，人民币企业贷款增加 3.86 万亿元，其中小微企业贷款增加 1.35 万亿元，占同期全部企业贷款增量的 35.0%，比 1~8 月的占比高 0.6 个百分点。

中小微企业融资规模迅速增加，体现目前中国中小微企业的融资需求旺盛。中国人民银行《全国银行家调查问卷调查报告》显示（见表 6-1），从 2010 年第 1 季度到 2012 年第 2 季度，宏观贷款总体需求基本保持在 81.52 的平均水平，但平稳中呈现下降趋势。在此背景下，中国中、小型企业通过金融机构进行贷款的平均需求指数分别为 73.5 和 80.92，相比于大型企业，分别高出 5.74 和 13.16 点。并且，从表格中可以看到，到 2012 年的第 2 季度，中型企业的贷款指数基本保持在 73.5，而小型企业则从 2010 年的 80.2 升至 83.1 的最高点，之后一直保持在 81.8 的水平，直到 2012 年第 2 季度才稍许下降至 76.3。相比之下，大型企业的贷款需求指数不断走低，从 2010 年第 1 季度的 71.3 一直下降至 2012 年第 2 季度的 60.9。由此看出，中小型企业的资金需求相比于大型企业更加旺盛。因此，国家需要进一步拓宽中小企业融资的渠道，带动民营经济的健康发展。

**表 6-1　银行家问卷调查指数**

| 时间 | 贷款总体需求 | 大型企业贷款需求指数 | 中型企业贷款需求指数 | 小型企业贷款需求指数 |
|---|---|---|---|---|
| 2010 年第 1 季度 | 86.1 | 71.3 | 76.3 | 80.2 |
| 2010 年第 2 季度 | 82.5 | 67.1 | 74.2 | 80.5 |
| 2010 年第 3 季度 | 82.1 | 66.1 | 72.9 | 80.4 |
| 2010 年第 4 季度 | 83.1 | 67.9 | 74.8 | 82.1 |
| 2011 年第 1 季度 | 85.2 | 70.9 | 75.2 | 81.5 |
| 2011 年第 2 季度 | 82.9 | 69.8 | 74.1 | 81.5 |
| 2011 年第 3 季度 | 83.0 | 70.4 | 75.4 | 83.1 |
| 2011 年第 4 季度 | 79.9 | 67.1 | 73.2 | 81.8 |
| 2012 年第 1 季度 | 79.6 | 66.1 | 72.7 | 81.8 |
| 2012 年第 2 季度 | 70.8 | 60.9 | 66.2 | 76.3 |

资料来源：中国人民银行银行家问卷调查。

## （二）企业的融资结构

### 1. 企业直接融资结构

（1）境内外筹资各有优势，股票市场结构基本稳定

统计数据表明，2011 年 1 月至 2012 年 8 月，在上市公司数量方面，境内 A 股上市公司共增加 383 家，每月平均增加 21 家，B 股上市公司维持 108 家不变，境外 H 股上市公司增加 9 家（见表 6－2）。在筹资方面，境内筹资（A、B 股）处于主导地位（见表 6－3）。其中有 9 个月没有境外筹资，境内筹资总额即为境内外筹资总额。2011 年 10 月，境内筹资总额占比达到最低，为总筹资额的 71%。因此，可以看出，A 股发行筹资为主要方式，其次是 H 股发行、A 股配股发行方式，B 股发行筹资额只占相当小一部分，可以忽略不计。

**表 6－2　A、B、H 股上市公司数目**

单位：家

| 时间 | | 境内 A 股上市公司数 | 境内 B 股上市公司数 | 境外 H 股上市公司数 |
|---|---|---|---|---|
| 2011 年 | 1 月 | 1986 | 108 | 165 |
| | 2 月 | 2013 | 108 | 165 |
| | 3 月 | 2043 | 108 | 165 |
| | 4 月 | 2067 | 108 | 165 |
| | 5 月 | 2093 | 108 | 166 |
| | 6 月 | 2121 | 108 | 167 |
| | 7 月 | 2141 | 108 | 168 |
| | 8 月 | 2165 | 108 | 168 |
| | 9 月 | 2186 | 108 | 168 |
| | 10 月 | 2196 | 108 | 168 |
| | 11 月 | 2213 | 108 | 171 |
| | 12 月 | 2234 | 108 | 171 |

续表

| 时　间 | | 境内 A 股上市公司数 | 境内 B 股上市公司数 | 境外 H 股上市公司数 |
|---|---|---|---|---|
| 2012 年 | 1 月 | 2244 | 108 | 171 |
| | 2 月 | 2256 | 108 | 170 |
| | 3 月 | 2281 | 108 | 170 |
| | 4 月 | 2295 | 108 | 171 |
| | 5 月 | 2314 | 108 | 171 |
| | 6 月 | 2336 | 108 | 172 |
| | 7 月 | 2354 | 108 | 174 |
| | 8 月 | 2369 | 108 | 174 |

资料来源：中国证监会网站。

**表 6－3　A. B. H 股上市公司筹资金额**

单位：亿元

| 时　间 | | 境内外筹资合计(A. B. H) | 境内筹资合计(A. B) |
|---|---|---|---|
| 2011 年 | 1 月 | 778.78 | 778.78 |
| | 2 月 | 429.33 | 429.33 |
| | 3 月 | 841.66 | 841.66 |
| | 4 月 | 852.17 | 802.23 |
| | 5 月 | 535.42 | 391.29 |
| | 6 月 | 786.17 | 570.01 |
| | 7 月 | 644.08 | 561.45 |
| | 8 月 | 788.39 | 788.39 |
| | 9 月 | 417.73 | 417.73 |
| | 10 月 | 399.50 | 283.48 |
| | 11 月 | 361.34 | 361.34 |
| | 12 月 | 671.65 | 554.78 |
| 2012 年 | 1 月 | 193.82 | 193.82 |
| | 2 月 | 283.32 | 263.27 |
| | 3 月 | 914.67 | 823.89 |
| | 4 月 | 497.68 | 392.78 |
| | 5 月 | 353.82 | 353.82 |
| | 6 月 | 747.19 | 727.01 |
| | 7 月 | 622.57 | 553.81 |
| | 8 月 | 679.30 | 679.30 |

资料来源：中国证监会网站。

图6－3表明，股票筹资总额、A股筹资额和H股筹资额增长速度较为一致。企业大多选择境内上市的原因是国内估值较高和国内上市更容易提升企业在国内的知名度。但不可否认，目前境内上市仍有其弊端，主要包括国内上市审核过于严格，国内证监会、交易所干预企业经营和灵活性不够。从图6－3可以看出，境外筹资额与筹资总额增长趋势基本相同，这说明政府现在越来越鼓励境外上市的股权筹资方式。

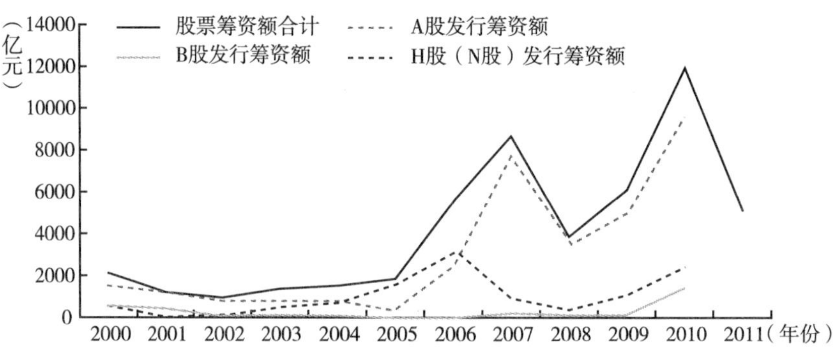


**图6－3　2000～2011年股票筹资总额及各股筹资额对比走势**

资料来源：来自中经网统计数据库。

（2）中小企业借力中小板，IPO渐呈国退民进

从上市公司的数量来看，上市公司总数呈稳步提高趋势，其中深交所上市公司总数上升较明显，而上交所上市的中小企业数量增加较平稳，没有明显变化。截至2012年7月，上交所上市公司数量为948家，深交所为1514家，总计上市公司2462家。较2011年同期，上交所新上市公司31家，深交所新上市公司182家，共计新上市213家公司。近两年，中小企业发展迅速，已成为促进中国经济发展和保持社会稳定的重要力量。尽管如此，中小企业融资额却与其高速发展的态势很不相称，特别是直接融资规模过小，不利于中小企业通过股权多元化改造治理结构，也不利于中小企业通过充实资本而发展壮大，以及降低财务利息成本而增强盈利能力。因此，大力发展股票市场和债券市场，并降低中小企业进入门槛，建立便捷、高效的直接融资体系，仍然是解决中小企业融资问题的最主要

途径。

2011 年第 1 季度到 2012 年第 3 季度，上市公司数量增速趋缓。2011 年第 1 季度新上市公司 78 家，其中创业板上市 31 家，主板上市 26 家，中小板上市 21 家。由于国内经济发展放缓，加之紧缩的货币政策，2012 年第 3 季度，新上市公司仅 7 家，创业板相对活跃，上市 21 家，而主板则有 30 家公司退市。根据统计，在此期间，每季度平均新上市公司 49 家，其中主板新上市 6 家，中小板 20 家，创业板 23 家。创业板表现较为平稳，中小板其次，主板最为不稳定（见表 6－4）。

**表 6－4 2011～2012 年上市公司数量分布状况**

单位：家

| 时间 | 主板 | 中小板 | 创业板 | 上市公司总数 |
| --- | --- | --- | --- | --- |
| 2011 年第 1 季度 | 1358 | 575 | 218 | 2151 |
| 2011 年第 2 季度 | 1384 | 596 | 249 | 2229 |
| 2011 年第 3 季度 | 1394 | 623 | 277 | 2294 |
| 2011 年第 4 季度 | 1400 | 650 | 292 | 2342 |
| 2012 年第 1 季度 | 1406 | 668 | 315 | 2389 |
| 2012 年第 2 季度 | 1425 | 684 | 335 | 2444 |
| 2012 年第 3 季度 | 1395 | 700 | 356 | 2451 |

资料来源：中国人民银行网站。

主板上市公司大多为国有企业，中小板则多为民营企业。因此，主板和中小板的表现，在一定程度上反映了国有企业和民营企业股权筹资情况。从表 6－4 可以看出，越来越多的中小企业倾向于股权融资，而国有企业由于受经济大环境影响较大，股权筹资额大幅减少，已有很多企业退市。

（3）增发广受欢迎，配股略现势衰

股票市场再融资结构上，企业更多倾向于增发，尤其是定向增发。根据央行统计数据，2012 年第 3 季度，增发企业有 30 家，其中包括创业板 16 家，中小企业板 5 家，主板 9 家。可以看出，创业板上市公司依靠增发再融资现象明显。2012 年 1～9 月，配发企业共 18 家，其中中小板 5 家，创业板 6 家，主板 7 家（见表 6－5）。

**表 6－5　企业进行股票增发情况**

（单位：家）

| 时间 | 全部增发 | 定向增发 | 公开增发 |
|---|---|---|---|
| 2011 年第 1 季度 | 40 | 38 | 2 |
| 2011 年第 2 季度 | 47 | 46 | 1 |
| 2011 年第 3 季度 | 48 | 44 | 4 |
| 2011 年第 4 季度 | 51 | 48 | 3 |
| 2012 年第 1 季度 | 27 | 22 | 5 |
| 2012 年第 2 季度 | 40 | 40 | 0 |
| 2012 年第 3 季度 | 30 | 30 | 0 |

资料来源：东方财富网站。

从表 6－6 可以看到，2011 年 1 月到 2012 年 8 月，通过增发方式再融资金额较大，2012 年 8 月达到 432.89 亿元，同比增加 65%，环比增加 138%。从增发企业数量上看，2012 年第 3 季度，增发企业有 30 家，全部为定向增发。相比看来，企业通过配股方式再筹资额较小，期间九个月金额为零。2011 年 7 月，配股筹资金额达到最高 175.61 亿元，高于同期增发筹资金额。

与配股相比，增发具有以下几点明显优势：一是增发新股不受比例限制。众所周知，上市公司配股有个 10 配 3 的比例限制，而增发新股却无此规则约束，与流通 A 股相比，增发的比例多在 10∶10 以上，上市公司的圈钱工作可以较为简单地一步到位。二是增发新股不会为难大股东。配股基本上是所有股东一视同仁，虽然大股东想尽各种办法来躲避配股或不配股，但其本身遭遇到相当的各方压力，处境相当尴尬。三是增发的股价定位相对较高。配股的定价基本上与市价有一定差距，但增发的新股定价却与市价相当接近。四是增发新股的界限不是很明确，人为因素更多。关于配股管理层已制定了一系列的规定，投机机会相对较小，而增发新股却不同，其标准和依据基本仍不是十分明确，似乎管理层首肯的情况下，任何公司均可以增发。

表 6－6　企业再筹资金额

| 时间 | | A股(亿元) | | | | B股(亿美元) | H股(亿美元) |
|---|---|---|---|---|---|---|---|
| | | 公开增发 | 定向增发(现金) | 配股 | 权证行权 | | |
| 2011年 | 1月 | 35.08 | 141.72 | 99.73 | 0.00 | 0.00 | 0.00 |
| | 2月 | 1.34 | 19.37 | 6.75 | 0.00 | 0.00 | 0.00 |
| | 3月 | 25.34 | 208.65 | 6.07 | 0.00 | 0.00 | 0.00 |
| | 4月 | 6.85 | 269.97 | 113.73 | 0.00 | 0.00 | 7.68 |
| | 5月 | 0.00 | 128.42 | 0.00 | 0.00 | 0.00 | 0.00 |
| | 6月 | 0.00 | 111.41 | 3.33 | 0.00 | 0.00 | 24.93 |
| | 7月 | 14.59 | 145.28 | 175.61 | 0.00 | 0.00 | 12.75 |
| | 8月 | 21.47 | 240.47 | 0.00 | 29.49 | 0.00 | 0.00 |
| | 9月 | 0.00 | 53.50 | 0.00 | 0.00 | 0.00 | 0.00 |
| | 10月 | 0.00 | 31.63 | 0.00 | 0.00 | 0.00 | 0.00 |
| | 11月 | 27.38 | 68.49 | 9.02 | 0.00 | 0.00 | 0.00 |
| | 12月 | 0.00 | 245.59 | 7.72 | 0.00 | 0.00 | 0.00 |
| 2012年 | 1月 | 0.00 | 17.24 | 0.00 | 0.00 | 0.00 | 0.00 |
| | 2月 | 84.82 | 48.71 | 22.11 | 0.00 | 0.00 | 3.19 |
| | 3月 | 19.92 | 375.40 | 72.99 | 0.00 | 0.00 | 14.37 |
| | 4月 | 0.00 | 98.83 | 0.00 | 0.00 | 0.00 | 0.00 |
| | 5月 | 0.00 | 60.29 | 6.21 | 0.00 | 0.00 | 0.00 |
| | 6月 | 0.00 | 214.64 | 0.00 | 0.00 | 0.00 | 0.00 |
| | 7月 | 0.00 | 181.51 | 0.00 | 0.00 | 0.00 | 0.00 |
| | 8月 | 0.00 | 432.89 | 0.00 | 0.00 | 0.00 | 0.00 |

资料来源：中国证监会网站。

**2. 企业间接融资结构**

（1）中长期贷款比重最大，但中小微企业借重短期融资

企业间接融资的主要方式有中长期贷款、短期贷款、票据融资及其他贷款形式等。从2011年第3季度至2012年8月底，在企业间接融资的内部结构中，中长期贷款规模较其他方式所占比例最大，其次为短期贷款和票据融资（见图6－4）。

而中小微企业进行间接融资则主要以贷款为主，且短期贷款是融资的主要方式。随着借贷市场逐渐完善，中小企业的票据融资也日益盛行。

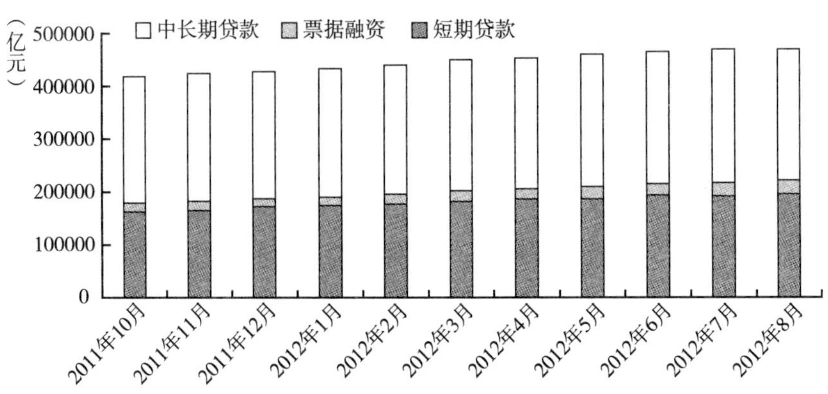


**图 6－4　企业间接融资结构**

资料来源：中国人民银行网站。

（2）企业投资意愿减弱，中长期贷款暂呈下降

中长期贷款是企业进行融资的主要渠道，贷款规模基本保持平稳，但目前出现走低的趋势。受实体经济中企业投资意愿减弱的影响，中小微企业中长期贷款的需求也有所降低。根据日前中国人民银行公布的数据，截至 2012 年 8 月，中长期贷款总额达 200.12 亿元，占贷款总额的 54.05%，为企业间接融资总额的一半以上，说明中长期贷款是企业进行间接融资的主要渠道。但需要注意的是，中长期贷款占贷款总额的比例一直呈现下降趋势，自 2011 年 10 月至 2012 年 8 月，该比重从 56.56% 降至 52.94%，下降了 3.62 个百分点。最新发布的数据显示，2012 年 8 月的比重 52.94% 显著低于 2011 年 8 月的 56.80%，同时也低于 2012 年年初的 55.49%。从月度走势图可以清晰地看到，中长期贷款所占融资总量比重一直呈现减小态势（见图 6－5）。实际上，自 2010 年年初以来，作为衡量投资意愿重要指标的企业中长期贷款规模一直处在下降趋势中。

出现这样的情况主要是由国际经济大环境和国内宏观政策调控共同决定的。继 2008 年全球金融危机爆发以来，欧洲地区紧接着又出现了主权债务危机，这对世界经济和现行国际经济金融秩序造成了严重的冲击。这样的背景下，全球经济态势前景黯淡，复苏势头疲软，全球经济的增长比预期要慢。受此影响，2012 年，中国经济增速也出现了明显的下降，宏

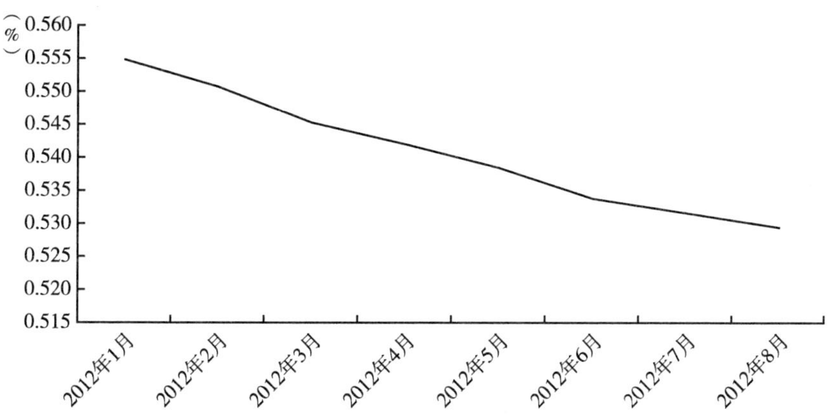


**图 6－5　2012 年企业中长期贷款所占比例**

资料来源：中国人民银行网站。

观经济下行的压力不减，自 2011 年第 1 季度至 2012 年第 3 季度，中国 GDP 季度增速已连续 6 个季度下滑。当经济增速下滑、投资增速放慢和盈利预期下降时，企业的借贷资金主要就是满足流动性需要而非生产投资，中长期贷款需求下降，中长期贷款比重也相应会有明显的降低。

相反，2010 年、2011 年中长期贷款占比处于高位，是金融危机背景下中国经济刺激政策的直接结果。目前的回落在某种意义上来说是一种回归，是逐渐恢复常态的过程。加之目前中国处于经济结构调整阶段，宏观政策的变化对经济的影响作用较大。中国 2012 年内两次实施非对称性降息，国家实行宽松的货币政策目的是为了有效地促进实体经济的发展，调整需求结构，规范、协调经济各部门内部及相互间的运行、发展，使资源在各部门进行有效配置。而在当前经济疲软的背景下，投资需求本身不足，银行等金融机构的信贷资产质量风险也较易凸显。因此尽管当前的货币环境较为宽松，但银行等金融机构贷款前置条件和标准有所提高，项目贷款审批趋严。金融机构集体顺周期行为放大宏观经济波动的羊群效应，在一定程度上减少了中长期贷款的投放，导致企业通过中长期贷款途径进行融资脚步放缓。

在这样的经济背景下，中小企业的信贷需求特别是中长期的贷款需求将由于实体经济的需求不足所导致的中小企业上下游的大型企业生产计划萎缩，随着订单数及销售额的下降而减少。并且，从银行的角度来说，银行本身不会贸然向没有以订单为基础的中小企业进行贷款，增加资产风险。因此，中小微企业贷款，特别是服务于大中型企业生产、销售而进行的中长期贷款是同宏观经济走势息息相关的。

（3）短期贷款呈稳步增长态势，中小企业贷款稳步增长

根据日前中国人民银行公布的数据，2012 年 1～8 月，短期贷款总额达到 149.3 万亿元。央行的月度数据显示，从 2011 年 10 月至 2012 年 8 月，企业短期贷款数额从 16.6 万亿元稳步增长至 19.5 万亿元，占贷款总额的比重也从 2011 年 10 月的 39% 微增至 40.45%。大体上看，短期贷款呈现稳步增长态势，但增长速度较为缓慢，总体上基本保持稳定（见图 6－6）。

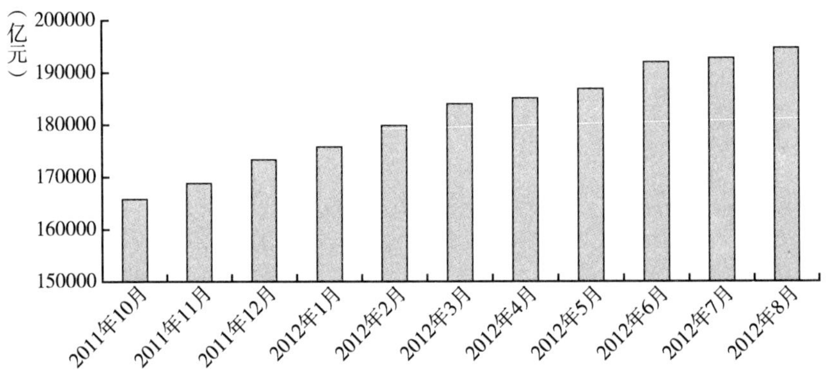


**图 6－6 企业短期贷款规模**

资料来源：中国人民银行网站。

前三季度，金融机构本外币企业及其他部门中长期贷款增加 1.46 万亿元，同比少增 3117 亿元，9 月末余额 25.65 万亿元，同比增长 8.1%，比上季度末高 0.2 个百分点；短期贷款及票据融资增加 3.53 万亿元，同比多增 1.44 万亿元，9 月末余额 22.35 万亿元，同比增长 25.1%，比上季度末低 0.2 个百分点。

与中长期贷款项目不同，中小企业进行短期贷款的需求在经济下行的背景下却依然旺盛，这与国家的宏观政策调控以及中小微企业本身的经济

活力有很大关系。

自2011年下半年以来，政府和监管机构鼓励加大对中小企业金融扶持的政策密集出台。2012年初，中国银监会表态要加强对小微企业的金融服务，将在机构准入、存贷比考核、资本计量以及不良贷款容忍度等方面率先推进改革。2011年，中国银监会出台了一系列的差异化监管措施，引领银行业金融机构改进小微企业金融服务。截至2011年底，小微企业贷款顺利实现“两个不低于”目标。截至2012年9月末，主要金融机构及主要农村金融机构、城市信用社和外资银行人民币企业贷款余额39.53万亿元，同比增长15.7%。其中，小微企业贷款余额11.29万亿元，同比增长20.7%，分别比同期大、中型企业贷款增速高9.9个和4个百分点，比全部企业贷款增速高5个百分点。9月末，小微企业贷款余额占全部企业贷款余额的28.6%，比上季度末高0.4个百分点。前三季度人民币企业贷款增加3.86万亿元，其中小微企业贷款增加1.35万亿元，占同期全部企业贷款增量的35%，比1~8月的占比高0.6个百分点。

中小企业的贷款需求，特别是对短期贷款的需求，在经济放缓背景下依旧旺盛，其中很大一部分原因是中国2012年的货币政策较为宽松与国家政策共同作用刺激中小企业经济活力，以此带动国民经济的复苏。作为银行——流动性中介——本身，在国家政策的引导下重拳出击中小企业信贷，有其自身的原因。

一是为了规避风险。由于房地产曾经的过度繁荣和地方政府在金融危机期间的大量举债，地方融资平台债务高企，特别是2012年偿债压力陡增，增加了银行贷款的违约风险。同时，房地产严厉调控也导致土地出让金减少和房地产成交萎缩，银行信贷风险增大。在这种情况下，增加对资金利用率较高和经营效益相对较好的中小企业贷款，不仅有助于促进实体经济的复苏，也有利于银行优化贷款结构和化解金融风险。

二是为了持续盈利。大型企业由于抗风险能力强、单笔贷款额度大，而且很多又具有国资背景等因素，一直是商业银行的优选贷款客户。但是，由于大型企业融资渠道较多，资金紧张局面很少出现，所以商业银行对之发放的贷款利率通常较低。特别是2011年以来，经济增速持续下滑，以重化工企业为代表的许多大型企业利润降低，投资意愿和投资能力下降，对银行借贷资金缺少需求，这些都使商业银行向大型企业借贷的意愿降低。在这种情况下，加之商业银行向中小企业贷款的利率上浮比例可达20%～30%，商业银行为了获得较高的利润向中小企业发放贷款的积极性上升。

（4）票据融资逐渐成为企业间接融资的重要渠道

票据融资是仅次于中长期贷款和短期贷款的企业间接融资的重要组成部分，其发展态势能够很好地说明企业的融资灵活程度及资金周转的效率。

2012年以来，票据融资额大幅增长。据央行统计，2012年1～8月，票据融资新增1.05万亿元，占同期新增贷款比例为17.18%，而2011年1～8月，票据融资仅增148亿元，占同期新增贷款比例为0.28%，表明票据融资越来越成为企业间接融资的重要渠道，并发挥着积极的补充作用。但是，随着未来有效信贷需求以及适合于长期投资项目的增加，改变票据占比过多的现状，中长期贷款将替代之前大规模的票据融资，从而实现一定程度的增长。在央行再次动用价格工具之前，票据市场利率将在目前水平波动，后市走低空间将逐步受限。

票据融资可以从侧面反映出市场信贷需求的状况，在企业信贷需求不足的情况下，银行为了刺激信贷，不断扩大票据规模；反之，若信贷规模偏紧且需求旺盛时，银行则压缩票据业务。2012年第3季度末，银行信贷规模出现紧张，汇票贴现需要占用信贷额度，因而出现利率水平上行情况。

特别地，票据融资是中小企业进行融资一个非常重要的渠道。对于企业来说，与贷款、发债、发短期融资券等融资方式相比，票据融资是企业最廉价、最便捷的融资方式，这便极大地刺激了企业尤其是中小企业的需求。以山东省为例，2012年5月，在银行新增贷款规模不断走低的背景下，山东中小企业利用集合票据融资的案例日益增多。博兴县、德州市等市、县有三家因资金短缺、经营和偿债存在一定压力的企业通过集合票据完成融资，潍坊市则通过集合票据为中小企业融资20亿元。同时，借助博兴2012年度第一期中小企业集合票据的发行，山东省博兴县华鲁钢铁有限公司等六家企业将共同募集4.5亿元资金，用于归还银行贷款、补充营运资金等。这表明，票据在货币市场中的地位越来越突出，已经成为改善融资结构和拓宽融资渠道的重要方式。

## （三）企业的融资成本

### 1. 企业直接融资成本

（1）再融资约束加强，股权融资成本逐渐升高

直接融资中，股权融资成本明显低于债权融资成本。高晓红（2000）计算得出当时银行贷款的融资成本约为6.05%～6.17%，远高于股票融资成本（1.18%）。黄少安（2001）通过计算得出的平均股权融资成本约为2.42%，远低于银行同期长期贷款利率（4%～7%）。股权融资成本低于贷款融资成本的原因，主要是源于中国上市公司利润偏低，并且红利发放约束不够，很多公司重视融资，却忽视投资者回报，从而股权融资成本近似于发行成本而显得过低。随着中国企业盈利能力的提高，以及中国资本市场的日益规范，上市公司发放的红利就越来越高，从而构成股权融资的真实成本，将促使股权融资成本持续上升。

（2）中小企业板融资成本较高，主板融资成本较低

为了进一步了解股权融资成本，下面将以新上市企业作为例子进行说明。以光明乳业（主板）为例，其股票发行费用总额为2870万元，其中包括承销费用、审计费用、验资费用、路演费用、律师费用、上网发行费用等。每股发行费用0.19元股。

以奥瑞金（中小板）为例，其股票发行费用总额8802万元，其中包括承销及保荐费6624万元，律师费483万元，审计及验资费1294万元，股份登记及上市初费80万元，信息披露费用271万元，文件制作及印刷费用50万元。每股发行费用1.15元。

以光一科技（创业板）为例，其股票发行费用总额3966.94万元，包括承销费用2951.72万元，保荐费用300万元，审计验资费用217万元，评估费用12万元，律师费用135万元，股份登记费及上市初费11.83万元，信息披露费用339.38万元。每股发行费用1.83元。

融资结构中，中小板和创业板市场融资占全市场融资规模的63.31%，仍保持主导地位。

一般情况下，中小企业板块筹资成本要高于主板。中小企业的筹资成

本偏高主要体现在两方面：一是中小企业新股发行需要占用券商的通道资源，又需要保荐人对项目的长期持续监督，加大了中小企业筹资成本；二是中小企业经营风险较高，券商承销新股的风险加大，券商通常以咨询费的名义收取部分风险补偿费用，也推高了中小企业的筹资成本。

**2. 企业间接融资成本**

（1）着力提振经济，实际贷款利率有所降低

自2011年第4季度以来，人民币贷款的加权平均名义利率持续回落，从2011年第3季度的8.06%的周期高点回落到2012年第2季度的7.06%（见表6－7）。加权贷款利率的下行明显超过基本利率的下调，反映了实体经济贷款需求下降的影响。目前，各银行对中小企业贷款利率大部分在基准利率上上浮15%～18%。2011年，中小企业的贷款利率在基准利率上上浮30%～40%，最高的甚至可以上浮到50%～60%，而2012年，上浮幅度一般在20%左右。由此可以看出，2012年，国家在面临经济下滑调整经济结构的同时，通过银行借贷金融工具提振国民经济，刺激国内需求。因此，抓住融资时机对企业特别是资金短缺的中小企业尤为重要。

**表6－7　贷款利率一览**

单位：%

| 时　间 | 短期 | | 中长期 | | |
|---|---|---|---|---|---|
| | 6个月之内 | 6个月至1年 | 1～3年 | 3～5年 | 5年以上 |
| 2010年10月20日 | 5.10 | 5.56 | 5.60 | 5.96 | 6.14 |
| 2010年12月26日 | 5.35 | 5.81 | 5.85 | 6.22 | 6.40 |
| 2011年2月9日 | 5.60 | 6.06 | 6.10 | 6.45 | 6.60 |
| 2011年4月6日 | 5.85 | 6.31 | 6.40 | 6.65 | 6.80 |
| 2011年7月7日 | 6.10 | 6.56 | 6.65 | 6.90 | 7.05 |
| 2012年6月8日 | 5.85 | 6.31 | 6.40 | 6.65 | 6.80 |
| 2012年7月6日 | 5.60 | 6.00 | 6.15 | 6.40 | 6.55 |

（2）垄断导致融资不平等，民营企业成本偏高

近年来，作为中国经济发展一支重要力量，中小企业或民营企业在促进经济增长和扩大就业方面起着越来越重要的作用，但是其面临的融资

难、融资贵问题却迟迟无法得到很好的解决。导致这一问题的因素很多，但是可贷资金过度集中于大型带有垄断性质的商业银行，中小银行和民间金融发展不足却是最为重要的影响因素之一。这主要体现在两个方面：一是金融机构的垄断市场结构造成了企业融资地位不平等的问题。这种垄断地位使得商业银行可以采取对基准利率上浮的政策，而银行捆绑销售贷款也导致了中小企业可用实际贷款资金大幅减少，票据贴现费用和贷款承诺费、贷款公关费用也促进了中小企业真实融资成本的上升。二是民间融资不规范也推高了中小企业的融资成本。2012 年，大多数民间借贷资金平均月息都达到每元 2～3 分。甚至还出现了这样一种情况，即部分大型企业凭借自身的优良贷款能力先取得超过自身需要的贷款资金，然后以更高利息转贷给中小企业，从而抬高了中小企业融资成本。

## 三　企业融资存在的主要问题

### （一）企业直接融资中存在的问题

中国企业股权融资在取得快速增长的同时也暴露了一系列问题。突出性的问题是企业偏爱股权融资、中小企业股权融资难、股权融资盲目性大、股权融资策略性不够、企业的资本结构不尽合理、上市公司的再融资过分依赖股权融资、募集资金的使用效率低下、股权激励机制匮乏和资本效率不高等。

**1. 偏爱股权融资，上市公司融资选择有悖融资定律**

不同的筹资方式对应的资金成本不尽相同。成熟的市场经济国家企业股权融资决策中，多从企业的最佳资金结构考虑，普遍遵循融资定律。融资定律认为，通常情况下，企业筹资首先依赖内源融资，其次选择外部融资，外部融资中首选债权融资，如资金不足最后才选择股权融资。市场经济发达国家的发展历程已经表明传统的融资定律有着一定的合理性和科学性。

就中国企业的资本构成看，企业股权融资的增长最快，其增长速度和比重大大超过了西方发达市场经济国家股权融资的增长速度和比重。中国企业的融资结构中偏爱外源融资，企业的扩张很少依赖内源融资，多数是通过外源融资手段实现扩张的。在扩张的初期，绝大多数是依赖银行贷款的债券融资方式，待企业资产和盈利达到一定规模后，融资偏好则首选股权融资，且股权融资的偏好度和比重大幅度增加，上市公司的再融资对股权融资的偏好尤为突出。这种现象的出现主要是由于国内的企业普遍认为股权融资无须偿还，可以长期使用。与传统的融资定律相悖，在融资结构的安排，特别是对资本结构的时间弹性、转换弹性和转让弹性考虑甚少，资本结构不尽合理。

**2. 企业在选择股权融资方式时，背离利益与风险对等原则**

资本价值的最大化是现代企业致力追求的最终目标。为此，企业必须寻求最佳的融资结构。由于各种融资方式的资金成本、净利益、税收以及债权人对企业所有权的认可程度等存在一定的差异，在给定投资机会时，企业就需要根据自己的目标函数和收益成本约束来选择适合的融资成本方式，以确定最佳的融资结构。从理论上分析，为了实现股东财务利润最大化，企业融资应该选择能降低资本的加权成本且有利于公司长远发展的融资方式，将企业的融资成本降到最佳状态。

股权融资的成本主要为股息和发行成本。就发行成本而言，现行的股权融资成本包括支付各种中介机构的费用、承销佣金、审核费用、公关费用等。以A股IPO为例，从企业改制开始，如果计算改制费、企业辅导费用、获得“上市通道”费、其他中介机构的费用、公关费用、材料审核费用、差旅费等，一般企业在获得证监会的发行批文时，各种开支估计多已支出数百万元，再加上1.5%~3%的承销佣金费用，如筹资额在2亿元，发行的筹资成本一般在8%~10%，明显高于一年期的银行贷款利率。

**3. 企业股权融资难，中小企业上市融资更难**

从计划股权融资到实际发行，一般需要数年的准备，更多的公司在上市的途中由于“通道制度”限制和中国证监会严格的审查而最终夭折。企业股权融资难，中小企业股权融资更难。现行的股权融资审核方式和发行制度客观上延迟了企业股权融资的步伐。市场瞬息万变，许多原本有市场需求、预期经济效益良好的项目，由于从获准发行到实际发行的时间大大延迟，待发行成功、募集资金到位时，整个的市场环境已经发生了变化。统计显示，现行的股权融资从企业改制、接受券商辅导，到取得通道、发行材料申报，直到获得发行核准、实际发行成功，一般需要2~3年的时间。审批程序复杂、通道制度的限制、发行节奏的缓慢导致企业股权融资难上加难，这已成为困扰中小企业特别是高科技企业发展的重要因素。

**4. 企业在股权融资过程中的随意性和盲目性较大，策略性不足**

企业对股权融资的盲目性较大，对资本市场的认识，尤其是股权融资的本质、股权融资前的财务规划和股权架构的安排、募集资金的用途、融资过程的技巧、投资者关系公司的治理结构、股权的激励机制、再融资的安排、中介机构的选择等缺乏统一的规划和考虑，造成许多公司股权融资失败或者上市后没有达到预期的效果。相当多的企业仅将证券市场视为股权融资的场所，将股权融资视为圈钱的工具，而忽视了证券市场的优化资源配置的作用。部分企业由于自身条件难以满足上市要求，为了达到上市目的，不惜通过造假方式获得上市地位，这在企业的再融资中表现尤为突出。同时，部分企业在获得资金后，所筹集的资金绝大部分并没有用到招股时承诺的投资项目中去，有些甚至回流到股市。

**5. 中小企业缺乏股权融资渠道**

尽管当前中国有中小板市场和创业板市场可作为中小企业股权融资的渠道，但是由于有关法规对中小企业上市的规模、盈利水平、净资产等与融资额度挂钩，而且相关标准又过严、门槛过高，导致资本市场只是对少部分中小企业开放，大量中小企业却无缘资本市场。同时，中国私募股权融资和风险投资基金等规模仍然过小，远远无法满足中小企业的股权融资需求。在这种情况下，中小企业股权融资渠道很窄，很多不得不借助于内部股权融资，外部股权融资比重严重不足，制约了中小企业的发展壮大。

## （二）企业间接融资中存在的问题

中国企业间接融资依旧有“两多两难”问题，企业多、融资难，资金多，投资难。高度依赖间接融资体系。根据统计，企业融资票据占到了

80%。中国债券市场发展之后，公司债券市场大于股票市场，期货衍生品发展不足，专业投资者仅为 15% 左右，而发达国家则达到 60% ~70%，个人投资者交易额达到 80% 左右[①]。

**1. 大型企业挤占间接融资导致资源配置失衡**

中国当前仍然是银行主导的间接融资为主的模式，要实现向资本市场为主导的直接融资模式转变，需要满足一系列的条件。这也是一个长期的过程。这些条件包括：居民和企业投融资方式的多元化、企业盈利能力和管理水平的提高、规范有序的资本市场，以及资本市场具有成熟的投资者，等等。在这些条件满足之前，中国企业包括大型企业很难将通过资本市场进行直接融资作为主要的融资方式。

然而，由于较好的商誉及坚实的抵押能力，导致大量的间接融资配置到大型企业中，但是大型企业融资结构中直接融资的比重不可避免地将会不断加大，这就使得大规模的间接融资往往与企业对现金流的需求不相匹配，这种资源的失衡配置直接导致中小企业无资可融。

为了能够匹配大型企业的现金周转效率，就需要在直接融资的同时补充针对大型企业的便利性间接融资产品，这需要有发达的债券市场和票据市场支持，但这需要一个较长的周期才能实现。

**2. 中小企业自身风险较大也导致间接融资难度增加**

融资难、融资贵、担保难问题是制约中小企业发展的突出问题。据国家统计局的一项调查，近 70% 的企业觉得“资金不足”，43.8% 的企业未能从金融机构获得流动资金贷款。中小企业融资难主要是因为规模小、抵押物缺乏等。银行为了风险控制的需要和追求利润最大化，更偏爱向大型企业贷款。中小企业融资贵也一定程度上与中小企业自身风险大导致借出者产生了较高的风险补偿要求有关。中小企业贷款利率为基准利率上浮 30% ~75%，如果再加上抵押评估费、担保费等，融资成本高达 20% 以上，增大了中小企业的财务负担。

不过，当前这一状况似乎正在发生转变。2011 年，小企业贷款余额

---

① http://finance.ifeng.com/news/special/lujiazui2012/20120629/6680917.shtml.

达到10.8万亿元，分别比2009年和2010年增加了6.4万亿元和3.3万亿元，小企业贷款增速明显快于平均贷款增速，小企业贷款占全部贷款的比重也有了较大的提升。但尽管如此，小企业贷款规模仍然过小、所占比重仍然过低的局面并没有得到根本转变（见表6－8）。

**表6－8　2008～2010年小企业贷款增长情况**

| 年份 | 小企业贷款 | | 全部贷款 | | 小企业贷款占非小企业贷款占全年金融公司及其他部门贷款比重(%) | 小企业贷款占全部贷款比重(%) |
|---|---|---|---|---|---|---|
| | 余额（万亿元） | 增速（%） | 余额（万亿元） | 增速（%） | | |
| 2010 | 7.5 | 29.3 | 50.9 | 19.9 | 20.47 | 14.73 |
| 2009 | 5.8 | 32.2 | 42.6 | 31.7 | 18.24 | 13.61 |
| 2008 | 4.432 | 15.9 | 17.86 | 13.75 | — | — |

资料来源：转引自张承惠《中小企业融资现状与问题原因分析》，《理论学刊》2011年第11期。

### 3. 民间金融不规范导致企业融资困难

中小企业所创造的增加值占到GDP的70%以上，提供了90%以上的新增就业岗位，但是通过全社会正规融资体系的融资额只占其30%。在面临如此困境的情况下，中小企业还能获得那样快的发展，在很大程度上得益于非正规金融——民间金融的支持。但是，民间金融在发展过程中也面临着许多问题，进一步制约了中小企业融资活动。这些问题主要表现在两个方面：一是民间借贷成本高、操作程序简单而违约风险大、隐秘性强容易引发非法融资活动等，增加了民间融资活动的融资风险；二是民间金融的自发性和难以控制，会导致资金流的“体制外循环”，不仅不利于信贷结构和产业结构的调整，而且还会削弱中央银行通过货币政策调控经济的效果，增加了国家支持民间金融发展的顾虑。这些问题从表6－9对民间金融和正规金融的对比也不难发现。这些问题的存在使得民间金融得不到充分的发展，也增加了中小企业融资的难度。

由于上述民间金融所出现的问题，再加上中国缺乏对民间金融监督等相关机制，使得企业不能够很好地运用民间金融这一途径进行有效筹资。

表6-9 民间金融与正规金融的区别

| 类　　别 | 民间金融 | 正规金融 |
| --- | --- | --- |
| 交易主体 | 从正式金融部门得不到融资安排的经济行为人 | 主体一方必须是国家批准设立的金融机构 |
| 交易对象 | 非标准化的合同性的金融工具 | 监管机关认可、法律允许的标准化合同性的金融工具 |
| 组织机构 | 组织一般不具有长期性和稳定性，不具备确定的经营场所 | 组织具有稳定性和长期性，具有规范的机构和固定的经营场所 |
| 政府监管 | 游离于政府监管之外 | 处于监管当局的监管范围之内 |

## 四　政策建议

结合上文对当前中国企业直接、间接融资的状况分析，以及目前所出现的融资问题，并在有关学者的研究成果基础之上，本章提出了针对企业融资难问题的相关策略。

**1. 规范上市公司行为，深化金融市场体制改革**

（1）完善上市公司的治理结构，合理调整上市公司的融资政策

上市公司的治理结构直接影响企业自身的融资决策和偏好，规范和完善的治理结构从根本上使得企业真正从经营管理出发来决定自己的融资决策，而不是一味地偏好股权融资。首先，进一步完善董事会制度，继续规范独立董事机制。独立董事更有动力全面考虑融资成本，这样会从一定程度上降低上市公司对股权融资的偏好。并且，独立董事也可以更好地从外部对经营管理者的融资行为和资金使用情况进行监督。其次，上市公司也要适时调整自己的融资理念，使得企业的融资政策多元化，利用金融创新手段，买入公司的资金需求。最后，应该加强对上市公司经营者的约束和控制，对其利用股权融资募集资金的用途也要有合理的规定，从资金使用的角度对其进行融资决策行为产生影响。

（2）明确股权融资的成本和风险

让企业独自承担上市融资的成本和可能面临的风险，依靠自身的经济

实力和公司发展状况、当前资本市场情况等进行股权融资。市场应该规范上市公司的绩效考核制度，完善信息披露制度。可以适当地增加净资产增长率、每股净资产、每股现金流量等绩效考核制度。证券市场应该对上市公司的现金流量进行考核，来决定公司是否可以进行配股，严格配股的考核制度，防止公司为了“圈钱”盲目股权融资。严格规定上市公司的分红方式和分红比例，给上市公司增加每年给股东分红的压力。使经营者改善目前对股权融资的偏好，更理性和合理地选择融资方案。此外，证券交易所也可以完善关联交易、再融资的价格和募集资金使用情况的考核制度。

**2. 完善融资平台，降低中小企业融资门槛**

针对具有高风险和高收益特征的中小企业融资难题，政府可以通过不断完善中小企业股权融资平台，来解决中小企业融资难问题。

（1）适当调整中小板和创业板市场准入口径

中小板和创业板的设立，就是为了解决中小企业融资难问题，期望通过这个融资平台，让更多有潜力的中小企业，能够借助金融手段得到更大的发展。首先，进一步放宽对中小企业的准入口径。根据宏观经济的产业发展方向，让更多有行业潜力的中小企业进入中小板和创业板。即使企业资信条件不太高，或者无形资产比例大，也给它们进入融资平台的机会，让市场上的投资者和专业化的投资团队来进行决策。其次，引入更多的专业化投资者进入中小板，特别是创业板。例如，依靠更多的私募基金、慈善基金、风险投资家和企业家等加入到投资的团队中，由他们去挑选优质的中小企业，把宝贵的资金投资到那些有技术含量但缺乏良好融资条件的中小企业身上。要借鉴日本创业板失败的教训，防止大量散户冲进创业板过度炒作，最终让新生的创业板走向歧途。

（2）建设场外市场，鼓励柜台交易

加强“场外市场”的建设，让更多达不到上市条件的中小微企业寻找到有效的市场进行股权融资。例如，推动非上市股东公司进入证券公司挂牌交易，如湖南省于2006年便启动了这项工作；设立相应的股权交易所，如2008年末天津市政府批准设立唯一被准许从事“两高两非”（即国家级高新技术产业园区内的高新技术企业和非上市、非公众股份有限公司）公司股权和私募基金份额交易的天津股权交易所的成立。场外市场门槛低、开放性高，可吸引大量各类企业和私募基金，最终使得各类挂牌公司、投资机构、投资基金等都能享受到客观、公正、透明的交易氛围，这样就起到了降低市场成本、提高市场效率、防范市场风险的作用。

**3. 构建多元化渠道，丰富中小企业融资来源**

（1）引导大型企业在债券市场融资，提升中小企业信贷空间

大力发展公司债券市场，积极促进解决债券市场发展的瓶颈问题，引导大型上市公司通过债券市场融资，积极推进证券发行制度改革，完善新股发行的定价制度，这将有力地推动企业融资方式转变，减小大型企业的直接融资规模，使信贷资金更易于配置于中小企业，逐步壮大民营企业。

（2）明确界定产权关系，加强中小企业内源融资

内源融资是企业举债或发行证券的基础，对于一个企业的发展壮大具有重要作用。提高企业的生产经营能力，提高盈利水平，才能促使企业将利润转化成积累的内源融资能力。因此，明确界定产权关系，建立现代企业制度，规范和健全企业运行机制，才是根本手段。

（3）发展微金融，为中小微企业服务

国家要根据中小微企业自身的特点，建立专门性的金融机构，对这些企业进行支持。作为具有地域性强、规模小以及灵活方便等特点的地方性的中小型金融机构，能够与地方中小企业建立长期的合作关系，提供更具有专门性和可用性的金融服务。从制度上，能够部分解决大型金融机构与中小型企业之间存在的信息不对称、融资发放成本高以及资金监管风险大等问题。因此，国家需要对这类金融机构给予一定政策和资金支持。

**4. 推动金融体制改革，规范民间融资活动**

（1）立足规范化，鼓励和引导民间融资活动

通过对国务院批复“温州金融综合改革试验区”的意见和对温州甚至中国整个民间金融与经济发展情况的研究，就会发现人们所说的民间融资的“阳光化”或“合法化”“破解微小企业融资难”“民间资本进入金融领域”等并不是其中最主要的任务，真正核心的任务或主要目的是

“民间融资的规范化”。民间融资的规范首先要承认其合法性，这是民间金融发展的先决条件；其次要鼓励其发展，这是充分发挥民间金融积极作用的支撑条件；最后是引导和规范民间金融，这是民间金融稳定发展的重要保障。但是，除了需要对符合条件与要求的民间金融机构转变为正式的中小银行加强监管外，其他形式的民间金融要通过引导的方式，来支持其充分发展。因此，基于覆盖范围较小的民间金融活动不需要政府监管，适当的社会组织和行业协会等就可以起到监督与自律的作用，政府的责任只是要监管好这些社会组织和行业协会。

（2）利用温州改革经验，推进中国金融体制改革

据悉，温州“1 + 8”金融综合改革方案已经通过各部委会签，于2012年3月底正式出台，并且成立了民间借贷登记服务中心和民间资本管理公司；鄂尔多斯也实施民间借贷登记备案制，为民间借贷提供登记、结算、评估、公证、法律等服务；广州正全力建设国内首条民间金融街，打造区域金融中心。一批新型的民营金融商业模式在各地悄然兴起，包括银企对接信息平台、小额借贷、第三方理财、民间借贷连锁、金融超市、网络借贷等。虽然这些措施中有的是为了解决特定地区存在的金融问题和化解金融风险，但无疑也积累了可资借鉴的经验，甚至有的措施首破禁区，对其他地区起到有益的示范作用。利用温州民间金融“自下而上”的改革经验，尽快推进中国整体的金融体制改革，完善中国的金融制度；肯定民间借贷具有制度层面的合法性，是正规金融有益和必要的补充；建设多元化的金融市场，将能够有力缓解甚至解决中国企业特别是中小企业的融资难问题。

## 参考文献

叶康涛、陆正飞：《中国上市公司股权融资成本影响因素分析》，《管理世界》2004年第5期。

赵砚、张洪霞：《上市公司股权融资成本的实证分析——来自沪深A股上市公司数据》，《会计之友》2011年第4期。

于潇、白雪秋：《构筑中小企业股权融资的现实途径》，《商业银行》2010 年第 10 期。
顾立红：《我国上市公司股权融资偏好的成因和对策》，《经营管理》2011 年第 650 期。
周运兰、陈莉：《中小企业股权融资的最优模式探析》，《财经视线》2010 年第 24 期。
张承惠：《中小企业融资现状与问题原因分析》，《理论学刊》2011 年第 11 期。
段海涛：《中小企业票据融资日盛》，2012 年 5 月 18 日《经济导报》。
高晓红：《我国上市公司股权融资偏好分析》，《投资研究》2000 年第 8 期。
黄少安、张岗：《中国上市公司股权融资偏好》，《经济研究》2001 年第 11 期。
http：//finance. ifeng. com/news/special/lujiazui2012/20120629/6680917. shtml.
http：//paper. dzwww. com/jjdb/data/20120518/html/6/content_ 3. html.

# 分工与需求

# 第七章 政策调整下的产能过剩与投资衰减

## 一 引言

改革开放以来，中国经济一直保持高增长。这种高增长虽然是由多种因素驱动，但全社会固定资产投资无疑是主要推动力，而投资的原动力是来自外部和内需的最终需求。加入 WTO 以来，中国出口依存度不断上升，但是，也把中国带入了外贸顺差过大、外汇储备过多、流动性过剩、国际贸易纠纷频发的不可持续状态。2008 年以来的世界金融危机警示我们对外贸高依存度的危险性保持警惕，因此扩大国内需求成为弥补外需下降的重要方式。但是，当前国内经济受到世界经济普遍走弱的影响，加上中国收入分配的不公和近些年高房价对消费的严重挤出效应导致国内需求依然比较低迷。当前，要保持经济平稳增长，宏观调控依然必须扩大投资。尽管中国投资率已然很高，但是由于有高储蓄率做保障，利用高储蓄的有利条件扩大投资规模仍有条件，而且中国的城市化和工业化进程还有很长一段路要走，因此，在可预见的未来，投资仍将是中国经济增长的重要引擎。

但是，由于受到“4 万亿元”投资计划结束以及反危机政策退出的影响，从 2009 年下半年开始基础设施投资增速开始回调。2011 年由于高铁事故带来的安全大检查等，放慢了投资审批进度，再加上铁路融资杠杆过高导致的资金支持不足，土地财政和融资平台作用受限，2010～2011 年基础设施的投资就一直呈现持续减速态势。·而房地产投资受到严厉的房地产调控政策不放松的影响，房地产开发投资自 2011 年下半年开始呈现连续放缓态势。

由于投资的涉及面较广，本章主要针对固定资产投资进行相关分析。

## 二　多重冲击下的投资表现

受到国外经济环境和国内政策紧缩的影响，2012 年固定资产投资前三季度同比增长速度下滑。三次产业间固定资产投资增速只有第一产业增速高于上年同期，第二、第三产业固定资产投资增速都低于上年同期，其中第二产业增速下滑更多。制造业固定资产投资整体下滑较快，金融行业固定资产投资同比增速惊人。中部地区投资同比增速快于西部和东部。

**1. 经济下滑，投资低位增长**

2012 年前三季度国内生产总值达 353480 亿元，按可比价格计算，同比增长 7.7%。其中，第 1 季度增长 8.1%，第二季度增长 7.6%，第 3 季度增长 7.4%。2012 年以来 GDP 显然是逐季下滑，这也是连续七个季度下滑，且创下 14 个季度新低。经济增速的明显下滑，导致企业经营的困难，必然影响到消费和投资的低位增长。

2012 年前三季度，全国固定资产投资（不含农户）达 256933 亿元，同比名义增长 20.5%（扣除价格因素实际增长 18.8%）（见图 7－1），增速比 1～8 月份提高 0.3 个百分点，但比上年同期同比下滑 4.3 个百分点。从环比看，9 月份固定资产投资（不含农户）增长 1.63%。房产开发投资达 51046 亿元，名义增长 15.4%，扣除价格因素后实际增长 13.8%，比上半年回落 1.2 个百分点，比上年同期回落 16.6 个百分点。受到紧缩性的宏观调控政策影响，全社会固定资产投资增长率显然低于投资增长的合理区间。

**2. 第一产业投资同比增速较快，但占比仍然较低**

固定资产的投资除了关注总量，其次就是投资的结构。2012 年前三

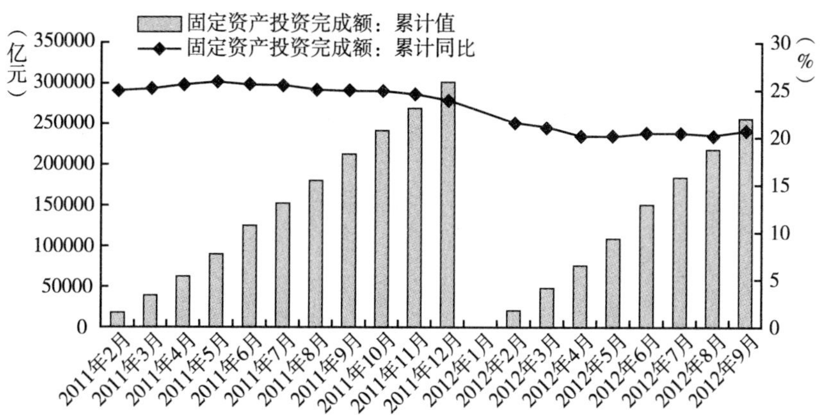


**图 7－1　2011 年 2 月至 2012 年 9 月固定资产投资完成额及同比增速**

资料来源：wind 咨讯。

季度，第一产业投资增速较快，第三产业投资同比下降较快。1～9 月，第一产业固定资产投资同比增长 32.2%，高于上年同期 6.7 个百分点；第二产业投资增长 22.4%，低于上年同期 4.5 个百分点；第三产业投资增长 19.4%，低于上年同期 4 个百分点（见图 7－2）。虽然第一产业投资增速较快使得其在整个固定资产投资中的占比有所上升，但是，2.5% 的比例显然还是太低。

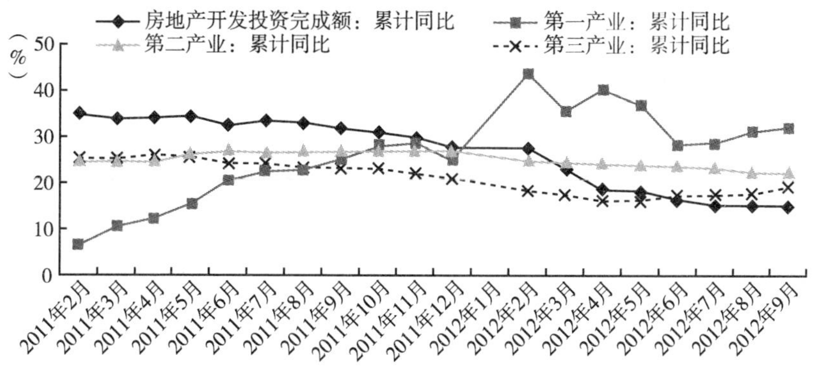


**图 7－2　2011 年 2 月至 2012 年 9 月第一、第二、第三产业及房地产固定资产投资同比**

资料来源：wind 咨讯。

**3. 制造业投资整体下滑较快，金融业固定资产投资同比增速惊人**

全社会固定资产投资中，第二产业中制造业整体下滑较快，2012 年 1 ~9月，制造业固定资产投资同比增速为23.48%，低于上年同期8.02 个百分点，但第二产业中的电力、热力、燃气及水的生产和供应业固定资产投资同比上升较快，1 ~9 月同比增长 19.06%，比上年同期增长 15.36 个百分点。第三产业的固定资产投资中铁路运输业下降较快，1 ~9 月同比负增长 12.39%；房地产业 1 ~9 月固定资产投资同比增长为 21.09%，比上年同期下降 11.51 个百分点；金融业投资增速惊人，1 ~9 月同比增长 103.22%，比上年同期增长 77.42 个百分点。

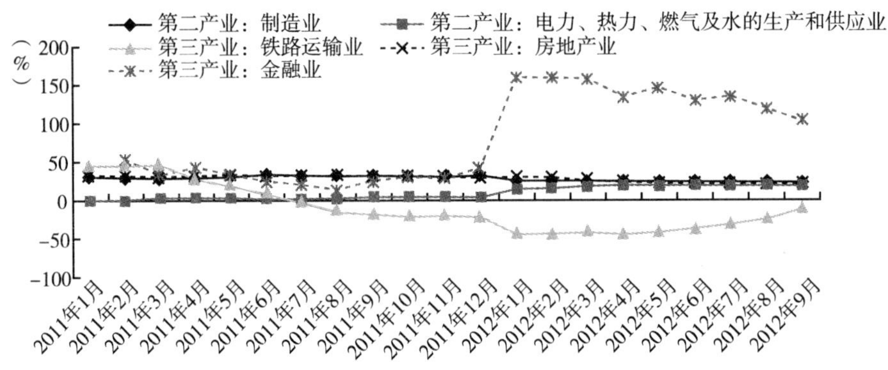


**图 7 –3　2011 年 1 月至 2012 年 9 月制造业、房地产等行业固定资产投资同比**

资料来源：wind 咨讯。

**4. 中央项目投资同比由负转正，中部地区投资同比增速快于西部和东部**

固定资产投资中，中央项目投资从 2011 年 6 月到 2012 年 7 月一直保持同比负增长，但是从 2012 年 8 月开始同比正增长，2012 年 1 ~9 月同比增长 2.3%，比上年同期上升 9.8 个百分点；地方项目投资 1 ~9 月同比增长为 21.8%，比上年同期下降 5.9 个百分点。

分地区看，1 ~9 月，东部地区投资 121764 亿元，同比增长 18.4%，增速比 1 ~8 月回落 0.2 个百分点；中部地区投资 71470 亿元，增长

25.8%，增速比1~8月提高了0.5个百分点；西部地区投资61715亿元，增长24.1%，增速比1~8月提高了0.3个百分点。中部增速显然较快，而且势头较好。

## 三　投资依赖：结构性产能过剩的根源

从2012年投资的表现来看，投资特别是制造业投资和房地产投资下滑最为剧烈，这主要是由国内需求不振和房地产严厉调控直接引起。从根本上来说，中国长期的投资依赖使得投资在国民经济增长中具有举足轻重的地位，在经济景气时通常出现过度投资的现象，而在经济不景气时，先前的过度投资就会导致严重的产能过剩，继而再引起投资的衰减，政府又通常采取过度投资刺激的政策，这样在政策退出时，便会产生政策衰减效应，导致更严重的结构性产能过剩。金融危机后的2009年，资本形成的贡献率高达92.3%，过度投资后的内外需依然不振，显然就带来产能的过剩，而地方政府由于俱乐部趋同效应导致重复投资严重，加剧产能过剩，为经济调整带来难度。

### 1. 投资依赖的经济发展模式和金融危机影响导致投资过度

作为拉动经济"三驾马车"之一的投资，在中国改革开放30多年里起到重要作用，也成为拉动中国经济发展的主要动力之一，"投资驱动"成为中国推动经济发展最主要的模式之一。进入21世纪，投资占GDP的比重逐年上升，世纪之初投资占GDP比重还只有45%左右，2006年达到50.9%，2010年上升到69.3%；资本形成率2000年仅为35.28%（见表7－1），2011年达到49.16%；从资本形成总额的贡献率来看，2000年仅22.4%，2011年上升到53.3%，2009年更是达到惊人的92.3%；而从资本形成总额拉动GDP增长来看，2000年仅拉动1.9个百分点，2011年拉动4.9个百分点，2009年曾拉动经济增长8.7个百分点，这显然与金融危机后"4万亿元"的过度投资有关。从投资增长速度看，"十一五"期间投资年均实际增长21.9%，远高于GDP年均11.2%的增速。

**表 7－1　资本形成率及对经济增长的贡献**

单位：%

| 年份 | 资本形成率 | 固定资本形成率 | 资本形成总额贡献率 | 资本形成总额拉动 GDP 增长百分点 |
|---|---|---|---|---|
| 1978 | 38.22 | 29.78 | 66.0 | 7.7 |
| 1980 | 34.83 | 28.79 | 26.4 | 2.1 |
| 1985 | 38.09 | 29.44 | 80.9 | 10.9 |
| 1990 | 34.87 | 24.95 | 1.8 | 0.1 |
| 1995 | 40.29 | 33.04 | 55.0 | 6.0 |
| 2000 | 35.28 | 34.27 | 22.4 | 1.9 |
| 2005 | 41.54 | 39.60 | 38.5 | 4.3 |
| 2006 | 41.74 | 39.49 | 43.6 | 5.5 |
| 2007 | 41.62 | 39.00 | 42.5 | 6.0 |
| 2008 | 43.78 | 40.54 | 46.9 | 4.5 |
| 2009 | 47.16 | 44.92 | 92.3 | 8.7 |
| 2010 | 48.06 | 45.58 | 52.9 | 5.5 |
| 2011 | 49.16 | 46.18 | 53.3 | 4.9 |

资料来源：转引自胡少维《扩大投资不仅在于稳增长更在于调结构》，载《金融与经济》2012 年第 8 期。

据世行测算，改革开放 30 年中国年均 9.8% 的增长率，除了有 2～4 个百分点是全要素生产率贡献外，其余 6～8 个百分点的增长率几乎都是来自投资的贡献。1995～2010 年，中国经济年平均增长率 9.92%；1995～2010 年，中国的固定资产投资规模增长 11.23 倍，年平均增长率达到 20%。

**2. 外需萎缩和国内经济下滑，造成中国多行业产能过剩**

由于投资具有双重性，资本投入会产生需求、拉动经济，但是投资后形成的供给，如果消费没有跟上去，就会出现产能过剩。由于前期过度投资，在当前外需萎缩和内需不振情况下，多个行业出现产能过剩，连新兴产业也未能幸免。作为涉及多个行业的生产资料行业钢铁业产能过剩首当其冲。2012 年 8 月 24 日，国内钢材综合价格指数降至 103.28 点，而 1994 年该指数刚推出时为 100，相当于钢价已回到 18 年前的水平。据《2012 年中国工业经济运行上半年报告》披露，中国钢铁行业产能过剩超过 1.6

亿吨，水泥产能过剩超过3亿吨，铝冶炼行业产能利用率仅为65%左右。氮肥、电石、氯碱、甲醇、塑料等化工产品，铜冶炼、铅锌冶炼等有色行业，由于前些年投资增长过快，现在面临过剩风险。即使是像多晶硅、风电设备、新材料等新兴产业也出现产能过剩倾向。而根据IMF（国际货币基金组织）预测，2012年发达国家进口增长1.8%，比2011年放缓2.5个百分点。这意味着外需疲软导致的产能过剩压力今年将得不到明显缓解。工信部也表示，如果不及时加以引导和抑制，这些潜在的产能过剩可能形成现实的、较长周期的、大规模的严重产能过剩。

**3. 俱乐部趋同效应导致地方投资重复，加剧产业竞争和产能过剩**

由于资本报酬具有递减的特征，较发达地区资本投入比不发达地区充裕得多，因而较早遇到资本报酬递减现象；相反地，不发达地区资本报酬递减现象就来得迟一些，因而可以取得较快的增长速度。发达地区与不发达地区增长速度之间的这个差异如果得以保持一定的时间，不发达地区就会赶上发达地区。经济增长理论把这种可能的现象叫做经济增长的趋同（convergence）。而俱乐部趋同是指在经济增长的初始条件和结构特征等方面都相似的区域之间所发生的相互趋同。在中国，由于区域发展差异较大，导致在经济增长趋同的理论下产业转移得以成为可能。但是俱乐部趋同又会导致东、中、西部地区的内部省市经济发展趋同现象严重，地方投资重复现象严重，加剧俱乐部产业之间竞争和产能过剩的风险。当前，继各地出手稳投资、促消费之后，如何稳定工业经济增长，也成为不少地方政府本轮稳增长的另一“抓手”。但是，目前地方政府出台的稳定经济增长的措施多是扶持已有的煤炭、钢铁等传统产业，对新兴产业领域却未给予过多关注。这种新一轮稳增长的投资如果仍然趋同于传统产业的重组，不解决产业结构的问题，则会为新的产能过剩埋下祸根，加剧经济调整的难度。

## 四　“稳增长”政策与投资波动

中国的固定资产投资具有很强的政策性，往往被作为一种周期性管理工具，投资周期受宏观经济政策的影响较大。本轮投资周期受到世界经济周期调整和中国的产业周期调整影响较大，这两个因素都明显影响本轮投资周期的下行趋势，但是“稳增长”政策将会在一定程度上减缓本轮投资周期的下行趋势。

**1. 中国的投资周期受宏观政策影响较大**

投资（尤其是政府主导部分）往往被看作一项周期性管理工具。实际上，中国的国内投资周期往往受到宏观政策（旨在抚平由外部需求导致的商业周期波动）的货币或财政政策影响较大。从中国的宏观调控政策，尤其是货币、财政政策与投资同比增速可以看出政策对投资周期的影响（见图 7－4）。

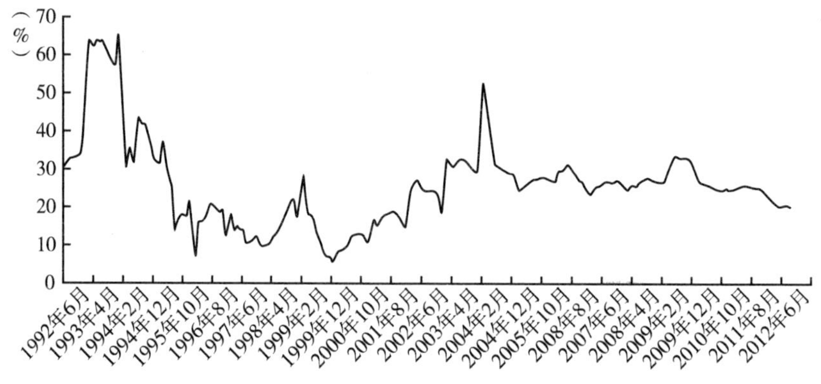


**图 7－4　1992 年以来中国固定资产投资累计同比**

资料来源：wind 咨讯。

自 1992 年邓小平的“南方讲话”后，中国就开启了投资驱动主导经济发展的先河——国内投资和国外直接投资掀起高潮。1993 年 12 月，投资同比达到 65.5% 的高点后开始下降，但是中央也从 1993 年 5 月和 7 月连续上调存贷款利率。随后，投资增速也一路下滑到亚洲金融危机后政府的刺激性货币和财政政策出台，1998 年和 1999 年连续下调存款准备金率。

2003 年，以投资、贸易拉动为主的经济增长开始出现过热势头，前 10 个月投资同比增长一直保持 30% 以上。4 月，央行从房地产信贷开始对经济发出紧缩信号。其后，因为“SARS”的意外光临，经济前景的不确定性增大，紧缩信号一度暂停。2004 年初，经济增长再现过热苗头，1～2 月，固定资产投资甚至达到了 53% 的增速。4 月，国务院查出江苏“铁本事件”，启动了行政性的调控和产业政策的调控，将投资增幅控制在一个相对更合理的范围。同时，还启动“地根调控”政策，严格土地审批以限制投资冲动。到该年 12 月，投资同比下降到 28.8%。随着固定资产投资增速的有效控制，其后宏观调控重回货币政策导向。2006 年，三次上调存款准备金率，两次上调存贷款利率。2007 年调控更是创下历史之最，十次上调存款准备金率，六次上调存贷款利率，固定资产投资同比增长到 2007 年 12 月达到 25.8%。

2008 年是宏观调控最具特色的一年，上半年央行连续五次上调存款准备金率，下半年连续四次下调存款准备金率，五次下调存贷款利率，使得 2003 年一直从紧的调控政策开始放松。同时，在 2008～2009 年外部需求放缓时，政府又推出了财政刺激政策来刺激国内投资，以免经济增长进一步下滑。而当外部需求走强并带来通胀压力时，政府往往倾向于抑制国内投资增长，正如 2004 年和 2007 年那样。因此，周期上升和下降阶段的投资性质也是截然不同的：在 2009 年，出口导向型行业的投资显著低于 2007 年水平，但基建投资走强。外部需求的强劲反弹可能会引发新一轮政策紧缩，这从 2010 年开始重新实施信贷控制和投资限制就可看出。但是，2012 年的经济下滑和通胀目标得到控制又为新一轮的宽松政策带来空间。

**2. 本轮投资周期受世界经济周期和中国产业周期影响较大**

当前，投资增速放缓是周期性因素与中国经济和产业周期中长期潜在增速下降叠加导致，新一轮“稳增长”政策能够在短期内改善投资周期性放缓的格局，但无法改变中长期下行趋势。自 2008 年全球性金融危机爆发以来，世界经济增长进入持续低迷阶段，目前虽已历经 5 年时间，尽管经过世界各国的反复努力、主要国家的联手救市，但全球经济仍在主权债务危机、经济低速增长、财政风险汇集的泥潭中苦苦挣扎，欧债危机不断发酵，主要经济体财政情况捉襟见肘，新兴国家减速风险加剧。总之，近期内没有任何迹象显示世界经济能够摆脱阴霾。多数国际机构与学者判断世界经济处于长周期调整阶段，短期内难现高速增长曙光。

在世界经济形势暗淡的背景下，中国经济由于外需的不足、内需的疲软，加上房地产继续严厉的调控，导致经济再度出现减速，部分产业产能过剩的问题日渐突出。而“十二五”时期本来就是中国产业周期的调整时期。经过30多年发展，中国以出口导向型产业为主的产业体系一直处于产业链的低端，现在又面临成本不断上升、外需不足，中国产业调整势在必行。2012年9月“十二五”战略性新兴产业规划出台开启中国新一轮产业调整的周期。根据规划，七大战略性新兴产业中四个定位为支柱产业，三个定位为先导产业。七大产业链有45个细分产业，将引领中国在未来十年进入一个新的产业周期。而当前，在内疲外困的双重压力下，中国产业结构将要面临一次强制性调整。后面投资运行情况主要取决于“稳增长”政策的力度，但同时也不会脱离世界经济周期和中国产业周期发展阶段的大背景。

**3. “稳增长”政策将减缓本轮投资周期放缓的趋势**

自2009年中后期开始，面对资产价格尤其是房地产价格的快速上升，中央开始加强信贷管理，防止信贷资金违规流入资本市场、房地产市场等领域。投资运行也开始进入本轮投资周期的下行区间。2010年1月央行就开启金融危机后首次存款准备金率上调的阀门，同年六次上调存款准备金率，两次上调利息率，其中11月更是罕见地一月内两次上调存款准备金率。固定资产投资同比一路下滑，从2009年12月同比增长30.4%下滑到2010年12月的24.50%，下降了5.9个百分点。尤其是房地产投资下滑早于整个固定资产投资，从2008年下半年开始房地产投资就一路下滑，2009年2月投资同比增长只有1%，2009年整体都处于低投资状态。2010年房地产投资同比上升，这跟2009年同期下降幅度较大有一定关系。而整个固定资产投资一直呈下降趋势，尤其到2012年更为明显，从目前来看，这一下降趋势仍在继续。2012年1~9月，固定资产投资完成256932.89亿元，累计同比增长20.5%，较上年同期低4.4个百分点。面对投资持续减速、宏观需求面萎缩的形势，为防止经济出现“硬着陆”，中央适时提出了把“稳增长放在更重要位置”的调控取向，果断加大预调微调力度，及时出台一系列政策措施，具体政策包括降息、降准、增加财政支出以及加快投资项目审批等。地方政府更是纷纷抛出一揽子稳增长的投资政策。在这些政策的支持下，投资增速出现了企稳的迹象，而且，“稳增长”政策在稳定投资增长方面的效果还在逐渐显现，并将在一定程度上对冲投资周期性放缓的趋势。

## 五 投资稳增长过程中存在的矛盾和问题

面对2012年以来投资的显著下降，经济的显著下滑，伴随CPI稳步下行和PPI大幅回落，通货紧缩风险加大。与之相应的“产能过剩”也是当前宏观经济运行面临的主要问题之一，也是造成通货紧缩压力加大的主要原因。随着中央明确提出“把稳增长放在更加重要的位置”，“稳增长”成为从中央到地方的头等大事。但是投资虽仍然可以作为经济增长的主要方式，但是必须重视投资结构，更应重视投资变化带来的问题。

**1. “稳增长”背景下的投资可能会延缓产业结构的调整**

“十二五”时期已经到了中国的产业结构调整的关键时期，而产业结构的调整就必须要忍受经济发展速度的下降，（为了提高经济发展的质量，就必须牺牲经济发展的速度），而且从长远来看这也是唯一正确的选择。由于当前的调结构遇到内外不利的环境，经济下滑较为严重，尤其是对投资者信心有很大影响，因此，稳增长就成了当前重要任务。但是，必须清醒地认识到不能把稳增长与调结构对立起来，认为只要稳增长就必须牺牲调结构，如果现在的稳增长是没有结构调整和产业升级的增长，长期而言对中国经济是有害的。然而，本轮投资都是地方政府为主，面对经济放缓的“中国式焦虑”，面对经济结构转型的“阵痛”时，地方政府还是难以摆脱长期形成的投资依赖。因为占据城镇固定资产投资半壁江山的出口领域投资难为，地产行业投资受限，从而只有重新拾起基建领域的投资。目前，从“稳增长”项目的选择上和上次“4万亿元”时差不多，都是以“铁公基”为主，只是规模和程度要小一点，新型产业项目多一点。因为地方政府非常清楚，想要短期将经济拉起来，只有靠这些。这种大规模的基建投资对于产业结构调整的路还很长的中西部地区还情有可原，但是对于很多经济发达的东部地区还这样依赖基建投资的拉动，显然会极大延缓产业结构调整的进程。

**2. 民间投资政策更宽松，但仍缺乏投资信心和投资增长点**

金融危机后，在扩大内需的背景下，政府也加大对民营投资的扶持力度。2010 年 5 月，国务院发布《关于鼓励和引导民间投资健康发展的若干意见》（即“新 36 条”）。为确保“新 36 条”得到落实，国务院各部委在 2012 年 7 月前抓紧制定了 42 个实施细则，鼓励民间投资。2012 年 6 月，国税总局出台了《鼓励和引导民间投资健康发展的税收政策》，促进民间投资健康发展。在后危机时代，随着政府投资能力越来越有限，民间资本确实越来越成为拉动投资的主要力量。中央虽然对民间投资扶持力度较大，但是基层配套不足。大企业尤其是国有企业容易得到银行贷款，民营企业不但难以获取资金，而且即使获取资金，融资成本也较高，有对浙江中小企业调查显示，民间融资成本高达 24%。

2012 年 1 ~9 月，中国民间固定资产投资 159412 亿元，同比名义增长 25.1%，比上年同期下降 9.7 个百分点；民间固定资产投资占固定资产投资的比重为 62%，比上年同期高出 3 个百分点。但是，民间投资仍缺乏信心和新的投资增长点。主要由于短期和中长期两个层面存在的问题。从短期看，自 2012 年年初开始，民间投资呈现减速态势，这与经济周期性放缓和投资整体减速的大背景一致。从中长期看，企业投资环境趋于恶化，劳动力成本大幅上升、原材料价格上涨而产成品价格持续下跌、企业税负较高等因素不断侵蚀企业利润，致使企业对未来预期较低，投资信心不足。而且，企业在转型方面进展缓慢，自主研发能力不足和产品附加值提升有限，企业仍然缺乏新的投资热点。

**3. 政府投资仍然有所作为，但是力度会有限**

随着“4 万亿”投资计划的结束和由此带来的影响，中央政策刺激力度会不断减弱，财政预算赤字较前两年有所减少，表现为中央政府投资不断放缓。这从固定资产投资完成额同比增幅可以看出。2008 年 12 月，中央资产投资同比增幅为 30.40%，2009 年 12 月为 20.5%，2010 年 12 月为

10.1%；受“4万亿”投资结束的影响，到2011年12月，这一数值下降为-9.7%，比2010年同期下降19.8个百分点；2012年1~7月一直呈负增长状态。还可以从固定资产投资完成额中央项目占比看出。2008年12月，中央投资比重为11.5%，2009年12月为10.7%，2010年12月仍占9.4%，而2011年12月这一比重降至6.7%，到2012年9月降至5.3%，显然中央政府在投资中作用在逐渐衰减。而地方政府的投资比例虽然在增加，但是地方政府融资能力不足的问题日益凸显。从固定资产投资完成额地方投资同比增幅来看，2008年12月为26.1%，2009年12月为31.7%，2010年12月为26.2%，2011年12月为27.2%，2012年9月为21.8%。显然，依托土地财政的模式不具有可持续性。地方政府融资平台风险也不断暴露出来。因此，地方政府尽管具有丰富的项目储备，但必将遇到融资压力和财政风险的考验。尤其是当前房地产调控给地方土地财政带来压力。前期“4万亿”导致地方投资能力的透支，都对地方政府下一步投资形成严重挑战。

**4. 投资变化将增加通胀预期，影响资产价格波动**

新一轮投资必然增加市场流动性，如果投资的资金来自已有的财富创造支持的资金，而不是依靠央行印钞票发货币放松银根的透资行为，则不会埋下通货膨胀的隐患。但是，当前持续走低的CPI为货币政策的微调提供了空间，可以保证央行在释放流动性的同时不引起严重的通胀，这就为央行宽松货币政策创造了空间。数据显示，2012年第1季度中国的名义GDP增长是10.36%，货币供应量M2增长13.4%，货币供应量增长超过名义GDP增长3.04个百分点，虽然不能说是积极的货币政策，但显然已偏离“稳健”水平。1~8月新增贷款6.1万亿元。为了稳增长，下半年可能会继续保持较快新增贷款规模，如果后四个月继续保持8月份7000多亿元的信贷规模，2012年全年信贷投放将超过8万亿元，仅次于世界经济危机爆发以后2009年的9.59万亿元信贷投放。可是当前的经济形势与2009年完全不同，当前经济最大的问题不是“缺钱”，而是缺乏如何有效引导民间资本进入投资领域。如果过分看重央行在稳增长中的作用，未来的通胀上升就在所难免，而且很可能造成低增长、高通胀的滞胀局面。

8 月份新增贷款超预期地达到 7039 亿元，同比多增 1555 亿元，还是不免让人担心。如果货币政策一再宽松，只会加大通胀预期，增大市场的流动性，进而推升资产价格，使得当前严格调控下的房地产市场陷入困境。这从 6 月份以来 70 个大中城市房价的逐月回暖就已经得到印证，即使房地产限购限贷政策不放松，依然不能阻挡宽松货币政策下的房价上涨。

**5. 投资变化增加金融风险，尤其是地方债务风险**

“稳增长”使得地方政府掀起新一轮投资高峰，地方政府已经纷纷推出地方版的刺激计划，据统计，总规模已经超过 10 万亿元，这让人不无担忧地方政府正在掀起新一轮借债高峰。而中国地方政府债务究竟有多大？最具权威性的是国家审计署公布的数字，截至 2010 年底，地方政府的债务总额达 10.7 万亿元。按此比例，估计（此后中国再没有披露有关地方贷款规模的详细情况）到 2011 年底，中国地方政府的债务总额在 12 万亿元左右。2012 年为了保增长将进行大规模借贷，因此，到 2012 年底，中国地方政府的债务总额保守估计将突破 15 万亿元。而地方政府大举借债主要途径就是土地抵押获得商业银行巨量的贷款。在中央政府房地产调控政策一直收紧，地方政府土地财政急剧萎缩的环境下，地方政府、企业以及一些开发商的不当投资和错误投资（如鄂尔多斯的“鬼城项目”）正在给中国经济埋下巨大的隐患。当大量的地方政府投资项目和企业投资不盈利或亏损，而银行贷款到期不能偿还时，巨额的坏账最后会拥挤到银行，形成系统性的债务危机。

## 六　终端需求与未来投资趋势

需求决定着供给，需求的规模决定着供给的规模，需求的结构决定着供给的结构。而终端需求，即最终消费需求，是指全社会的消费者最终使用或消费社会总产品，实际上是居民消费需求，它的规模极大程度上影响投资的规模。终端需求既包括国内居民还包括国外居民的消费需求。2012 年外需形势依然严峻，内需动力依然不足，都极大影响投资积极性，而终端需求结构的改变也为投资结构带来变动。

**1. 外需形势依然严峻，影响外商投资积极性**

外部需求是外向型经济发展的原动力。近十年来，中国对外贸易年均增长 21.7%。自 2009 年起，中国连续三年稳居全球对外贸易第二大国的位置，强劲的外贸出口带动外向型企业投资的上升。

但是，从 2012 年 1~9 月中国外贸进出口金额同比来看，1~9 月，外贸进出口金额同比增长 6.2%，低于上年同期 18.4 个百分点，而出口金额同比增长 7.4%，低于上年同期 15.3 个百分点。可见，外需形势依然严峻。未来外需不振的情况并不会有明显改变，尽管进出口情况可能会好于 1~9 月，但改善将十分有限。外需形势的继续严峻，使得国内企业投资尤其是外向型企业的投资将更趋谨慎。这从外商对华投资可以看出，1~9 月，全国新批设立外商投资企业 18025 家，同比下降 11.7%；实际使用外资金额 834.2 亿美元，同比下降 3.8%。9 月当月，全国新批设立外商投资企业 2248 家，同比下降 6.4%；实际使用外资金额 84.3 亿美元，同比下降 6.8%。与此相反的是境内对外投资活跃，1~9 月，我国境内投资者共对全球 126 个国家和地区的 2941 家境外企业进行了直接投资，累计实现非金融类直接投资 525.2 亿美元，同比增长 28.9%。

**2. 内需动力依然不足，制约投资的进一步扩大**

内需分为居民需求和政府需求。在年度国民经济核算中，居民消费占比最重，所以仅以居民最终消费来谈内需。从中国社会消费品零售总额名义增速可以明显看出，近年来中国居民的内需消费依然不旺，假如剔除通胀因素则实际增幅更低。2012 年 1~9 月，社会消费品零售总额同比增长 14.2%，比上年同期低 2.9 个百分点，其中，城镇消费比农村消费同比增速更慢。内需的严重不足很大程度与高房价持续运行对中下层居民的消费挤出以及收入分配的不公有很大关系。

2008~2009 年，房地产过度投资导致房地产泡沫严重。2009 年，无论是商品房成交量还是销售额、房价涨幅，都创下了历史纪录。其中，新房成交价格涨幅第一次超过了 20%，达 24%，以至于 2009 年 12 月《福布斯》评选全球七大金融泡沫，中国房地产位列第二位。显然不能再依赖房地产投资对中国经济的拉动，真正的投资还是应该回归到制造业上。

收入分配不公也是造成内需严重不足的重要因素。大量国有企业依赖行政垄断获取高额利润却将利润大都留存下来。尽管2007年以来，国有企业将其经营利润按照5%～10%的比例上缴国家财政，称之为“国企红利”，但即使比例如此之低地上缴，其中绝大部分还被低效率地投入到“取之国企、用之国企”的怪循环中。这种分配的不公影响终端消费整体水平的提高，进而影响投资。

**3. 需求结构的变化影响投资的结构变动**

随着中国人均收入水平的增长，居民的消费结构也在发生变化，进而影响投资的结构变动。“十一五”期间，城镇居民收入年均实际增长9.7%，居民消费全面升级，消费结构有所变化，作为基本生存需要的食品、衣着和其他用品类消费占总消费支出的比重趋于基本稳定，而交通和通信、家庭设备用品及服务支出所占比重逐渐提高。“十一五”期间，城镇居民的食品支出占消费支出的比重（恩格尔系数）从2005年的36.7%下降至2010年的35.7%；衣着及个人用品支出增长较快，比重略有上升；人均居住支出也有较大幅度增长，年均增长10.5%；交通支出增长迅速，汽车拥有量大幅增加，每百户城镇居民家庭家用汽车拥有量年均增长31.1%；教育文化娱乐消费增长，城镇居民人均文化娱乐服务支出年均增长17.9%；旅游及参观游览等休闲方式越来越为大家所接受和热爱，城镇居民人均团体旅游和参观游览支出分别年均增长18.7%和19.5%，旅游消费仍有巨大的增长潜力；通信消费成为亮点，城镇居民人均通信服务支出年均增长8.6%；家庭设备用品更新较快，城镇居民人均家庭设备用品及服务支出年均增长15.3%；居民保健意识增强，医疗保健支出稳步增长，城镇居民人均医疗保健支出年均增长7.7%，占总消费支出比重为6.5%。这些需求增长快的领域将成为投资调整的方向。另外，长期以来政府对于民生的欠账也会随着改革的深入和体制的完善而不断得以改善，增加这些方面的投资。

综上所述，外部需求和消费需求在未来一段时间都难以有较明显的改善，但是出于稳增长的需要，政府会逐步增加基础设施类和民生项目类投资，加之经济低位徘徊已久，内生地要求扩大更新性投资，从而将导致

2012 年第 4 季度和 2013 年投资增速提升。据我们估算，2012 年第 4 季度固定资产投资增速将达到 21.5% 左右，全年约达到 20.7%；2013 年固定资产投资将超过 22.5%，投资稳定经济增长的作用将进一步增强。

## 七　政策建议

当前，以投资为政策着力点，有效扩大社会需求，稳定经济增长具有重要意义。投资能够对经济起到重要的拉动作用，但投资增长并不是经济运行的最终目标，如果只是为了拉动经济而投资，这种投资很可能对后续的经济发展造成拖累。当前扩大投资，更重要的是要促进产业升级和经济转型，促进经济的可持续发展。更多依赖民间资本的投资，而不是依赖政府，形成“投资发力”而不是“投资依赖”。尽管如此，在外部需求低迷、消费短期内难以独自支撑大局的背景下，稳增长离不开稳定投资。因为投资既表现为在生产形式上对生产资料的消耗，又表现为在贸易形式上销售或进口的扩大，还表现为在收入分配上对劳动者工资的增加，部分工资再转化为消费。短期内，投资拉动经济增长的模式在中国还难以转变，投资仍是拉动经济增长的主要动力。但是关键是投资要注重投向、结构以及投资的质量和效益，协调好眼前以及长远的利益，协调好投资效率与改善民生的关系。关键在于要通过改革和体制机制的完善，增强投资行为的内在约束，提高投资的质量和效率，避免低水平盲目投资。由于以投资稳增长是必由之路，为了充分利用投资对增长的带动作用，同时努力化解和减少投资带来的一些矛盾和问题，本章建议投资政策要努力做到以下几点。

**1. 切实落实中小企业投资政策，促进民间投资增长**

以政府主导的投资拉动经济见效快，但可能存在低效率和不可持续的问题，一旦减缓就可能带来经济增长的停滞。目前，中国国有经济主要集中在基础产业和重要装备制造业，普通消费品的生产主要靠民营企业，而民营投资对提高居民消费率的影响更大，因此，提高民间投资的比重对增强消费对经济拉动作用的促进意义最为明显。要通过推动金融、财税等制度改革，进一步发挥民间投资的作用；切实落实“新 36 条”，促进民营企业扩大投资；真正破除“玻璃门”与“弹簧门”；限制国有垄断部门的过度扩张，严格规定其经营范围，将竞争性行业都交给民营资本。

另外，中小企业想要更好地解决融资问题，还需要解放思想，积极拓宽融资的渠道，不仅仅只是依靠银行的贷款，更要积极发行企业融资券、中期票据等。政府也要鼓励银行等金融机构革新金融产品，有方向地、有针对性地给民营企业提供一些产品帮助。政府可以考虑为中小企业提供信用担保，放宽政策，做强小额贷款公司，助力民企融资。

**2. 优化投资结构，加大对消费和民生类投资力度**

优化投资结构重点要构筑投资与消费良性互动机制，重视民生类投资。加大有利于改善城乡居民消费环境的基础设施投资，满足广大人民群众消费结构升级及其对相关投资的需求。改善民生是经济发展的最终目的，尽管教育、水利、环境等方面的民生投资对经济增长的短期影响没有那么显著，但民生投资通过人民生活质量的提升间接影响经济增长，而且还会为未来经济发展提供动力。因此，加大民生投资的力度，是保障经济社会和谐稳定的重要途径。增加公共财政用于教育、医疗卫生、社会保障和就业、文化方面的民生投资支出，应向农村倾斜，向老、少、边、穷、后发地区倾斜，侧重向困难地区倾斜，促进基本公共服务均等化。

严格限制高耗能投资，依据《2011 年产业结构调整指导目录》的要求，严格限制“两高一资”行业、落后和过剩产能的项目的审批，积极引导高加工度行业的投资实现快速增长，实现投资结构优化升级，并逐步带动投资进入新一轮增长周期。

推动房地产开发投资的稳定增长，但要避免房地产公司套取银行资金。增加对房地产新建项目的信贷，促进房地产开发公司拿地开发，扩大住房供给，但要严格控制信贷资金的实贷实付和专款专用，避免被开发公司挪作他用。

**3. 健全地方政府融资机制，发挥政府投资积极引导作用**

针对地方债务风险，应健全融资机制，妥善处理地方政府债务偿还和在建项目后续融资问题。继续规范地方政府投融资平台公司的运营，建立地方债务融资总量控制机制，督促各地政府成立统一的债务管理机构，将地方政府债务纳入预算管理，健全政府投资决策机制和融资约束机制。完善地方债试点相关管理体系，强化对发债的全程监督，实行信息披露的机制。积极探索信托融资、产业投资基金、股权基金、政府投资项目资产证券化等多元化融资方式。发挥政府投资的积极引导作用，支持战略性新兴产业健康、有序发展。用好政府投资，促进民生改善和战略性新兴产业发展。

**4. 强化投资项目的可行性研究，实施严格监督和稽查**

解决投资结构不合理、投资效率低下的问题，必须重视投资的生产属性，而不仅是关注投资的需求属性。强化投资生产属性，就是要强化投资项目的可行性研究，在投资项目的空间布局和技术选择上下工夫。政府只负责环境、土地、规划等方面的审批，经济方面的决策应交给企业，政府应不干预。对影响投资决策的因素如各种税收、基础产品价格、土地政策等，政府应尽快使之合理化或给出明确的改革方向，以避免因这些因素的扭曲导致投资布局的失误，或因政策发生变化而使前期合理的投资变成不合理的投资。

适度控制新开工项目的过快增长。严格实施项目监督和稽查制度，一旦发现工程质量问题，必须依法予以严惩，提高投资质量和效益。

## 参考文献

〔美〕多恩布什·费希尔、斯塔兹：《宏观经济学（第十版）》，王志伟译，中国人民大学出版社，2010。

〔英〕《经济学家》主编《21 世纪的经济学》，中国金融出版社，1992。

〔英〕凯恩斯：《就业、利息和货币通论》，李欣全译，南海出版社，2007。

宋立：《后危机时期中国经济发展趋势与需求结构变化》，《凤凰财经》2010 年第 10 期。

胡少维：《扩大投资不仅在于稳增长更在于调结构》，《金融与经济》2012 年第 8 期。

耿修林：《固定资产投资对产业结构变动的影响分析》，《数理统计与管理》2010 年第 6 期。

国家发改委投资研究所课题组、程选、岳国强：《“十二五”固定资产投资结构变动估计》，《中国投资》2010 年第 1 期。

# 第八章
# 被动储蓄情形下的居民消费

## 一　引言

消费的稳步增长是宏观经济长期稳定增长的保证。目前，GDP 增速在 2012 年前三季度连续下降，经济增长率下挫已经成为最受瞩目的宏观经济问题。为在短期内实现经济增速的回升，宏观政策的首选影响对象仍是投资需求。但是，消费需求的重要性也在上升。其一，消费需求是总需求的重要组成部分，消费需求不足将直接制约总需求的扩张。其二，所有的投资最终都要转化为消费，无论是为了避免产能过剩，还是为了实现经济结构的调整，都要以居民的消费需求为落脚点。其三，政府的政策以社会福利为最终目标，而社会福利的最主要部分是居民消费所产生的效用。因此，政府的宏观调控政策需要依托当前的消费形势，并解决消费领域中的突出问题。本章对过去的消费走势进行了分析，并重点分析了从 2011 年第 4 季度到 2012 年第 3 季度的消费形势。总体来看，当前的消费增速仍较稳定，但是，消费的增长主要由居民收入增长带动，居民的消费倾向，尤其是城镇居民存在下降趋势。本章认为，当前居民消费倾向下降的主要原因是被动储蓄过高。一方面，住房价格的持续高位运行和过高的社保基金积累形成居民的被动储蓄；另一方面，消费金融的滞后又使得居民难以对被动储蓄进行调节。因此，我们认为，被动储蓄是导致中国居民，尤其是城镇居民消费潜力未得到充分释放的主要原因。为刺激消费，短期需要推进消费金融的发展，以抵消被动储蓄的影响；长期需要改革社会保障制度、平抑住房市场价格，以降低被动储蓄的规模。

## 二　居民消费与消费潜力

2011～2012 年的居民消费保持增长趋势。由于 2011 年的高通货膨胀势头在 2012 年得到遏制，所以 2012 年的居民消费名义增速开始放缓，并显著低于往年增速。但是，居民的消费潜力仍然存在。由于 2012 年中国居民消费的实际增速并没有下降，反而在第 3 季度显著回升，所以，长期来看中国居民仍有较高的消费潜力。

**1. 稳定的实际消费增速表明存在消费潜力**

从中国居民消费的总体情况来看，当前最突出的现象是名义消费增速的下降。我们以未扣除价格因素的社会消费品零售总额月同比增长率代表居民消费的名义增速。由于中国的通货膨胀压力在 2011～2012 年急剧逆转，所以居民消费的名义增速不可避免地出现较大幅度的下降。如图 8-1 所示，从 2012 年 1 月、2 月起，居民消费的名义增速呈明显下降趋势，直到 2012 年 7 月才止住增速下降的趋势，并在 9 月出现较明显的回升，但仍低于 2011 年的名义增速。这表明随着物价水平得到控制，名义消费需求由之前快速增长的转为较慢的增长。

但是，中国居民消费的实际增速仍然保持稳定。我们以扣除价格因素之后的社会消费品零售总额月同比增长率代表居民消费的实际增速。如图 8-1 所示，由于节日因素，我国的消费增速会在年末出现增长高峰。在扣除 2011 年 11 月至 2012 年 2 月经历的季节效应之后，消费实际增速从 2012 年 3 月起便恢复稳定增长趋势。到 2012 年第 3 季度，居民消费的实际增速已经恢复到 2011 年的水平并稳步上升。

通过将时间跨度延长，可以发现中国居民消费的实际增速保持着较为

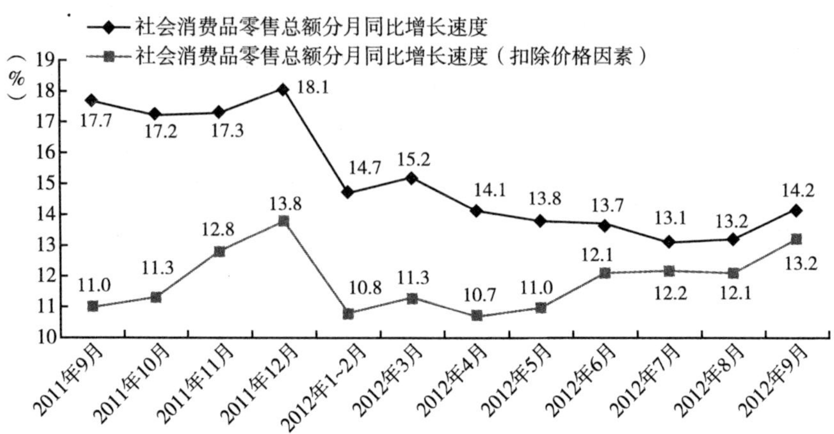


**图 8 -1　2011 年 9 月至 2012 年 9 月社会消费品零售总额月同比增长率折线**

资料来源：中经网统计数据库。

稳定的中长期趋势。我们将时间延伸至 2010 年 1 月。由于国家统计局在 2011 年 8 月及之前没有公布扣除价格因素之后的社会消费品零售总额月同比增长速度，所以我们将社会消费品零售总额扣除 2011 年 1 月为基期的同比价格指数，以之代表居民消费的实际规模并计算消费的实际增速。为避免价格指数选择错误引起偏差，我们分别用居民消费价格指数和零售价格指数来计算实际居民消费。如图 8 -2 所示，扣除不同价格指数后的居民消费增速几乎重叠。可以发现，尽管由于缺少 2012 年 1 ~2 月份的月度数据而未能计算 2012 年 1 ~3 月份的居民消费实际增速，但是扣除不同的价格指数后的实际居民消费增速有着相同的结果，即与 2010 年和 2011 年同期相比，2012 年的实际居民消费增速的波动区间没有明显变化。

相对于名义消费增速在 2012 年上半年的显著下降，实际消费增速未受到大的冲击。我们认为，名义消费增速与实际消费增速的不同走势意味着消费现状与消费潜力的偏离。短期来看，由于存在货币幻觉，名义增速可以影响消费者的实际感受，并通过居民的消费选择影响总需求。长期来看，货币呈中性，实际增速代表着总需求的真实变化，并决定宏观经济的总产出，标志着消费的真实潜力。因此，我们认为，虽然当前的名义消费

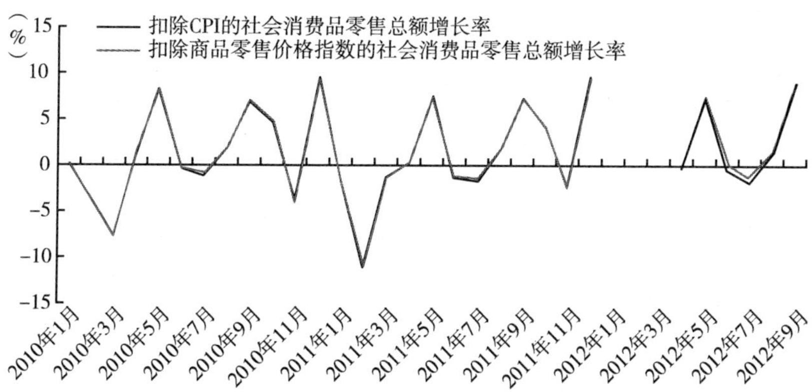


**图 8－2　2010 年 1 月至 2012 年 9 月社会消费品零售总额实际环比增长率折线**

资料来源：根据中经网统计数据库计算而得。

增速降到较低水平，但是消费潜力仍然存在。

**2. 消费者信心指数的差异表明消费潜力未得到充分释放**

居民消费现状与居民消费潜力的差异会反映到消费者对经济景气程度的评价当中，形成当前评价与未来预期的显著差异，为此，需进一步观察消费者的预期。一般认为，消费者信心指数接近于对未来理性的预期，因此，进一步观察消费者信心指数的两个组成部分——消费者满意指数和消费者预期指数，前者是消费者对经济现状的评价，后者是消费者对经济前景的评价。

目前，中国的消费者满意指数和消费者预期指数出现较大的偏离，前一指数大幅落后于后一指数。如图 8－3 所示，2011 年 2 月之前，消费者满意指数与消费者预期指数大体一致，但是从 2011 年 3 月开始，消费者满意指数与消费者预期指数之间开始出现较大差距，这一差距从 2011 年 7 月开始迅速扩大，尽管之后的消费者满意指数与消费者预期指数仍然维持着相近的走势，但是二者之间的差距始终较大，直到 2012 年 6 月起才略有缩小。值得注意的是，2012 年 6～7 月的消费者满意指数与消费者预期指数差距缩小主要来自消费者预期指数的减少，消费者满意指数并未出现明显的回升。从 2012 年 8 月起，消费者满意指数与消费者预期指数差距再度出现扩大趋势。

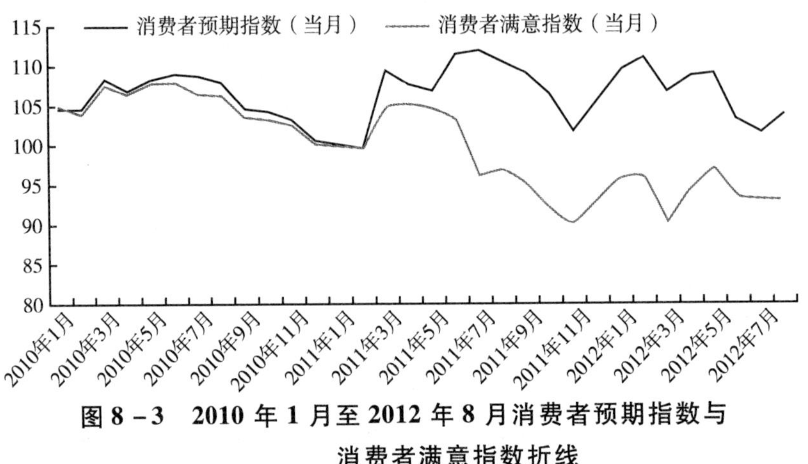


**图 8-3　2010 年 1 月至 2012 年 8 月消费者预期指数与消费者满意指数折线**

资料来源：中经网统计数据库。

由于消费者满意指数体现了消费者对当前经济生活的评价，消费者预期指数体现了消费者对未来经济生活变化的预期，所以，两个指数的偏离表明消费者对现状与未来的不同态度：就现状而言，消费者比较悲观，但是对于未来的预期，消费者比较乐观。在乐观预期之下，消费者认为未来风险较低，从而降低当前的储蓄意愿，从而形成消费潜力。但是，由于消费者对现状仍呈较为悲观的评价，所以居民消费的潜力难以充分释放。

## 三　被动储蓄与消费潜力

消费潜力受到抑制的原因是多方面的，由于居民消费与大多数宏观经济、社会变量均有关联，所以当前的消费问题是众多因素的复合结果。在当前制约消费增长的诸多经济因素中，被动储蓄是最重要的原因，而当前不完善的消费金融体系使得居民难以对被动储蓄进行调整，从而使得居民储蓄维持在较高水平，相应地，居民的消费倾向难以提高。

**1. 居民存在被动的储蓄增长**

消费和储蓄是家庭收入的两个组成部分，消费潜力被抑制的结果必然是高储蓄率，而中国的高储蓄率现象是长期以来备受关注的问题。对于中国长期以来储蓄率过高的现象，学界提出各种解释，如经济体制改革引起的支出预期变化、收入分配差距对低收入群体支付能力的制约、企业和政府挤压私人储蓄、商品匮乏时期的记忆等。但是，对当前的宏观经济而言，最突出的原因则是居民消费受到外部因素抑制而带来的被动储蓄。

（1）乐观的未来预期未能改变消费倾向的下降趋势

消费者满意指数和消费者预期指数的背离意味着中国居民当前的消费规模低于消费意愿。具体到 2011 ~ 2012 年的消费形势，较高的消费者预期指数意味着消费者认为未来的收入或财富可以满足其未来的消费需要，面临的风险也较低，从而存在降低当前储蓄、增加当前消费的意愿，但是现实情况是，未来的乐观预期并未减少储蓄并带来当前消费的提高。如图 8 -4 所示，2010 年第 1 季度到 2012 年第 3 季度，农村消费倾向没有明显变化，而城镇消费倾向出现较为明显的下降。

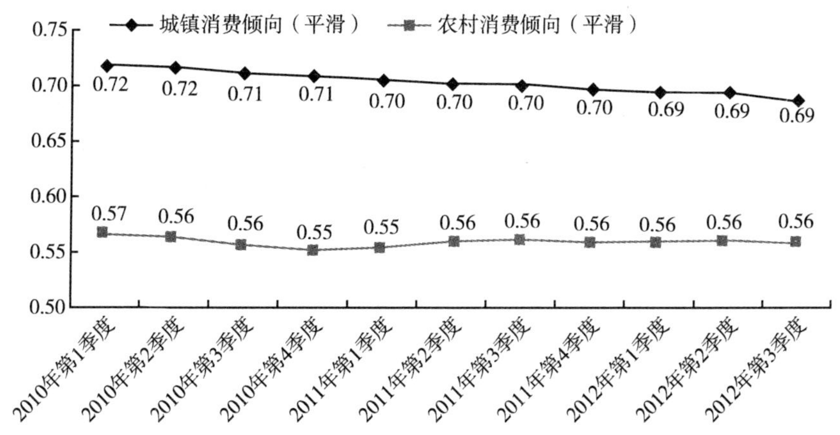


**图 8 -4　2010 年第 1 季度至 2012 年第 3 季度的城镇与农村消费倾向折线**

注：1. 城镇居民消费倾向取居民消费性支出占可支配收入的比重，农村居民消费倾向取生活消费现金支出占全部现金收入的比重。2. 平滑方式为上溯三年与本年度消费倾向的移动平均。

资料来源：根据中经网统计数据库有关数据进行计算而得。

（2）消费倾向的下降难以用居民收入上升进行解释

尽管城镇消费倾向的下降与城镇可支配收入的增加同时发生，但是城镇消费倾向的下降不能用收入上升带来的边际递减解释。为辨别消费倾向与居民收入之间的关系，避免二者之间的虚假关联，我们以2002～2012年的季度数据进行协整分析。如果消费倾向与居民收入之间存在协整关系，则认为居民收入可以解释消费倾向的变化；反之，则认为居民收入不能解释消费倾向的变化。如表8－1所示，城镇人均消费与人均可支配收入均存在单位根，所以必须考虑二者之间是否存在“伪相关”。进一步进行Johansen协整检验，结果如表8－2所示，城镇人均消费与人均可支配收入之间不存在协整关系。因此，2011～2012年的消费倾向下降不能用居民收入提高来解释，而应当理解为居民消费处于受抑制的状态，家庭存在着非意愿储蓄。换言之，目前中国居民被动储蓄的问题相对突出。

**表8－1　ADF检验结果**

| 变　　量 | 原序列ADF | 5%临界值 | 差分序列ADF | 临界值 |
|---|---|---|---|---|
| 城镇人均消费 | －1.704 | －2.933 | －4.602 | －2.937 |
| 城镇人均可支配收入 | 1.190 | －2.935 | －3.260 | －2.935 |

注：本表根据Eviews 5.0软件计算得出。

资料来源：国研网和中经网统计数据库。

**表8－2　Johansen协整检验结果**

| 协整方程个数假设 | 特征值 | 迹统计量 | 0.05临界值 | 概率 |
|---|---|---|---|---|
| 无* | 0.616935 | 41.57769 | 15.49471 | 0.0000 |
| 最多1个 | 0.007346 | 0.317063 | 3.841466 | 0.5734 |

注：本表根据Eviews 5.0软件计算得出，*为通过检验。

资料来源：国研网和中经网统计数据库。

### 2. 造成居民储蓄被动增长的三大原因

中国家庭的被动储蓄包含两部分：一部分是社会保障带来的强制储蓄，另一部分是住房市场带来的被动储蓄。消费金融不足导致的储蓄向上刚性则进一步强化了中国的被动储蓄问题。

（1）过高的社保个人账户比重导致过度的强制储蓄

居民消费通常对应着家庭可支配收入，即居民在支付个人所得税、财产税和其他经常性转移后所余下的实际收入，居民储蓄则是可支配收入中消费之外的部分。在居民消费倾向基本稳定的前提下，居民消费的扩张主要来自可支配收入的扩张，这就需要降低直接税的税负和经常性转移的额度，此时可支配收入一般不包括社会保险收支。但是，在讨论消费与储蓄的关系时，居民收入应当将社会保险个人账户涵盖在内。虽然社会保险费在计算可支配收入时也在扣除之列，但记入个人账户的部分仍属于个人财产，构成个人储蓄的一部分，所以，必须考虑以个人账户为代表的强制储蓄对居民消费与储蓄的影响。

在中国的社会保险中，基本养老保险和基本医疗保险采取"统账结合"的筹资模式，个人账户的储存额只能用于被保险人养老或基本医疗，并且其全部或部分可以依法继承。这表明个人账户虽然是个人储蓄的一部分，但个人不能按自身意愿对其进行调整，其实质是政府对居民实施的强制储蓄。

强制储蓄并非必然带来过度储蓄。即使不存在社会保险，个人也要为抵御养老风险和疾病风险而储蓄，所以需要考虑个人为抵御风险而自愿储蓄的部分是否低于强制储蓄的部分。当自愿储蓄部分高于强制储蓄时，个人会通过增加自身储蓄进行弥补，但是当自愿储蓄部分低于强制储蓄，而个人又无法通过资金借贷进行调解时，强制储蓄会带来储蓄率的上升，从而减少居民消费。

当前突出的问题正是强制储蓄的比重过高。考虑到中国城镇社会养老与医疗保险比较完善，而农村社会养老与医疗保险仍处在起步阶段，我们认为，城镇与农村储蓄率的差异中包含着为克服老年风险和疾病风险而进行的储蓄，所以为养老和医疗而自愿储蓄的部分应当包含在城镇与农村的储蓄率差异之内。2011 年，城镇与农村的储蓄率之差为 14.7%，而缴费额占可支配收入的比重已经接近或超过这一数字。以北京市为例，如表 8-3所示，2011 年北京市记入个人账户的部分占缴费工资的 10.8% ~ 14.8%，即使不考虑所得税因素，以缴费之后的收入作为可支配收入所计算出的强制储蓄比率也达到 12.1% ~17.4%。因此，以个人账户为代表的强制储蓄已经逐渐成为制约消费的重要因素。

**表8-3　2011年北京市社会保险缴费比例**

| 类　别 | 单位缴纳费率 | 个人缴纳费率 | 记入个人账户费率 |
|---|---|---|---|
| 基本养老保险 | 20% | 8% | 8% |
| 基本医疗保险 | 10% | 2% +3 元 | 2.8% ~6.8% |
| 失业保险 | 1% | 0.2% | 无个人账户 |
| 工伤保险 | 1% | 不缴费 | 无个人账户 |
| 生育保险 | 0.8% | 不缴费 | 无个人账户 |
| 合　计 | 32.8% | 10.2% +3 元 | 10.8% ~14.8% |

注：外地城镇户口不参加生育保险，本地农村劳动力个人不缴纳失业保险费。

相对而言，现收现付式的统筹基金对居民消费的影响要小一些。由于因收费而减少的职工工资以退休人员的工资或医疗费用、失业金等形式在未来重新成为居民的收入，所以对居民消费的影响主要通过不同人群的消费倾向差异表现出来，对居民消费的影响远小于资金进入个人账户。

（2）高昂的住房价格使得储蓄效应抵消了财富效应

市场因素导致的被动储蓄主要是由于购买商品时资金门槛的存在。几乎每一种商品的购买数量都是离散的，购买最低数量产品所需的资金就是资金门槛。达不到这一资金门槛的消费意愿不能立即实现，只能通过储蓄积累资金，从而带来被动储蓄。资金门槛的提升则带来被动储蓄的增加。

在资金门槛导致的被动储蓄中，房地产市场占主要地位。目前，中国普通家庭中最有价值的资产为房产，较高的房价使得家庭在购买房产时需要进行较长时间的资金积累，从而带动家庭的储蓄。

住房价格变换并非必然意味着储蓄增加，这是因为住房价格变化对消费的影响由多重效应构成：一是财富效应。房产是家庭财富的重要组成部分，拥有房产的家庭因房价变化而带来财富的变化，进而带来消费的变化。二是结构储蓄效应。房价的上涨使得房地产投机有利可图，家庭的资产配置向房地产倾斜，使得房产成为家庭拥有的主要资产。在房产占家庭资产比重提高的同时，资产总收益率的上升也会增加人们的储蓄意愿，从而放弃部分当前消费。三是被动储蓄效应。房价快速上涨使得低收入群体势必将原本用于购房的资金被动地变为银行储蓄，带来储蓄的增加。为衡量住房价格的具体影响，我们对消费、收入和房价进行回归分析。如果房价的系数为正，那么财富效应与结构储蓄效应占主要地位；如果房价系数为负，那么被动储蓄效应占主要地位。由于房价上涨集中在城镇，所以我们采用城镇居民人均消费性支出和人均可支配收入进行回归，房价取当月的房地产销售价格指数，样本取 2001～2011 年全国的季度数据。

我们对变量的时间序列及其差分序列进行 ADF 检验，结果如表 8－4 所示。结果显示，人均消费性支出和人均可支配收入为一阶单整序列，房地产销售价格指数为平稳序列。

**表 8－4　ADF 检验结果**

| 变　量 | 原序列 ADF | 5% 临界值 | 差分序列 ADF | 临界值 |
| --- | --- | --- | --- | --- |
| 人均消费性支出 | －1. 704 | －2. 933 | －4. 602 | －2. 937 |
| 人均可支配收入 | 1. 190 | －2. 935 | －3. 260 | －2. 935 |
| 房地产销售价格指数 | －3. 875 | －2. 933 | — | — |

注：本表根据 Eviews 5. 0 软件计算得出。
资料来源：国研网和中经网统计数据库。

为避免出现虚假回归，我们进一步检验变量之间的协整关系，采用 Johansen 协整检验，结果如表 8－5 所示。结果显示，变量之间存在一个或两个回归方程。我们认为，由于一阶单整序列只有两个，所以一个回归方程是合适的。

**表 8－5　Johansen 协整检验结果**

| 协整方程个数假设 | 特征值 | 迹统计量 | 0. 05 临界值 | 概率 |
| --- | --- | --- | --- | --- |
| 无* | 0. 897833 | 110. 3863 | 29. 79707 | 0. 0000 |
| 最多 1 个* | 0. 265547 | 19. 14058 | 15. 49471 | 0. 0135 |
| 最多 2 个* | 0. 156239 | 6. 795428 | 3. 841466 | 0. 0091 |

注：本表根据 Eviews 5. 0 软件计算得出，＊为通过检验。
资料来源：国研网和中经网统计数据库。

进一步以人均消费性支出为因变量，以人均可支配收入、房地产销售价格指数为自变量，回归结果如表8-6所示。方程的F统计量令人满意，D.W.统计值也比较理想，因此我们采用这一回归结果进行解释。回归结果显示，房价对储蓄的影响并不显著，这表明在房价上涨的背景下，房地产的被动储蓄效应抵消了财富效应的影响。所以，可以认为房价上升已经造成居民的被动储蓄，并且几乎抵消了由于房地产财富上升对应的消费增长。

**表8-6 消费函数的回归结果**

| 变 量 | 系数 | 标准差 | T统计量 | 概率 |
|---|---|---|---|---|
| 常数项 | -147.7766 | 564.8850 | -0.261605 | 0.7949 |
| 收 入 | 0.661123 | 0.016224 | 40.74868 | 0.0000 |
| 房 价 | 3.413267 | 5.401932 | 0.631860 | 0.5310 |

注：根据Eviews 5.0软件计算得出。其他检验结果为：$R^2=0.975947$，调整后的$R^2=0.974774$，F统计值=831.7966，D.W.=1.807349，赤池信息量=12.89691。

资料来源：国研网和中经网统计数据库。

（3）消费金融不足使得储蓄呈现向上刚性

被动储蓄问题在金融市场不完善时尤为突出。主流宏观理论认为，代表性主体对整个生命周期的消费进行最优化决策，如果存在完全的金融市场，那么可以选择持有与未来风险对应的证券，通过当前证券的静态配置来实现动态最优，或者通过动态安排资金借贷来实现动态最优。但是，中国的金融市场并不完善，一方面，股票市场面临的风险与未来经济的风险几乎完全脱节，其他的证券市场又不发达，几乎不可能根据最优消费计划选择相应的证券；另一方面，中国的银行贷款主要面向企业，居民贷款比重低，家庭难以通过银行借贷来实现最优消费计划。

证券市场和信贷市场的不完善使得消费金融发展严重不足，对人们安排生命周期中的最优消费几乎难以发挥作用。不但如此，消费金融的不足和被动储蓄一起带来居民储蓄的向上刚性，即容易增加而难以减少。以信贷渠道为例，中国居民可以便利地进行存款，但是不能便利地获得贷款。这就使得当人们面临风险或其他因素而试图增加储蓄时，可以很容易地办理存款，但是当人们认为未来风险下降而试图减小储蓄时，由于难以获得贷款，就只能减少储蓄存款。当储蓄存款分别对应不同的储蓄目标时，储蓄存款的减少只能以为特定目标而储蓄的额度为限。即使特定目标下的自愿存款已经为零，仍然会在居民储蓄中存在强制储蓄与被动储蓄部分，从而使得包括强制储蓄与被动储蓄在内的总储蓄倾向难以减少。

为降低强制储蓄与被动储蓄的影响，需要完善消费金融体系并增加其规模，但是，目前中国的消费金融仍未得到充分发展，而在消费金融体系中居主要地位的消费信贷正逐步减少其相对影响力。我们用消费贷款占住户全部贷款的比重来代表消费信贷在银行体系中的地位，如图8－5所示。2010～2012年，消费信贷的相对规模呈下降趋势。消费信贷的下降，使得人们难以通过信贷来抵消被动储蓄的影响，从而加剧被动储蓄的向上刚性。

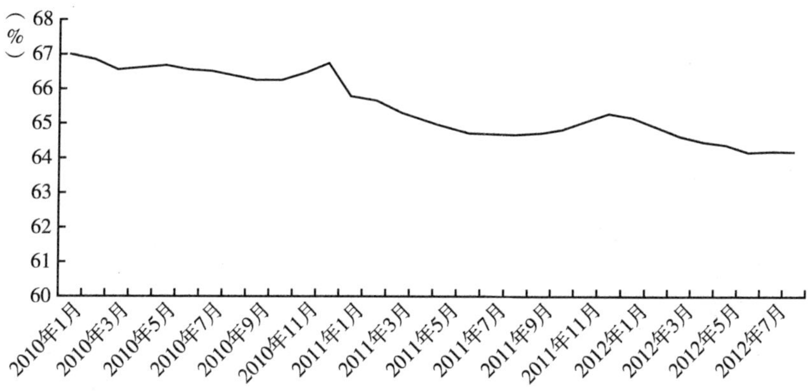


**图8－5　2010年1月至2012年8月住户境内消费性贷款占全部贷款比重**

资料来源：中经网统计数据库有关数据进行计算。

消费金融不足的现象在中长期更为明显。我们仍然以金融机构本外币消费性贷款作为消费金融的代表，并考察每月贷款余额对上年的同比增长，如图8－6所示。可以发现，短期消费性贷款的同比增长率从2010年下半年起便相对稳定，下降趋势并不明显，而同期的中长期消费性贷款同比增长率迅速下降。然而，中国的被动储蓄主要由个人账户和住房价格上

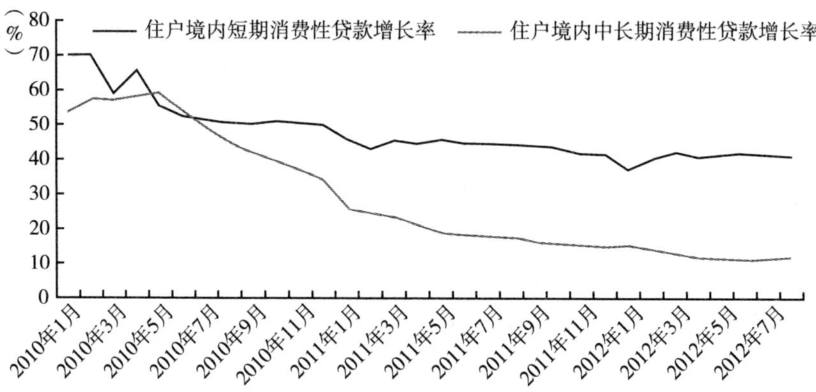


**图 8－6　2010 年 1 月至 2012 年 8 月住户境内短期与中长期消费性贷款增长率**

资料来源：根据中经网统计数据库有关数据进行计算而得。

涨引起，只有通过中长期的消费信贷才能有效缓解。快速下降的中长期消费性贷款增速显然制约着被动储蓄的调整，强化了储蓄的向上刚性。

## 四　消费趋势展望

### 1. 名义与实际消费增速将同步回升

中国的居民消费已经度过了低迷时期，2012 年 9 月，社会消费品零售总额的名义增速和实际增速同步回升。我们认为，这一回升趋势将延续到 2013 年。消费潜力的释放主要源于居民收入的支撑。2010 年以来，城镇家庭人均可支配收入保持较为平稳的增长趋势，农村家庭现金收入尽管有缓慢的下降趋势，但是仍保持着较高的水平。我们认为，2012～2013 年，全国居民的收入水平增速不会有明显下降，消费增速得以维持并提高，而政府的消费刺激政策将逐步释放，使得现实的消费可以逐步赶上消费潜力，从而带来消费名义增速与实际增速的同步回升。

### 2. 货币政策制约消费增速的回升幅度

消费的回升幅度受货币政策的制约。虽然政府的消费刺激政策将促进消费潜力的释放，但是结构化的扩张性货币政策将制约消费刺激政策的效果。一方面，按照《国务院办公厅关于印发国内贸易发展“十二五”规划的通知》（国办发〔2012〕47号）所提出的具体目标，2011～2015年的社会消费品零售总额年均增长率需达到15%，这意味着长期来看政府政策有利于消费潜力的释放；另一方面，房地产调控与社会保障改革的力度会限制回升的幅度。就房地产调控而言，宏观调控使得作为城镇居民财产重要组成部分的房产价格出现高度的不确定性，从而增加预防性储蓄，而潜在的购房人群又因为住房信贷的较强调控力度而增加被动储蓄；就社会保障改革而言，随着社会保障改革的呼声逐步加大，对延长退休年龄和充实养老基金的担忧将使人们更注重未来的政策风险。随着政策风险增加，居民的预防性储蓄同步增加，从而与个人账户带来的强制储蓄叠加，制约消费潜力的释放。

总的来看，未来消费存在增长潜力，消费政策对消费也会起到较明显的刺激作用，具体的方向仍取决于政府调控房地产业与推动社会保障制度调整的决心。但是由于房地产调控和社会养老保险改革仍面临较大难度，消费需求的回升幅度比较有限。所以，我们预测2012年年末的社会消费品零售总额实际月度同比增速会有小幅回升，考虑到季节因素，2012年第4季度的平均增速可达到14%左右，而2013年的社会消费品零售总额平均增速可望达到15%或略高。

## 五　释放消费潜力的政策建议

为实现中国中长期宏观发展目标，居民消费必须得到充分释放。按照《国务院办公厅关于印发国内贸易发展“十二五”规划的通知》（国办发〔2012〕47号）所提出的具体目标，2011～2015年的社会消费品零售总额年均增长率需达到15%。但是，2011～2012年的消费形势显示，只有在通货膨胀处于较高水平时才实现超过17%以上的名义增速，在通货膨胀回落之后，社会消费品零售总额的名义增速迅速降到13%。这表明，在消费政策力度不变的前提下，要实现年均15%的名义增速就必须以较高的通货膨胀为代价，这显然是不可接受的，只能从增强消费政策力度上着眼。如果我们进一步期望消费的实际年均增速达到15%以上，那么由于2011~2012年的社会消费品零售总额实际增速最高只略超过14%，所以消费政策力度需要进一步增强。

**1. 短期对策建议**

（1）明确社会保险改革思路，释放居民预防性储蓄

中国养老保险与医疗保险中包含的强制储蓄带来了储蓄率的上升，但是，由于老龄化社会的到来，养老与医疗保险的资金压力日益增加，以个人账户来实现个人对风险的自我保障是降低社保基金压力与财政支出压力的必由之路。所以，短期来看，克服强制储蓄的着眼点是尽可能降低个人因养老与疾病风险而自发进行的预防性储蓄。然而，目前养老保险改革正处于关口，延长退休年龄的方案迟迟未能出台。这一悬而未决的改革如同"一只尚未落地的靴子"，对风险厌恶的个人而言，只会促使其按照最长的延迟退休方案进行储蓄，从而在社会保障的强制性储蓄之外又增加了居民的预防性储蓄。为释放居民的预防性储蓄，中国政府必须尽快明确并公布社会保险改革的总体思路。

为此，政府可以从以下三点着手：第一，对于个人账户"空账"问题需要给出明确的处理意见，即将其作为名义账户处理还是在一定期限内将其做实。第二，对于是否延长退休年龄需要给出明确的意见，以便养老保险的制度安排与居民个人的预防性储蓄能够匹配。第三，对于事业单位和行政单位的养老保险改革给出具体的实施路径，包括由试点向全国推进的时间表与路线图，避免制度变革不确定性带来的预防性储蓄。

（2）加快保障房建设，释放低收入群体储蓄

高房价导致的被动储蓄难以通过房价的急速下降而自动解决。在目前房地产泡沫已经很高的背景下，几乎不存在迅速降低房地产泡沫而又不影响经济增长的可能性，最佳的路径也只是以经济增长较低幅度下降的"软着陆"。经济下滑会使得人们对未来的收入增长与财富保值抱悲观态度，从而进一步增加储蓄。因此，使整个房地产价格迅速下降并不能克服高房价带来的被动储蓄，而对低收入群体进行的保障房建设反而会更加有

效。通过加快保障房建设，可以在短时期内释放低收入家庭为购买住房而进行的储蓄，从而增加低收入群体消费需求。

为此，政府可以从以下五点着手：第一，需要将保障房与商品房完全隔离，取消保障房在若干年之后的销售许可，避免保障房与商品房市场的重叠。第二，在保障房价格中去除地价因素，以建筑成本作为定价依据。第三，严格住房保障的准入标准，使得住房保障真正落实到低收入群体。第四，降低低收入人群的首付门槛，使得低收入人群不必进行长期储蓄便可以进行按揭贷款，从而消除被动储蓄。第五，适当增加对低收入人群的贷款贴息，以释放低收入人群的储蓄用于消费。

（3）鼓励银行发展消费信贷，降低居民储蓄的向上刚性

为使得居民可以对社会保障与高房价导致的被动储蓄进行调整，中国应当增加并拓宽消费金融渠道。从中国目前的金融体系构成来看，银行处于绝对优势地位，并且保险、信托和证券等行业更侧重于融资，居民难以通过这些行业提前消费未来的收入与财富。因此，短期内只能通过拓宽银行的消费信贷渠道来抵消被动储蓄的影响。

为此，政府可以从以下四点着手：第一，鼓励商业银行与流通企业合作，推动流通企业采用信用消费模式进行交易，包括满足短期消费需求的信用卡金融和分期付款销售。第二，放松对银行消费信贷业务的监管，在监管资本与存贷比等指标的考核时给予消费信贷更为宽松的标准。第三，鼓励银行设立专注消费信贷的分支机构，增加支持消费信贷的网点。第四，鼓励中长期的消费信贷，使得养老风险和住房价格高涨带来的中长期被动储蓄得到重点释放。

**2. 长期政策安排**

（1）逐步降低社会保险个人账户的依赖，提高统筹基金的比例

中国“统账结合”的养老保险和医疗保险模式实现了居民的部分自我保障，对缓解老龄化的影响有着积极作用。但是，个人账户作用越来越向筹集资金倾斜，不但个人账户养老金直接由个人账户中的资金决定，许多省份的基础养老金也取决于个人账户的缴费金额，这使得个人账户的当前缴费与未来收益挂钩，进一步增强个人账户作为一种投资工具的吸引

力。但是，对于低收入人群而言，储蓄主要是收入在满足消费之后的剩余项，个人账户未来收益的上升不能促使其储蓄意愿明显上升，而由于高收入人群可以凭借其较高的缴费在未来要求更高的支出，社会保险压力上升，产生推动个人账户缴费金额上升的动力。因此，长期来看，为控制社会保险个人账户带来的过度强制储蓄，需要逐步降低对社会保险个人账户的依赖，提高统筹基金的比例。

为此，政府可以从以下三点着手：第一，降低个人账户的缴费比例，使得更多的个人与企业缴费进入统筹基金。第二，避免将基础养老金的支付标准与个人账户挂钩，使养老金的支出压力得以缓解并保证其分配上的公平性。第三，将个人账户作为“名义”账户而非“实际”账户，即个人账户主要作为计算社会保险给付的标准，避免做实个人账户所带来的强制储蓄进一步上升。

（2）建立多层次住房金融体系，保证各收入阶层的购房能力

住房是家庭主要的一次性大额支付项目，长期来看，即使房价回归合理区间，居民也需要为购买住房进行储蓄，只是被动储蓄的规模有所下降。虽然目前为了打击房地产投机需求，对住房信贷采取了较为严厉的调控政策，但是要从根本上解决住房带来的被动储蓄问题，只能通过住房金融工具，使得居民的未来收入与财富可以在当前形成住房的购买力。

为此，政府可以从以下三点着手：第一，将住房信贷的首付和利率与收入水平挂钩，形成多层次住房信贷体系，保证低收入群体可以获得较为优惠的住房信贷。第二，鼓励建立专门住房信贷机构，并以证券方式为住房信贷筹集资金，从而将更多的资金吸纳到住房金融体系中，保证住房金融体系有较为充裕的资金。第三，逐步消除政府的隐性担保，同时划定政府在住房金融体系中进行显性担保的界限，避免住房金融对过度储蓄调节力度过大，造成过度消费。

（3）鼓励专业化的消费信贷机构，使消费信贷更加低廉与便捷

为抵消社会保障个人账户与住房价格带来的被动储蓄问题，必须保证人们能够采用金融工具将未来的收入与财富转化成现实购买力。除住房金融等工具之外，消费金融也是不可或缺的。相对于传统的商业银行，专业

消费金融公司手续简便，要求的担保条件较低，专业化程度较高，更有利于推动消费金融的发展。因此，需要进一步鼓励专业化消费信贷机构的发展与壮大。

为此，政府可以从以下三点着手：第一，鼓励消费信贷机构的专业化分工。目前，中国主要的消费信贷仍局限在住房和汽车按揭贷款，家电、教育、旅游、电子商务仍处于起步阶段，可以考虑以适当的监管政策倾斜鼓励专业信贷机构进入这些竞争尚不激烈的消费信贷领域。第二，建立消费信贷支持体系，尤其是加大对消费信贷保险的政策支持力度，通过财政补贴、政府担保等方式重新发展个人消费信贷保证保险。第三，鼓励民间资本进入消费信贷领域，利用民间资本在信贷上的灵活性和信息优势推动消费信贷的发展。

## 参考文献

陈崇、葛扬：《房地产价格波动的储蓄效应研究：1997～2008——基于省际面板数据的实证检验》，《产业经济研究》2011 年第 3 期。

程令国、张晔：《早年的饥荒经历影响了人们的储蓄行为吗？——对中国居民高储蓄率的一个新解释》，《经济研究》2011 年第 8 期。

高波：《房价波动、住房保障与消费扩张》，《理论月刊》2010 年第 7 期。

郭军华：《中国城市化对城乡收入差距的影响——基于东、中、西部面板数据的实证研究》，《经济问题探索》2009 年第 12 期。

韩立岩、杜春越：《城镇家庭消费金融效应的地区差异研究》，《经济研究》2011 年增 1 期。

李承政、杨泰杰：《农村居民边际消费倾向与其影响因素关系的实证分析》，《统计与决策》2011 年第 21 期。

孙涛、黄少安：《非正规制度影响下中国居民储蓄、消费和代际支持的实证研究——兼论儒家文化背景下养老制度安排的选择》，《经济研究》2010 年增刊。

孙章伟：《美国消费金融及其在金融危机中的表现分析》，《国际金融研究》2010 年第 5 期。

田柳、赵军：《收入差距、财富效应与居民消费——基于中国省际面板数据的经验分析》，《中国经贸导刊》2012 年 6 月上。

田双全、黄应绘：《社会收入对西部城乡收入差距的影响——基于 11 省市 2000 户居民的调查数据》，《财经科学》2011 年第 8 期。

王艺明、蔡翔：《财政支出结构与城乡收入差距——基于东、中、西部地区省级面板数据的经验分析》,《财经科学》2010 年第 8 期。

张奎、金江、王红霞、胡迎春:《消费信贷对消费影响作用的实证研究》,《技术研究》2010 年第 2 期。

张学江、荆林波:《中国消费金融服务业发展现状及政策选择》,《南京社会科学》2010 年第 11 期。

张占力:《第二轮养老金改革的兴起与个人账户制度渐行渐远——拉美养老金私有化改革 30 年之反思》,《社会保障研究》2012 年第 4 期。

# 第九章
# 双重冲击下的中国对外贸易

## 一 引言

2011 年，中国的对外货物贸易规模达到了 3.64 万亿美元，年增长率达到了 22.5%，虽然低于 2010 年的 34.7%，但仍然属于维持了较高的增长率。尽管如此，2011 年第 4 季度，中国对外贸易增长速度却出现了明显的下滑。特别是进入 2012 年以来，由于欧洲主权债务危机持续发酵，世界经济复苏乏力，造成了国际市场需求萎缩，再加上国内劳动成本上升等因素的制约，中国外贸延续了 2011 年第 4 季度的下行态势，增速进一步降至个位数，中国的外贸发展形势面临严峻的局面。

中国对外贸易增速下滑很大程度上是受世界经济疲弱的影响，从而贸易调整具有短期波动的特征，世界经济形势的好转将有助于对外贸易恢复增长。然而，中国对外贸易表现不佳也受包括人民币升值在内的综合成本上升的影响，使得贸易调整又具有长期的趋势特征。特别是美国等国实行的“再工业化”战略，也将彻底改变外部需求的规模和结构，对中国对外贸易产生深刻的影响。因此，对当前中国对外贸易的表现以及影响中国对外贸易的因素进行深入的分析，有助于更加深刻地认识当前贸易调整的真正性质，对形成新的对外贸易战略和制定新的对外贸易政策具有重要意义。

## 二　中国对外贸易发展现状

### （一）货物贸易增长速度明显回落，不平衡有所加剧

据海关统计，2012 年前三个季度全国实现货物贸易进出口总额 28424.71 亿美元，同比增长 6.2%。其中，出口 14953.89 亿美元，增长 7.4%；进口 13470.8 亿美元，增长 4.8%。从月度数据来看，除了 2 月份的出口增长率比较高以外（这个月的高增长很大程度是因为 2011 年春节是在 2 月份，而 2012 年是在 1 月份），其他月份的增长速度都是逐月下降的。另外，进口的增长速度多数月份是低于出口增长速度的，这样造成了贸易差额比 2011 年有了较快的增长。虽然在 2 月份出现了 314 亿美元的贸易逆差，但是前三个季度的贸易顺差仍然达到了 1483.06 亿美元，同比增长 38.47%，贸易不平衡程度仍在加重（见图 9－1）。

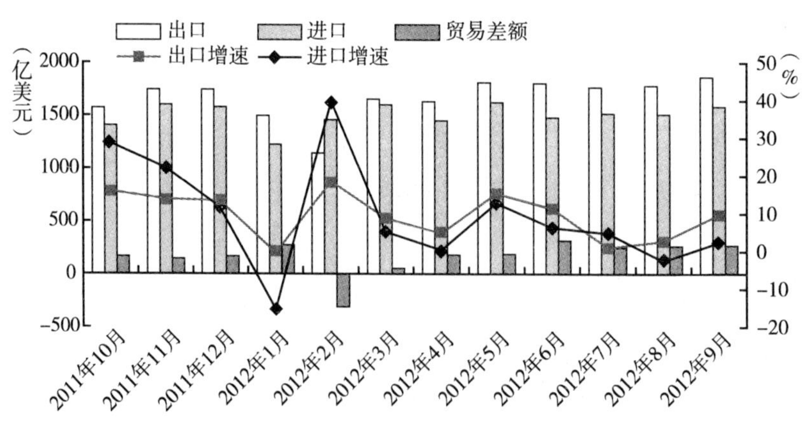


**图 9－1　2011～2012 年货物贸易发展情况**

资料来源：中国海关总署网站。

### （二）服务贸易增速平稳，但逆差有所扩大

2011年，中国服务贸易进出口总额首破4000亿美元，再创历史新高，年增长率为18%，出口和进口继续稳居世界前列。2011年，中国服务进出口总额继续居世界第四位（前三位依次为美国、德国、英国），出口居世界第四位（前三位依次为美国、英国、德国），进口居世界第三位（前两位依次为美国、德国）。中国进出口以及出口、进口世界排名与上年持平。随着世界经济形势的恶化，2011年第4季度以后，服务贸易的增长速度也在下降，但是下降的幅度明显小于货物贸易。2012年上半年，服务贸易进出口规模同比上涨了10.2%，高出货物贸易2个百分点。虽然服务贸易增长速度平稳，但是贸易逆差却在扩大。2011年，中国服务贸易逆差由上年的219.3亿美元扩大至549.2亿美元，同比增长1.5倍。2012年上半年，服务贸易逆差为303亿美元，2012年全年逆差预计会达到650亿美元左右，逆差主要集中于运输服务、旅游、保险服务及专有权利使用和特许费等服务类别；其他商业服务、建筑服务、咨询、计算机和信息服务则实现较大数额顺差。

### （三）市场区域发展不均，与发达经济体贸易增长乏力

虽然三大发达经济体仍然是中国的主要贸易伙伴，但是中国与欧盟、日本的贸易规模增长速度出现下滑，尤其是欧盟。中国与发展中国家特别是新兴经济体之间的贸易规模增长迅速。

从规模上看，欧盟仍然是中国的第一大贸易伙伴，2011年中欧之间的贸易额达到了5672亿美元，全年增速为18.3%。但是从2011年第3季度开始，双方的贸易额的增长速度就开始出现下降。而2012年前三季度，中、欧间的贸易额为4109.88亿美元，同比下降了2.7%，其中中国对欧盟的出口下滑更严重些。受欧洲主权债务危机久拖不决、市场需求萎缩影响，中国对欧盟出口增速从2011年第3季度的18.2%回落到第4季度的6.5%，2012年第1季度对欧盟出口则下降了1.8%，第2季度下降了0.8%，而第3季度中国对欧盟累计出口同比下滑了5.6%。中国与日本的

贸易规模也是出现了大幅度的下滑，同期中、日双方的贸易规模同比下降了1.8%，最主要的原因是中国自日本的进口大幅度下降造成的，前三季度来自日本的进口下降了6.5%。在三大经济体中，美国与中国之间的贸易增长是最好的。前三季度，中、美双边贸易总值为3554.21亿美元，增长9.1%。

与之相对应，中国与新兴经济体的贸易规模却在不断扩大，其中与南非、巴西、俄罗斯的贸易规模增长非常明显。2012年前三季度，中国与南非、巴西和俄罗斯的双边贸易额增长了37.1%、5%和14.2%，分别达到了447.58亿美元、654.21亿美元和661.73亿美元。不仅是贸易规模增长迅速，而且中国前3个季度对上述三国的出口增长速度分别达到10.8%、4.2%和14.5%。在发达国家需求增长乏力的形势下，这种变化对于保持中国出口的稳定增长作用很明显（见图9－2）。

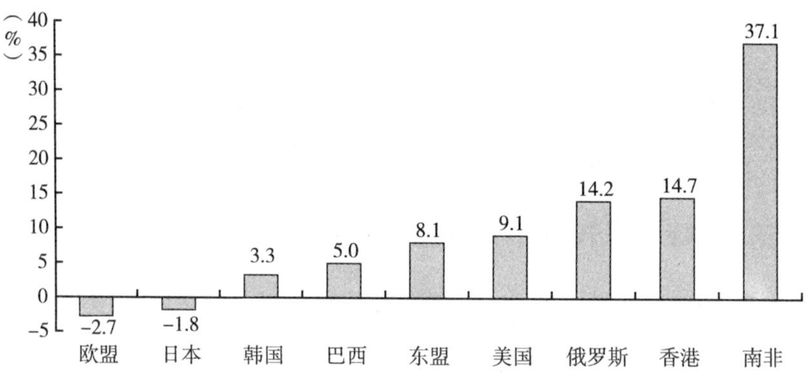


**图9－2　2012年前三季度中国与主要贸易伙伴的贸易增速**

资料来源：中国海关总署网站。

## （四）加工贸易增速下滑剧烈，劳动密集型产品出口放缓

中国被称为“世界的制造工厂”，大部分的工业产品都是通过加工贸易来进行，因此加工贸易在中国对外贸易中的比重一直是超过一般贸易的，其中在2006年加工贸易占中国对外贸易的比重达到了48.8%。但是从2008年开始，由于受金融危机的影响，加工贸易的增长速度在降低，

加工贸易占对外贸易的比重也在下降。进出口总额中，一般贸易进出口14990亿美元，增长5.9%；加工贸易进出口9829亿美元，增长2.2%。出口额中，一般贸易出口7298亿美元，增长8.3%；加工贸易出口6309亿美元，增长3.0%。进口额中，一般贸易进口7692亿美元，增长3.6%；加工贸易进口3520亿美元，增长0.9%。一般贸易项下贸易逆差444.1亿美元，收窄23.6%。同期，中国加工贸易进出口8657.1亿美元，增长2.3%，低于外贸总体增速3.9个百分点。其中出口5566.4亿美元，增长3.5%；进口3090.7亿美元，增长0.4%。加工贸易项下顺差2475.7亿美元，扩大了7.6%（见图9-3）。

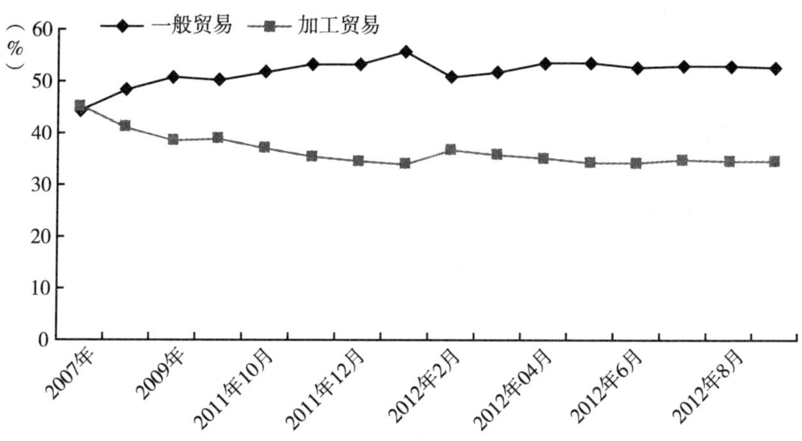


**图9-3　中国各种进出口贸易方式所占的比重**

资料来源：中国海关总署网站。

从前9个月的数据来看，中国的对外贸易出口商品结构也在发生变化。在出口商品中，机电产品出口稳定增长，纺织、服装出口下降。前8个月，中国机电产品出口8548.32亿美元，增长8.3%，高出同期外贸出口总体增速0.9个百分点，占出口总值的57.2%。其中，电器及电子产品出口2999.5亿美元，增长6.1%；机械设备出口2438.9亿美元，增长7.2%。同期，服装出口1160.2994.8亿美元，增长0.7%；纺织品出口710.53亿美元，下降0.2%；鞋类出口346.33亿美元，增长9.5%；家具出口 350.7 亿美元，增长 30.1%；塑料制品出口 230.19 亿美元，增长 38.3%；箱包出口 180.98 亿美元，增长 5.5%；玩具出口 79.29 亿美元，增长 6.4%；上述七大类劳动密集型产品出口值合计占中国出口总值的 20.3%，比重较 2011 年同期回落 0.3 个百分点。

在进口商品中，前 9 个月，中国铁矿砂进口 5.51 亿吨，增加 8.4%，进口均价为每吨 137.6 美元，下跌 16.6%；大豆进口 4430 万吨，增加 17.4%，进口均价为每吨 566.9 美元，下跌 1.4%；初级形状的塑料进口 1769 万吨，增加 3.2%，进口均价为每吨 1965.5 美元，下跌 5.5%。此外，机电产品进口 5752.3 亿美元，增长 2.7%，其中汽车进口 89.98 万辆，增加 25.5%。

## 三　影响中国贸易发展的主要因素

从当前贸易发展状况可以看出，中国在贸易增长速度、贸易结构、贸易国别和贸易方式等方面都出现了较明显的调整，导致中国贸易调整既有世界经济不景气方面的因素，也有中国内部成本上升和经济结构调整导致资源重新配置方面的因素。

### （一）世界经济疲弱导致外需持续萎缩，新兴经济体需求相对旺盛

当前世界经济形势仍然面临诸多变数，特别是国际金融危机导致经济增长模式调整变化的过程极其复杂，世界经济复苏一波三折、增速减缓，面临的下行压力和潜在风险有所加大。世界经济完全走出低谷可能需要相当长的一段时间，复苏前景不容乐观。根据 IMF 最新的经济预测，2012 年全球经济增长速度为 3.5%，低于 2011 年的 3.9%。世界经济不景气使中国对外贸易发展的外部环境有所恶化，也导致中国对外贸易增速放慢。

主要发达经济体的经济不景气导致中国与发达国家的贸易发展缓慢。美国经济依然疲软。2012 年第 1 季度，美国经济增长 2.0%，低于市场预期，第 2 季度经济增长率回落到 1.5%。第 2 季度消费者支出为 1.5%，而第 2 季度商业投资（除住宅建筑）为 3.6%。美国 8 月耐用品订单月率

大幅下降 13.2%，预期仅为下降 4.5%，创过去 3 年以来最大单月降幅。而且目前 8.2% 的失业率仍明显高于危机以前，制约居民收入和消费增长。欧盟的经济已经陷入衰退，而且衰退的程度仍在加深。虽然欧元区在 2011 年全年的经济增长率达到了 1.5%，但是在第 4 季度，欧元区的 GDP 环比却下降了 0.3%，欧元区经济实际上已经开始陷入衰退。2012 年第 1 季度，欧元区实际 GDP 环比零增长，其中，德国增速仅为 0.5%，法国零增长，意大利、西班牙和葡萄牙分别下降 0.8%、0.3% 和 0.1%。欧元区经济第 2 季度环比下滑 0.2%，4 月工业生产指数环比下降 0.8 个百分点，为 2011 年以来月度最大降幅。欧元区就业状况持续恶化，7 月欧元区失业人数比 6 月上扬8.8 万 ~ 1800万人，创下该数据自欧元 1995 年 1 月创建以来的最高点。欧元区消费和投资难以振兴，影响经济复苏，也对与中国的双边贸易造成不良影响。

新兴国家经济有所放缓，但仍维持较高的增长率。巴西 2011 年季度 GDP 增速连续放缓，全年仅增长 2.7%，工业生产第 4 季度同比下滑 0.4%。2012 年第 1 季度 GDP 同比仅增长 0.8%。工业生产进一步收缩，环比下降 0.5%，同比下降 3%。失业率自 2011 年 12 月降至 4.7% 后，2012 年 3 月回升至 6.2%。印度经济连续 8 个季度放缓，2012 年第 1 季度 GDP 增速降至 5.3%——为近 10 年来最低。南非 2012 年第 1 季度失业人数环比增加 28.2 万人，失业率由 2011 年第 4 季度的 23.9% 升至 25.2%。俄罗斯经济形势相对较好，2012 年第 1 季度 GDP 同比增长 4.9%，较 2011 年同期提高 0.8 个百分点。尽管如此，由于国际金融危机爆发后，发达国家需求不振对新兴市场普遍依赖出口的增长模式形成倒逼压力，促使其加快经济结构调整，更多依靠内需保持增长，俄罗斯、巴西、印度注重扩大投资和提升制造业，新兴经济体仍然维持了远高于主要发达国家的经济增长速度，也使得与中国双边贸易维持了较快的发展。

### （二）综合成本上升降低出口贸易优势，劳动密集型产业优势降低

对于出口企业来说，目前面临的难题是综合成本不断上升。首先是用

工成本上升。截止到 2011 年底，全国单位从业人员平均劳动报酬为 41799 元，以不变价格计算全国职工平均工资在近 5 年内上涨了 47%。在过去两年，大部分地区每年上调最低工资标准 20% 以上，2012 年以来又有部分地区继续上调，企业“五险一金”支出也相应增加。从现有的数据可以看出，最近两年的劳动报酬增长速度是下降的，可是企业却感到了巨大的劳动成本上升压力。之所以会这样，是因为实际上在 2010 年之前的年度，劳动报酬的平均增长速度都超过了 10%。因此，即使 2010 年和 2011 年度劳动报酬的增长速度已经开始出现下降，但是由于多年的累积效应，劳动报酬增长带来的压力在最近几年间表现得较为突出，尤其是对利润率比较低的一些出口行业影响更大一些（见图 9-4）。

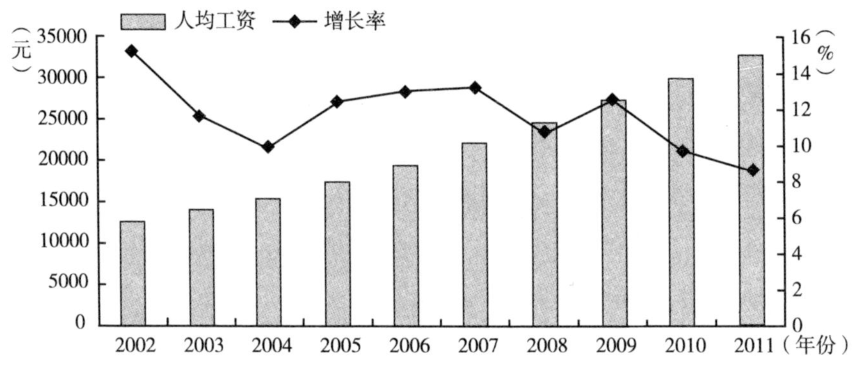


**图 9-4　人均劳动报酬及增长率**

资料来源：中经网统计数据库。

其次，虽然有波动，但多数原材料和能源价格保持在高位，造成出口企业生产成本居高不下。2008 年金融危机爆发之后，国际原材料价格经历了快速回落，但是从 2009 年初开始，国际主要原材料如铜、铁矿石等又出现一波快速上升。在过去的两年间，主要原材料虽然经过了上下起伏的状态，但是与金融危机前相比，原油、铜等能源和原材料的价格都处于高位。以北海布伦特原油期货为例，自 2011 年 9 月份以来，大部分时间里价格都在每桶 100 美元以上，最高上涨到 128 美元/桶，虽然在 6 月份中旬回落到了 89 美元/桶，但是现在的价格又已经上升到了 114 美元/桶。

因为中国需要大量从国外进口原材料和能源，国际原材料和能源价格的高位运行，使得中国工业生产成本不断增加。在过去3年，工业生产者购进价格指数累计上涨19.6%，尽管2012年部分基础原材料价格有所回调，但仍处高位。尽管数据显示从2012年3月份开始，工业生产者购进价格指数变动率已经出现了负数，但是原材料、能源价格的下降还需要一段时间才会出现（见图9－5）。

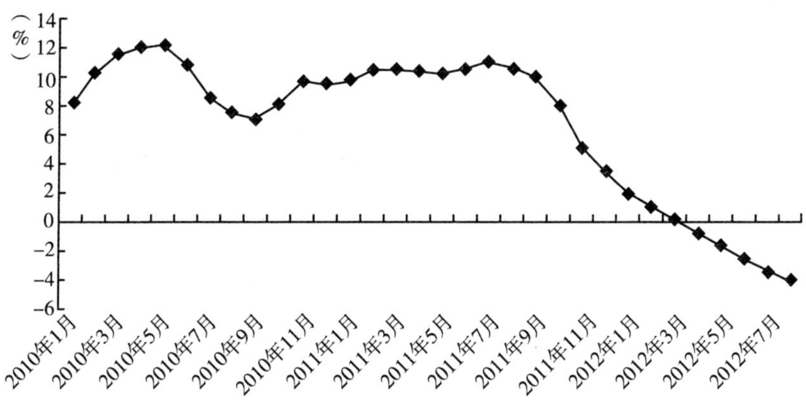


**图9－5　工业生产者购进价格指数变化**

资料来源：中经网统计数据库。

最后是中小微企业贷款难的问题仍很突出，能取得贷款的企业也反映融资成本较高。中国企业家调查系统日前发布的2012年第1季度千户企业经营调查报告显示，当前企业资金紧张状况依然突出，小型和非国有企业选择“民间借贷”的比重相对较高。这其中，中小企业资金紧张情况更为严重，在调查的小型和非国有企业中“资金紧张”的占比均超过50%。全国工商联一项针对中小企业发展情况调查结果则表明，90%以上的受调查民营中小企业表示，实际上无法从银行获得贷款。

## （三）服务贸易结构不合理、竞争力差的局面依然没有改变

由于长期以来对于服务业的忽视造成了中国的服务业发展滞后，这严重影响了中国服务贸易竞争力的提高。虽然政府强调要发展服务业，但是

最近 5 年间，服务业在中国 GDP 的比重不仅没有上升，反而出现了下降的趋势。2007 年服务业占当年 GDP 的比重为46.3%，而2011 年这一比重下降到了 43.1%。服务业的发展滞后造成了中国服务贸易结构不合理。中国服务贸易的结构呈现传统服务业比重较高，现代服务业的贸易比重比较低的特征。其中，运输和旅游两项传统服务业贸易比重超过了 55%，远远高于世界平均水平，而代表服务业发展方向的通信、金融、保险等现代服务业贸易比重过低。这种贸易结构反映出中国服务业内部产业结构的落后（见表 9－1）。

**表 9－1　服务贸易结构变动情况**

单位：%

| 类别 \ 年份 | 2007 | 2008 | 2009 | 2010 | 2011 |
|---|---|---|---|---|---|
| 运输 | 29.57 | 29.00 | 24.33 | 27.42 | 27.56 |
| 旅游 | 26.56 | 25.16 | 28.92 | 28.33 | 28.76 |
| 通信服务 | 0.89 | 1.01 | 0.84 | 0.66 | 0.69 |
| 建筑服务 | 3.28 | 4.80 | 5.32 | 5.50 | 4.38 |
| 保险服务 | 4.58 | 4.62 | 4.48 | 4.92 | 5.41 |
| 金融服务 | 0.31 | 0.29 | 0.35 | 0.76 | 0.38 |
| 计算机和信息服务 | 2.60 | 3.08 | 3.38 | 3.44 | 3.81 |
| 专有权利使用费和特许费 | 3.38 | 3.56 | 3.99 | 3.90 | 3.67 |
| 咨询 | 8.89 | 10.35 | 11.11 | 10.65 | 11.16 |
| 广告・宣传 | 1.29 | 1.35 | 1.48 | 1.39 | 1.61 |
| 电影・音像 | 0.19 | 0.22 | 0.13 | 0.14 | 0.12 |
| 其他商业服务 | 17.89 | 16.05 | 15.07 | 12.30 | 12.01 |
| 别处未提及的政府服务 | 0.56 | 0.52 | 0.62 | 0.59 | 0.43 |

资料来源：国家外汇管理局网站。

服务业发展滞后还造成了服务贸易的竞争力差，并且竞争力呈现下降的趋势。判断贸易竞争力水平，可以采用竞争力指数来反映：

$$TC = (X - M)/(X + M)$$

其中 $TC$ 表示贸易竞争力指数，$X$ 表示出口额，$M$ 表示进口额。如果 $TC>0$，表示竞争力强，值越大竞争优势越明显；$TC<0$，表示竞争力弱，

绝对值越大表示竞争优势越弱。由于中国自 1995 年以来，服务贸易都是逆差，因此竞争力指数一直为负数，尤其是最近 5 年来的竞争力下降速度在加快（见图 9－6）。

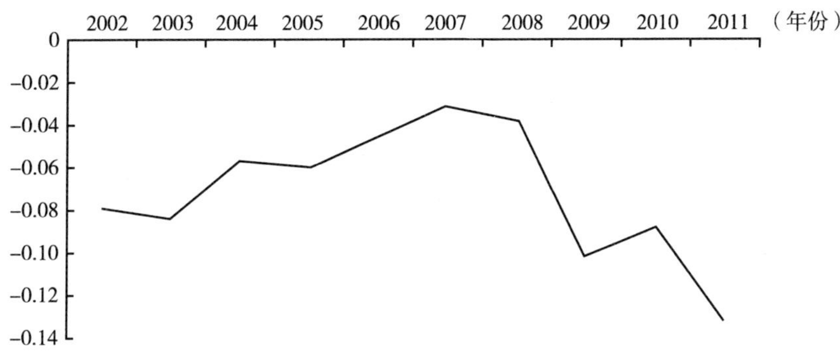


**图 9－6　服务贸易竞争力指数变化**

资料来源：国家外汇管理局网站。

### （四）市场环境恶化，贸易摩擦不断加剧

由于经济危机不断蔓延，世界各国出现了经济增长迟缓甚至下降的情况。在这样形势下，贸易保护主义开始抬头，尤其是在发达国家和新兴国家。中国已连续 17 年成为全球遭遇贸易摩擦最多的国家，摩擦形式不断翻新，涉及产业不断扩大，发起国别不断增加，体制机制性问题逐渐增多。2012 年以来，国外对中国产品发起贸易救济调查 16 起，涉案金额近 30 亿美元，分别是上年同期的 1.8 倍和 2.4 倍，而且新贸易摩擦案件的预警信息不断，严重影响国外进口商和中国出口企业的信心。欧美金融市场功能尚未完全恢复，银行借贷能力受限，进口商资金压力增大，中国出口企业收汇风险上升。

在贸易保护主义不断盛行的同时，关于人民币汇率问题也成为引发贸易摩擦的一个重要来源。尽管很多学者和实业界人士都认为，人民币升值并不能解决美国的贸易逆差问题，但是中、美之间关于人民币汇率问题的争议却一直在持续。在 2011 年，美国国会参议院 10 月 11 日不顾各方反对，通过了《2011 年货币汇率监督改革法案》，要求中国加快人民币升值。目前，由于欧洲债务危机不断发酵，美国国内经济面临复苏乏力的局面，中、美之间的人民币汇率争端稍显缓和。但是一些发展中国家却又纷纷指责中国人为低估人民币汇率，纷纷要求人民币加快升值。2011 年 11 月，巴西就向世贸组织提出要建立汇率反倾销机制，利用关税等手段惩罚汇率操控国。印度的贸易部长也表示人民币的低估已经对印度工业造成了损害。尽管俄罗斯没有对人民币汇率问题提出什么意见，但是俄罗斯政府官员表示欢迎中国增强人民币的汇率弹性、再加上中、日之间突发的钓鱼岛问题使得中、日的贸易往来受到了严重的冲击。中国对外贸易环境恶化的趋势已经不可遏制。

## 四　中国对外贸易竞争力变化趋势

决定一个国家对外贸易是否能够可持续发展的一个关键因素在于该国的贸易竞争力是否得到保持和加强。目前，中国对外贸易的增长速度开始出现下滑，是否意味着中国贸易竞争力的下降？中国主要行业的贸易竞争力变动趋势是什么情况？因此对中国出口行业贸易竞争力发展变化情况的分析，实际上是对中国对外贸易长期发展趋势的分析，这些问题的分析可以有助于制定合理的应对措施，促进中国对外贸易发展，有助于针对当前的外贸发展状况制定出合理的应对策略。

### （一）中国对外贸易竞争优势依然存在，但是有所降低

从总体来看，中国对外贸易仍然具有竞争优势，但这种优势有所降低。从出口规模上看，中国已经是世界的第一大出口国，而且出口增长速度明显高于世界平均水平。根据 WTO 的数据，2005～2010 年全世界的出口平均增速为 3.5%，中国为 13%。2009 年世界出口贸易下降了 12%，中国的出口贸易下降了 10.5%，下降幅度也小于平均水平。2010 年和 2011 年，中国的对外出口增速均为世界平均增速的两倍，2011 年中国的出口贸易额占全世界的贸易总额的比重达到了 10.4%。这些数据表明，

中国出口贸易依然具备相对优势。但尽管数据表明中国相对世界平均水平甚至其他主要国家进出口贸易都维持了较高的绝对增长速度，但是相对增长速度却有所降低。表 9 - 2 显示，2005 ~ 2010 年中国出口增速比世界平均水平高了 9. 5 个百分点，但 2009 年只高 1. 5 个百分点，2011 年只高 4. 3 个百分点。2011 年，进口增长速度相对世界平均水平只高了 4. 8 个百分点，而 2005 ~ 2010 年高了 8. 5 个百分点。中国进口和出口贸易增速相对世界平均水平都有所降低，但出口贸易相对降低幅度更大。这表明中国贸易竞争优势仍然有所削弱，特别是在世界经济不景气时更是如此。

**表 9 - 2　世界与中国进出口增长速度的比较**

单位：%

| 类别 | 地区（年份） | 2005 ~ 2010 | 2009 | 2010 | 2011 |
|---|---|---|---|---|---|
| 出口 | 世界 | 3. 5 | - 12. 0 | 13. 8 | 5. 0 |
| | 中国 | 13. 0 | - 10. 5 | 28. 4 | 9. 3 |
| 进口 | 世界 | 3. 0 | - 12. 9 | 13. 7 | 4. 9 |
| | 中国 | 11. 5 | 3. 0 | 22. 0 | 9. 7 |

资料来源：WTO，*International Trade Statistics 2011.*

贸易竞争力指数也表明中国贸易竞争优势有所降低。图 9 - 7 描述了 2010 年以来中国各月贸易竞争力指数状况。除了个别月份外，中国的贸易竞争力指数仍然在大部分月份还都是正值，这表明中国的对外贸易相对世界平均水平来说仍具有竞争力。但是，图 9 - 7 也显示，2010 年以来各月贸易竞争力指数基本都在 0. 10 以下，而根据我们的计算，2006 ~ 2008 年平均贸易竞争力指数都在 0. 10 以上，这表明 2010 年以来中国贸易竞争力仍有所削弱。不过从整体上看，中国的贸易竞争力依然存在。根据各主要出口产品的竞争力来看，各行业之间的差距却很大。图 9 - 8 描述了 2012 年以来各类出口产品竞争力指数状况。从图 9 - 8 来看，皮革及其制品、纺织品、鞋帽和食品等贸易竞争力较强，矿产品、精密仪器及设备、化工产品等的竞争力指数较低。这表明 2012 年中国传统的劳动密集型产业产品出口竞争力依然较强，高附加值产品出口竞争力比较差。这一结果还表明，政府多年倡导的加快贸易商品结构升级还有很长的路要走。

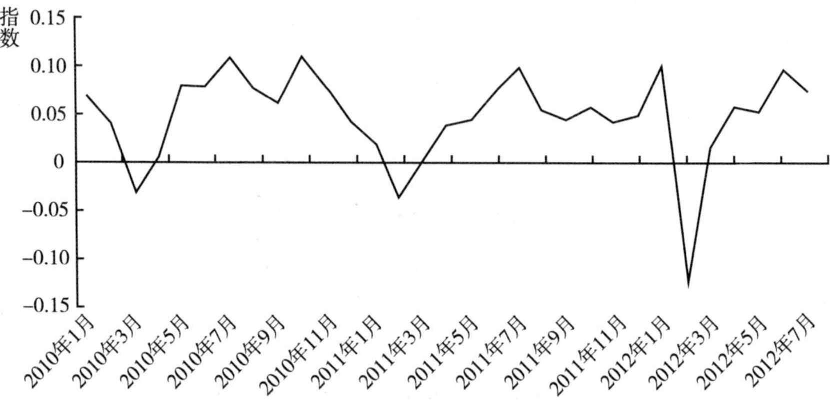


**图9－7　中国对外贸易竞争力指数**

资料来源：国家外汇管理局网站。

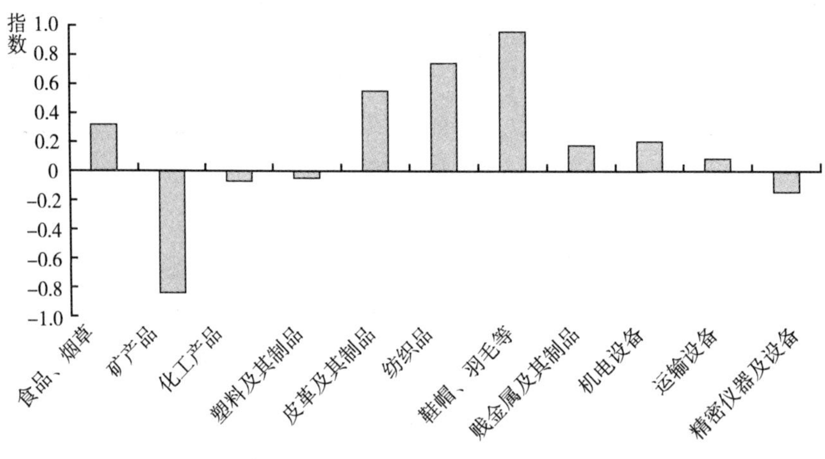


**图9－8　主要产品的竞争力指数**

资料来源：国家外汇管理局网站。

## （二）劳动力成本上升没有完全改变贸易竞争优势

决定一国贸易竞争力的根本因素，一个是该国的劳动生产率，另一个是劳动成本，因此分析贸易竞争力的变动主要看劳动生产率和劳动成本之间的关系。如果劳动生产率的提高速度超过了劳动成本的增长速度，那么即使劳动成本不断上升，贸易竞争力仍然可以得到加强。为了反映中国劳动生产率和劳动成本之间的关系，本课题组设计了劳动生产率相对变动系数指标来反映贸易竞争力的变动情况：

劳动生产率相对变动系数 = 劳动生产率的年增长率 - 劳动力成本年增长率

我们选取了中国出口贸易额中前十位的产品所对应的产业进行分析，其中包括纺织鞋帽、皮革、家具、黑金属压延、通用和专用设备、交通设备、电器机械、通信和计算机电子产品、仪表和办公设备等，这十大类产品的出口额占全部出口额的比例超过了 80%，具备了代表性。我们将十大产业的人均产值作为衡量劳动生产率的指标，采用人均劳动报酬作为劳动成本指标，并且比较了两者的年增长率之间的差距，得到结果如图 9 - 9 所示。

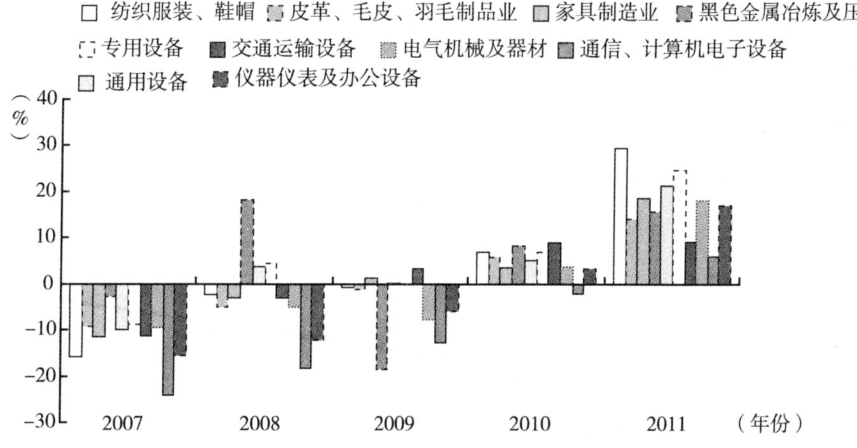


**图 9 - 9 主要出口行业的劳动生产率相对变动情况**

资料来源：中经网统计数据库。

图 9 - 9 显示，在 2007 年、2008 年和 2009 年三年里，多数主要出口产业劳动生产率的提高速度都是低于劳动报酬的上涨速度的，尤其是 2007 年，所有的出口产业的劳动生产率都是低于劳动成本提高速度的，这种变化带来的结果是中国对外出口竞争力的下降。而从 2010 年开始，

只有通信业的劳动生产率增长是低于劳动成本增长的，到了2011年，所有出口行业的劳动生产率增长速度均高于劳动成本提高速度。换句话说，总体上看，中国的出口行业的贸易竞争力并没有因为劳动力成本的提高而受到多大的影响。但是从各行业横向比较来看，这一指标的差距是明显的，纺织和鞋帽、家具、皮革等劳动密集型产业的指标值较高，而通信、计算机、电子设备以及交通运输设备的指标值较低，这表明在劳动密集型产业中，劳动生产率的增长明显地快于劳动力成本的增加，也就是说劳动力成本的提高对劳动密集型产业的贸易竞争力影响并不像很多人预料的那样。实际上，之所以出现这种变化，是因为从中国2008年新的劳动法开始施行之后，已经形成了劳动力成本不断上涨的预期。对于劳动密集型产业来说，由于企业已经意识到劳动力成本的上升会给企业带来成本压力，多数企业都开始增加对机器设备的投入，这样大大提高了劳动生产率。而对于通信、计算机等高技术产业来说，这些行业本来就是资本和技术密集的产业，劳动生产率的绝对水平较高，由于国外需求下降，造成国内企业投资比较谨慎，因此劳动生产率的提高不快。另外，这些行业对于从业人员的要求较高，一般都需要熟练劳动力和高技术人才，而目前中国缺乏这两种劳动力，因此就造成了通信、计算机等行业的劳动力成本上升非常明显。

## 五　2012～2013年外贸发展展望及建议

### （一）2012～2013年度外贸发展的展望

从上述的分析可以看出，目前中国对外贸易面临着严峻的局面。这种局面的出现主要是由于世界经济复苏不力、外需萎缩带来的。另外，由于贸易保护主义的抬头造成的贸易环境恶化也是原因之一。同时，当前中国对外贸易出口优势依然存在，贸易调整不会改变中国贸易在未来相当一段时期内较快增长的趋势。不过，由于国内劳动力等要素成本上升造成了出口行业的成本增加，中国劳动密集型产业的竞争优势仍然在削弱，加之高附加值的高技术产业竞争力依然很低，这些将会对中国对外贸易较快增长形成较大的压力。

从目前情况来看，世界经济的复苏面临着两大最主要的不确定性风险，一是欧洲主权债务危机是否能够得到缓解，二是美国是否能够顺利躲过财政悬崖。首先，欧元区国家对于援助重债国的博弈仍然在进行，尽管各方对于是否接受财政联盟的意见并未统一，但是欧洲央行无上限的购债计划以及在10月8日正式生效的欧洲稳定机制（ESM）已经为解决债务危机提供了基础。欧洲主权债务危机在短时间内不会出现失控的局面。其次，所谓美国财政悬崖，指美国税务减免到期，债务上限封顶触发增加税率、削减开支，其中主要财政紧缩将于2013年1月1日生效，人们普遍担心会打击复苏乏力的美国经济，从而影响到世界经济复苏。从现有的形势来判断，在延长减税期限或者调整减税结构方面，两党进行合作的可能性很大。因此，IMF关于2013年全球经济增长预测为3.6%，比2012年的预测值要高0.3%。美国2010年8月11日生效的《美国制造业振兴法案》提出了要再工业化战略，希望高科技产业、高端制造业回归美国，但是由于劳动成本、税收政策等因素的影响，这一战略在短期内很难奏效。从中国经济数据来看，2012年9月份的制造业PMI已经接近于50，这是连续4个月下降后的首次回升，非制造业PMI继续高于50，经济下滑的趋势已经得到缓解。由于需求下降，世界能源和原材料的价格也已经开始出现下降。

综上所述，中国对外贸易规模增速2012年全年应该能够接近7%，贸易顺差会超过2300亿美元；2013年对外贸易规模增速能够达到14%左右，其中出口增速可以超过13%，而随着国内经济的好转，进口的增速有望升至15%，贸易顺差会基本持平。

## （二）促进中国对外贸易发展的建议

### 1. 坚持对外贸易基本平衡，扩大进口规模

由于长期以来中国的出口大于进口，从而造成大量的贸易顺差，形成了巨量的外汇占款，推高了国内通货膨胀压力，而且巨额的外汇资产由于

美元的贬值而出现贬值。当前虽然出口增长速度下降，可是进口增长速度更低，因此贸易失衡的状况依然没有得到缓解。另外，贸易失衡问题已经成为中国与贸易伙伴国之间贸易摩擦的主要原因。当前经济形势对于中国外贸尤其是出口贸易发展造成了很大的困难，但是也为实现贸易平衡提供了一些条件。因此，当前中国对外贸易的发展应首先坚持进口与出口协调发展的原则。

国务院2012年发布了加强进口促进外贸平衡的指导意见。意见要求，为了促进对外贸易平衡，必须降低进口限制，鼓励进口贸易的增长。应进一步降低进口关税，尤其是能源、原材料的进口关税。根据国内产业结构调整的需要，鼓励战略性新兴产业所需的高技术设备和相关零部件进口。商务部、财政部、海关、检验检疫局等部门已经出台了相应的扶持政策，目前要做的是尽快落实相应的扶持政策，同时应根据进口需求的变动适时调整扶持政策。

**2. 进一步完善税收、金融政策，保证出口的平稳增长**

外贸出口关系到就业和民生问题，因此必须保证出口的平稳增长。由于外需在短时间内不容易恢复，对外贸易出口的压力增加，政府应该尽快出台对外贸的扶持政策，但是这种扶持政策应该是差异性扶持政策。尽管保持对外出口稳定非常重要，但是不能因此对高污染、高耗能的产业也进行扶持。另外，对于低附加值的产业应该降低扶持力度。首先是根据产业结构调整的需要来调整出口退税政策。对于符合产业发展方向尤其是国家确定的新兴战略产业的出口，进一步加快出口退税进度，确保及时退税。深入实施科技兴贸和以质取胜战略，扩大技术和资金密集型的机电产品、高技术高附加值产品和节能环保产品出口。支持企业技术改造，提高劳动密集型产品出口质量、档次和附加值。控制高耗能、高污染产品出口。其次，改善对进出口的金融服务，引导金融机构增加汇率避险产品。拓宽出口企业融资渠道，努力为小微企业提供融资便利。

**3. 调整贸易结构，加快服务贸易发展**

虽然当前全球性的经济危机尚未过去，但是服务贸易的发展却面临很多机遇。为了刺激经济，新兴经济体大量进行基础设施建设，发达国家也在进行基础设施改造；为了降低企业经营成本，发达国家的大型企业加大了国际服务外包力度；信息技术革命不断深化带来的计算机服务快速发展等重大外部机遇。我们必须牢牢把握战略机遇，制定合适的发展战略，通过扩大开放、深化改革，培育具有竞争力的大型企业，引导服务出口结构升级，促进服务贸易快速发展。首先，大力发展国际工程承包。我们面临着基础设施建设大潮，新兴经济体为了适应工业化、城市化快速推进的需要，正在大力建设基础设施，而美、欧发达经济体提出了“再工业化”战略，将大力改建破旧基础设施。中国企业在基础设施建设方面具有较强的国际竞争力，从设计、施工、管理等各个环节积累了人才与经验，而且一批大型企业逐渐在国际工程市场上赢得了声誉，这为中国抓住全球基础设施建设大潮带来的机遇提供了有利条件。其次，大力发展服务外包。互联网技术的深化应用和新一代信息技术的突破，将进一步促进服务分工的细化与服务外包。在国际金融危机背景下，2011 年全球国际服务外包市场规模达 1100 亿美元，比上年增长了 13%。中国人力资源丰富、基础设施完善，加之一些龙头企业的涌现，有利于中国在国际服务外包市场取得更大份额。最后，大力发展文化创意产业出口。大力发展文化创意产业出口，不仅是提升中国服务出口结构的要求，而且是增强中国“软实力”的重要内容。中国也具备发展文化创新产业出口的有利条件，比如，深厚的文化传统、丰富的人力资源、迅猛扩张的国内市场等。进一步加强国际合作，与国外一流企业共同开发面向国际市场的文化创新产品，是推动文化创意产品扩大出口的一条重要途径。

**4. 调整市场结构，扩大与新兴经济体的贸易**

虽然三大发达经济体仍然将是中国最主要的贸易伙伴，但是由于欧洲主权债务危机的影响，三大经济体的经济增长难以为中国外贸出口增长创造足够大的空间，因此必须开发新兴市场。开发新兴市场主要从两方面来努力。首先是国家支持企业开拓非洲、拉美、东南亚、中东欧等新兴市场。鼓励地方、行业、企业到新兴市场参展办展，开展贸易促进活动。扩大中西部地区对外开放，支持中西部地区发展开放型经济，推动边境省区加强与周边国家的经贸合作。其次是企业需要主动地开拓新兴市场。企业在开发新兴市场时，要借鉴在传统市场的经验，当然也不可能完全重复传统市场的轨迹，更重要的是要认识到其独特性。要认识到在进入新兴市场时，技术创新和战略创新都很重要。进入一个新兴市场，一方面要有好技术，更重要的是在战略方面有所不同；另一方面，创新的成功建立在扎实的市场研究上。只有在对市场进行非常深入的了解之后，才能保证产品顺利进入市场。

**5. 积极创造条件改善贸易环境**

积极应对贸易摩擦。做好贸易摩擦应对和世界贸易组织争端解决工作，引导企业和行业协会有效应对贸易摩擦，维护我出口企业合法权益。依法实施进口贸易救济，保护国内产业安全。深化多、双边关系。深入参与 20 国集团、上海合作组织等多边和区域、次区域合作机制，鼓励企业用好区域、次区域合作机制和已经生效的自由贸易协定。充分利用高层对话和双边经贸联（混）委会等平台，加强与主要贸易伙伴的经贸合作。加快推进与有关国家和地区的自由贸易协定谈判。

## 参考文献

戴翔、张二震：《危机冲击与中国贸易“超调式”震荡的经验分析》，《国际贸易问题》2012 年第 1 期。

〔美〕迈克尔·波特：《竞争论》，中信出版社，2003。

李应振、李玉举：《劳动生产率和贸易竞争力的实证研究——基于我国 33 个工业行业 1998 ~ 2009 年数据》，《经济体制改革》2011 年第 2 期。

齐俊妍：《中国不同技术含量产品的贸易竞争力分析》，《国际经贸探索》2010 年第 4 期。

吴贤斌、陈进、华迎：《基于 SRCA 和 Lafay 指数的“金砖五国”服务贸易结构竞争力分析》，《宏观经济研究》2012 年第 2 期。

IMF, *world economic outlook*, 2012. 10.

# 政策与调控

# 第十章
# 新阶段外汇储备累积的资源再分配效应

## 一　引言

中国外汇储备从2000年底的1655.7亿美元快速增长到2011年底的31811.0亿美元，年均递增31.7%，2012年9月末进一步上升至32850.9亿美元。外汇储备增加额中有66.2%来自经常项目差额，有36.6%来自资本和金融项目，其中对外贸易顺差和直接投资顺差又分别占到57.3%和35.7%，因此，对外贸易和直接投资巨额双顺差是外汇储备增加的主要来源。外汇储备表面上看是被动增加的，是经济活动的结果，但背后却是经济分工、经济政策和外汇体制综合作用的结果。

中央银行持有一定规模的外汇储备可以用于支付进口用汇、清偿国际债务、应对国际资本冲击和适度调节汇率波动，从而有利于调整贸易结构、维持外汇市场和金融市场的稳定，并保证经济的平稳发展。然而，外汇储备虽然在形式上体现为一种资产，但本质上更是一种经济分配关系。中央银行储备外汇的过程也是资源在国际国内不同利益主体间的分配过程，并会对一国经济结构产生深刻的影响，特别是外汇占款的增加迫使中央银行不得不通过提高法定存款准备金率等方式进行冲销，不仅会对货币政策独立性产生影响，更会导致经济利益在不同主体间进行重新分配。

有许多文献就外汇储备增加对央行货币政策操作及货币供给的影响进行了研究。岳意定和张璇（2007）运用协整理论和自向量回归（VAR）模型进行实证研究，表明外汇储备增加对基础货币具有显著的正向影响，两者之间的长期协整关系约束力较强。何慧刚（2007）在分析了外汇储备急剧增长下外汇冲销干预的效力和制约因素后认为，外汇冲销干预短期内可以抵消外汇占款和控制信贷增长，但效力有限，而且在长期内，外汇冲销干预不仅会影响货币政策独立性，还可能导致通货膨胀、利率上升、本币升值乃至经济“滞胀”，难以具有可持续性。方先明、裴平和张谊浩（2006）通过研究发现，在2001年后，中国的外汇储备增加具有明显的通货膨胀效应，央行的货币冲销政策在总体上是有效的，但在货币冲销弹性等方面还不尽如人意。徐明东和田素华（2007）研究发现，自2001年以来，央行净国外资产的增加成为国内流动性过剩的绝对重要来源，不过2004~2006年中国央行的冲销系数绝对值提高，接近于完全冲销，一定程度上保证了货币供给的独立性，但央行票据成为冲销流动性的最重要工具，法定存款准备金率成为央行常规工具。这些研究普遍表明，外汇储备增加会对货币供给产生某种程度的影响。

另有学者对外汇储备累积给各方带来的经济损益影响进行了分析。张曙光和张斌（2007）认为，无论是金融机构在央行的存款准备金，还是购买央行的票据，资产收益率都相对较低，这类资产在金融机构总资金运用中所占比例的上升，将对金融机构的盈利带来严峻挑战。而对于央行来讲，为了吸引商业银行持有央票，又必须将利息率保持在一定的水平，势必增大央行的利息成本，也会抬高国债的利息成本。同时，由于投资和出口在中国经济流程和经济循环中起了关键的作用，外汇储备的累积将有助于以制造业为主的可贸易品部门迅速增长，相应会抑制不可贸易品部门的增长。他们最后还指出，对于消费水平很低、国内经济快速发展并急需各种资源投入的国家来说，连续多年通过贸易顺差的方式将本国资源借给外国，这种资源配置格局将使本国居民的福利遭受巨大损失。李众敏（2008）则在分析外汇储备的来源后，对中国外汇储备的成本、收益及部门分布进行了测算，结果表明，外汇储备成本、收益分布非常不均，收益主要流入了外汇管理部门，而成本则由居民和商业银行承担。据测算结果，这种居民和商业银行承担的外汇储备成本，2006 年高达 764.9 亿美元，相当于借入年利为 7.2% 的资产。

上述文献研究了外汇占款及货币冲销可能对货币政策造成的影响以及对相关各方带来的利益损失，但是，从国际分工角度就外汇占款冲销，特别是中央银行通过提高法定存款准备金率进行冲销对资源配置及国际分配关系产生的影响所开展的研究却相对不足。基于此，本章试图对此进行深入研究，并给出相应的政策建议，以期能够纠正政策偏差，促进资源配置最优化和国民福利最大化。

## 二　外汇占款冲销与国内利益再分配

中央银行持有外汇储备会供给大量的基础货币，但为了维持货币供给的平稳增长，将不得不采取必要的措施来冲销过多的货币投放。公式（10－1）展示了中央银行资产负债表所表现的恒等关系，中央银行可以通过增加或减少资产项目或负债项目来灵活调整基础货币的供给。

$$B = \sum_{I=1}^{5} A_I - \sum_{J=3}^{6} L_J \qquad (10-1)$$

公式（10－1）中，$B$ 表示基础货币，由构成中央银行资产负债表中的负债方因素货币发行 $L_1$ 和金融机构存款（准备金）$L_2$ 构成；$A_I$ 代表构成中央银行资产方因素，其中 $A_1$ 代表对金融机构再贷款，$A_2$ 代表政府借款，$A_3$ 代表政府证券，$A_4$ 代表国外资产主要是外汇占款，$A_5$ 代表其他资产；$L_J$ 代表负债方因素，其中 $L_3$ 代表政府存款，$L_4$ 代表央行票据，$L_5$ 代表自有资金，$L_6$ 代表其他负债。

基础货币包括货币发行和金融机构存款（准备金），但构成经济体中流动性的只是货币发行，而中央银行货币政策操作的目标也正是通过增减货币发行的多少来调节整个社会的货币供给量。根据公式（10－1），中央银行购买外汇形成外汇占款，同时将产生同等数额的货币发行，导致基础货币增加。为了防止基础货币过度投放引发通货膨胀，中央银行必须通过减少其他资产项目或者增加负债项目来进行冲销，其中，减少对金融机构再贷款、增加央行票据和提高存款准备金率增加金融机构存款是中央银行最常用的方式。中央银行不同的外汇占款冲销方式会产生不同的经济效应和利益影响，其中提高金融机构法定存款准备金是最为重要的冲销工具。

中央银行采取提高金融机构法定存款准备金方式来对冲外汇占款时，至少有三方利益主体直接受到影响：一是缴纳存款准备金的金融机构，二是结售汇者，三是中央银行本身。其中，金融机构缴纳存款准备金将蒙受利差损失，即法定存款准备金利率低于存款吸纳时的利率差额（不是贷款利率，因为缴纳存款准备金固然减少了可贷资金量，但是却相应增加了结售汇者的存款）；结售汇者把外汇卖给中央银行，将把获得的人民币存入金融机构，从而可以得到存款利息；中央银行要承担支付给金融机构的存款准备金利息，同时获取外汇占款的对外投资收益。但是，尽管中央银行通过法定存款准备金对冲外汇占款对国内经济主体利益分配产生了影响，但是理论上却不影响国际分配，因为此时只是外汇储备的持有主体由外汇持有者转移到中央银行，如果可以忽略掉不同持有主体对外汇储备可能的投资方式的不同而导致的收益率的差异的话，那么持有外汇储备的国际分配状况只取决于外汇储备对外投资的净收益。

## 三 外汇储备与国际利益再分配

尽管许多文献从宏观角度研究表明国内外经济失衡或者国内储蓄过高等是中国双顺差形成的深层次原因，但从微观机制来讲，外商投资利用国内低廉丰富的劳动力和土地等资源，在政府税收和汇率等优惠政策的推动下，通过生产大量的劳动密集型产品出口全世界，以获取超额利润，才是中国双顺差形成的根本动力。由于处于较低发展阶段，中国居民消费需求的层次偏低，产业对生产性服务的需求能力也弱，从更高发展阶段国家进口较高档次的商品和服务有限，从而无法消化巨额顺差，在强制结售汇制度下逐渐形成巨额外汇储备。

我们以外商投资为例来说明这种资源配置机制下除分工收益以外的国际收益分配关系。中国利用外资生产出口产品并累积外汇储备至少可以获得如下几个方面的收益：一是劳动力和土地等资源的使用收益，二是外商投资形成的政府税收，三是外汇储备购买外国债券带来的投资收益。同样，中国在获取外商投资收益的同时也需要承担相应的成本：一是劳动力和土地等资源的机会成本，二是吸引外商投资和促进出口的政策补贴成本和税收机会成本，三是持有外汇储备的汇兑损失。在中国顺差和外汇储备形成中，国外政府、厂商和居民获得的收益主要包括：一是外商投资利润，二是从中国廉价商品中得到的补贴，三是低成本借用中国外汇储备的利息差额，四是本币贬值带来的汇兑收益。同样，在这一利益分配过程中，国外部门也需承担一定的成本，这主要表现为外商投资的机会成本。上述关系央行冲销外汇占款导致的成本。

上述国际分配关系可以分别用下面的公式来表达：

$$DBFT(t) = PFR(t) + TAX(t) + INR(t) \tag{10-2}$$

$$DCST(t) = PFC(t) + SBD(t) + ECL(t) \tag{10-3}$$

$$FBFT(t) = FIR(t) + SBD(t) + INB(t) + ERL \tag{10-4}$$

$$FCST(t) = FPFC(t) \tag{10-5}$$

公式（10－2）DBFT 表示中国在外汇储备形成中获得的收益，其中 PFR 表示劳动力和土地等资源的使用收益，TAX 表示外商投资形成的政府税收，INR 表示外汇储备购买外国债券带来的投资收益。PFR 和 TAX 是时间 t 的增函数，即随着经济发展水平的提高，劳动力和土地等资源的使用收益也增加，税收优惠减少，税率升高；INR 是时间 t 的减函数，即外汇储备购买国外债券增加了资金供给，引起收益率下降。公式(10－3) DCST 表示中国在外汇储备形成中承担的成本，其中 PFC 表示劳动力和土地等资源的机会成本，SBD 表示政策补贴成本和税收机会成本，ECL 表示汇兑损失。PFC 是时间 t 的增函数，即当劳动力和土地等资源严重过剩时机会成本很低，但随着经济发展水平的提高，资源供给将趋于紧张，劳动力和土地等资源运用于内资企业时的收益也将上升，直至接近运用于外资企业时的收益；ECL 也是 t 的增函数，表示人民币趋向于长期升值且幅度增大；SBD 我们假定为常量。公式（10－4）FBFT 表示国外在中国外汇储备形成中获得的收益，其中 FIR 表示外商投资利润，SBD 表示从中国廉价商品中得到的补贴（等于中国的政策补贴成本），INB 表示低成本借用中国外汇储备的利息差额（同等规模的国外商业贷款利息与 INR 的差额），ERL 表示汇兑收益（等于中国外汇储备的汇兑损失）。FIR 是 t 的减函数，表示外商投资在中国获得的利润率随着资源成本的上升而下降，ERL 是它的增函数，表示本币对人民币在长期贬值幅度增大；SBD 和 INB 假定为常量。公式（10－5）FCST 表示国外在中国外汇储备形成中承担的成本，即外商投资的机会成本，用 FPFC 来表示，也假定为常量。

从中国角度而言，通过双顺差累积外汇储备应该达到这样的一个水平，即增加单位外汇储备获得的收益等于需要承担的成本，此时，总的净收益最大。如图 10－1 所示，DBFT 呈现相对稳定的上升趋势，而 DCST 在初始阶段劳动力无限供给和土地资源供给充足时处于较低的水平，但是随着时间的推移，经济发展和经济结构的变化导致劳动力和土地价格的迅速上涨，冲销成本也随着外汇占款规模的扩大而迅速上升，表现为 DCST 曲线斜率的较快增加。在 DBFT 和 DCST 的交点 E 上，外汇储备累积的边际收益和边际成本相等，外汇储备累积的总收益达到最大。政策没有改变的情况下，如果随着时间的推移外汇储备累积仍然增加，则总收益将会下降。国外在中国外汇储备累积过程的成本收益变化如图 10－2 所示，交点 F 表示此时国外从中国外汇储备累积中获得的净收益最大。

在上述成本收益关系中，中央银行冲销外汇占款成本并没有直接进入外汇储备获得和持有成本中，因为中央银行冲销外汇占款特别是采用法定存款准备金冲销外汇占款时，更多的是导致国内各利益主体之间的分配关系的变化，并没有对国际分配关系产生影响。但是，中央银行外汇占款冲销这一机制却会深刻影响外汇储备其他各项成本收益，从而影响国际分配

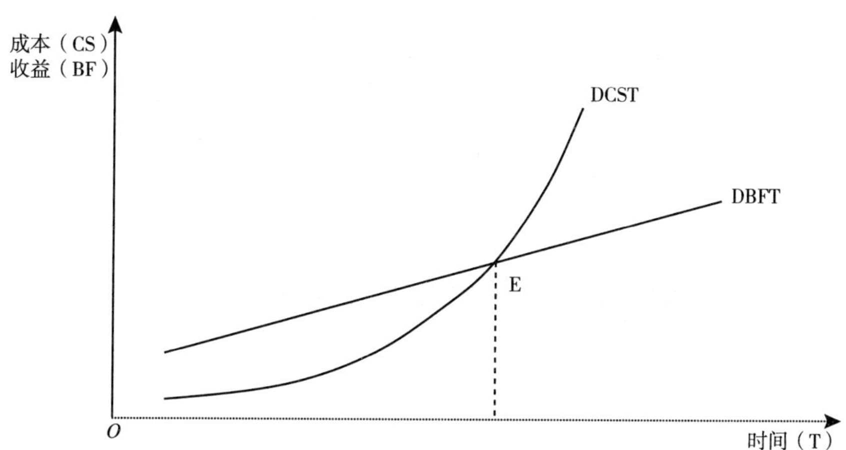


图 10－1　中国外汇储备累积的边际收益和边际成本变化状况

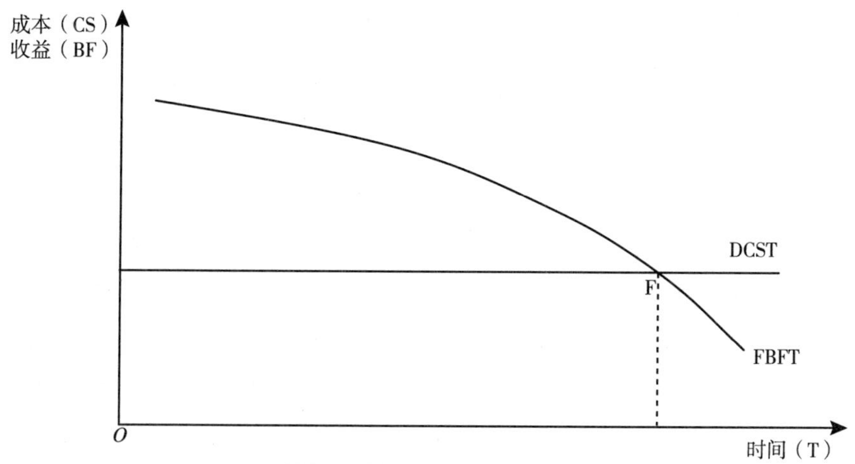


图 10－2　中国外汇储备累积为国外带来的边际收益和边际成本变化状况

关系。因为中央银行购买双顺差带来的外汇，并对形成的外汇占款进行某种形式的冲销，对于稳定人民币汇率具有重要意义，有利于吸引外商投资和促进产品出口，并使得这样的国际分配关系在相当长一段时期内得以维持；否则，外汇市场的供求关系变化将促使人民币大幅升值，从而会破坏这种国际分配关系。同时，中央银行购买外汇也使外汇储备持有主体发生了转移，也带来了外汇储备使用方的变化，将进一步影响外汇储备持有的成本和收益。我们正是在这样的逻辑基础上研究中央银行外汇占款冲销，特别是通过提高存款准备金率来冲销对经济利益在国际间重新再分配所产生的影响。

## 四　外汇占款持有与冲销的国内利益再分配

法定存款准备金率在外汇占款冲销中扮演了重要的角色。法定存款准备金率在其本来意义上应是一种制度安排，是为了防止货币供应通过银行存贷活动无限放大而设置的一个收敛气阀，但在中国外汇储备不断增加、央行外汇占款不断上升的形式下，被迫成为了一个冲销外汇占款的常规工具，从而对金融机构的正常经营活动和企业的借贷成本产生了重要的影响。

**1. 金融机构准备金存款随着外汇占款的增加与日俱增**

中央银行1999年底资产负债表中外汇占款为14061.4亿元，2011年为232388.7亿元，增长了15.5倍，而同期货币发行只增长了2.7倍，其中177547.1亿元需要通过央行资产负债表中的其他项目进行冲销。图10－3显示了2011年与1999年底相比央行资产负债表主要资产负债项目的变化状况，其间对存款性公司存款增加了154591.0亿元，对存款公司存款主要是银行准备金存款承担了冲销大量外汇占款的主要功能。图10－4更加详细地描述了存款性公司存款增加额随外汇占款增加额变化而变化的情形，二者的变化趋势较为一致。图10－5则列举了历年年底法定存款准备金率（以大型金融机构为例）的情况，总体上呈现逐步走高的趋势，2011年底大型金融机构法定存款准备金率达到21.0%的历史高位。2012年法定存款准备金率虽然两次降低，但截至2012年10月仍然高达20.0%。

**2. 金融机构准备金存款冲销外汇占款的成本明显上升**

存款性金融机构在中央银行的巨额准备金存款为这些机构带来了高昂的营运成本。由于央行对法定准备金存款支付的基准利息较低，甚至低于央行因外汇占款投放货币形成的新的存款利率，因此，外汇占款形

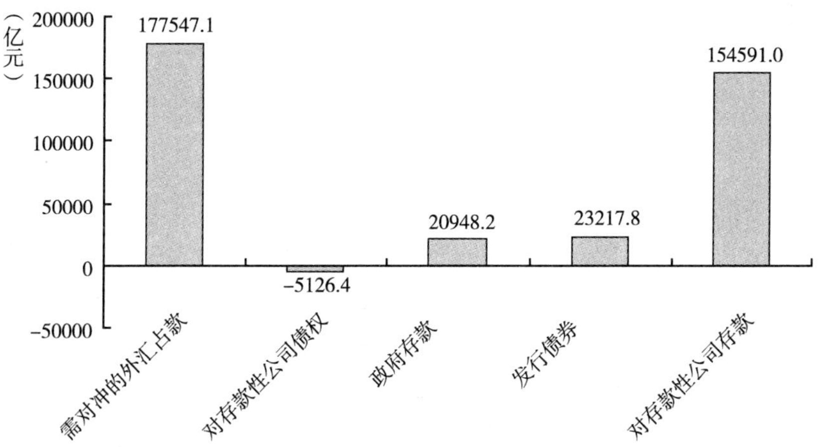


**图 10－3　央行 2011 年相比 1999 年主要资产负债项目变化状况**

注：存款性公司存款数据 1999 年统计为准备金存款，2011 年统计为其他存款性公司存款。

资料来源：中国人民银行网站。

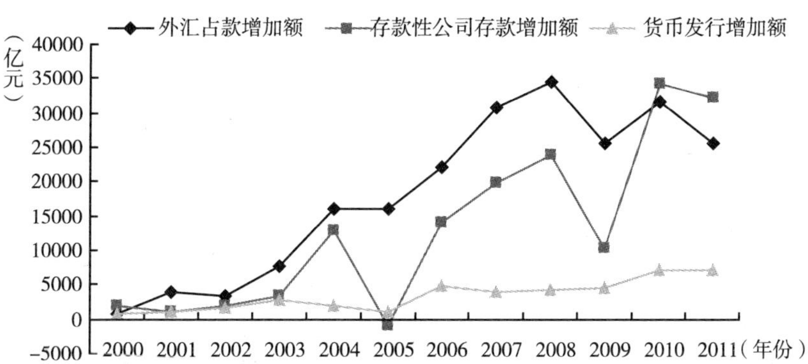


**图 10－4　外汇占款与存款性公司存款增加额变化状况比较**

注：存款性公司存款数据 2000 年和 2001 年为准备金存款，2001～2005 年为存款货币银行存款，2006 年以来为其他存款性公司存款。

资料来源：中国人民银行网站。

成的存款固然可以抵补存款性金融机构因冲销而减少的可贷资金量，但这种冲销仍然增加了这些机构的成本。图 10－6 描述了历年法定存款准备金率与金融机构一年期存款利率的差异情况。法定存款准备金率与金

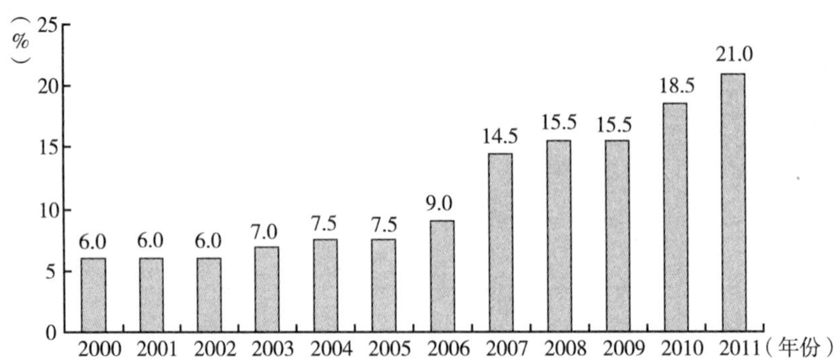


**图 10－5　历年末金融机构法定存款准备金率（2008 年后以大型金融机构为例）**

资料来源：中国人民银行网站。

融机构一年期存款利率的差异从 20 世纪末以来总体呈现上升趋势，另外一个特点是在经济过热货币紧缩时期利差较大，经济萧条货币宽松时期利差较小。为了冲销外汇占款缴纳准备金固然减少了金融机构的可贷资金量，但是外汇占款同样也相应增加了外汇结算单位在金融机构的存款，用金融机构贷款利率与准备金利率的差异来衡量这种冲销成本是不妥当的，将高估冲销成本，而用存款利率与准备金利率的差异来衡量更为贴切。

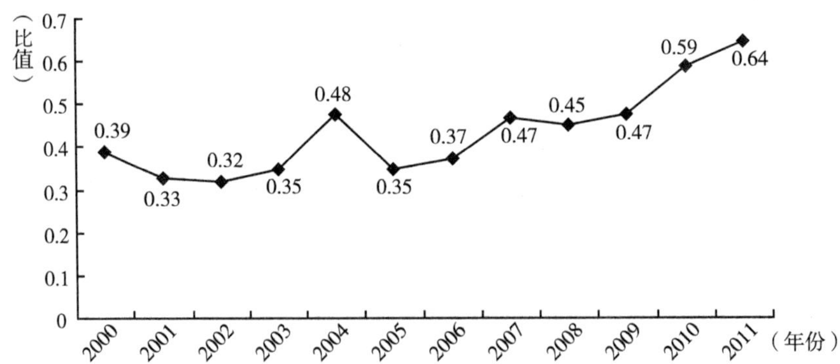


**图 10－6　存款性公司法定存款准备金与外汇占款的比值变化状况**

资料来源：根据中国人民银行网站有关数据整理计算而得，其中法定存款准备金根据央行资产负债表和历年法定存款准备金率估算而得。

央行准备金存款冲销外汇占款的成本呈现渐升趋势。表 10－1 列举了 1996 年以来法定存款准备金利率与金融机构一年期存款基准利率的差异情况。从表中可以看出，1996～2006 年，两种利率的差异基本在 1 个百分点以内（1998 年下半年除外），而 2007 年以后，除了危机期间受金融机构存款利率下调的影响利差落到 1 个百分点以内外，其他时间都上升到了 1 个百分点以上。同时，随着外汇占款的逐渐增加，外汇占款中需要冲销的规模也越来越大，导致法定存款准备金与外汇占款的比重日益升高。图 10－6 显示，2000 年，低存款性公司法定存款准备金与外汇占款的比值只有 0.39，2011 年底已上升到 0.64，增加的单位外汇占款需要法定存款准备金冲销的比重越来越大。法定存款准备金利率与金融机构一年期存款基准利率的利差的上升，以及单位外汇占款需要法定存款准备金冲销的比重增加，直接导致了冲销成本的上升，金融机构蒙受了越来越大的损失。表 10－2 描述了金融机构法定存款准备金成本与单位外汇占款冲销成本的估算变化情况。其中，法定存款准备金成本 = 当年法定存款准备

**表 10－1　历年法定存款准备金利率与金融机构一年期存款基准利率差异**

单位：%

| 调整日期 | 法定存款准备金利率 | 金融机构人民币一年期存款基准利率 | 利率差 |
|---|---|---|---|
| 1996 年 5 月 1 日 | 8.82 | 9.18 | 0.36 |
| 1996 年 8 月 23 日 | 8.28 | 7.47 | －0.81 |
| 1997 年 10 月 23 日 | 7.56 | 5.67 | －1.89 |
| 1998 年 3 月 21 日 | 5.22 | 5.22 | 0.00 |
| 1998 年 7 月 1 日 | 3.51 | 4.77 | 1.26 |
| 1998 年 12 月 7 日 | 3.24 | 3.78 | 0.54 |
| 1999 年 6 月 10 日 | 2.07 | 2.25 | 0.18 |
| 2001 年 9 月 11 日 | 1.89 | 2.25 | 0.36 |
| 2002 年 2 月 21 日 | 1.89 | 1.98 | 0.09 |
| 2004 年 3 月 25 日 | 1.89 | 2.25 | 0.36 |

续表

| 调整日期 | 法定存款准备金利率 | 金融机构人民币一年期存款基准利率 | 利率差 |
|---|---|---|---|
| 2006 年 8 月 19 日 | 1.89 | 2.52 | 0.63 |
| 2007 年 3 月 18 日 | 1.89 | 2.79 | 0.90 |
| 2007 年 5 月 19 日 | 1.89 | 3.06 | 1.17 |
| 2007 年 7 月 21 日 | 1.89 | 3.33 | 1.44 |
| 2007 年 8 月 22 日 | 1.89 | 3.60 | 1.71 |
| 2007 年 9 月 15 日 | 1.89 | 3.87 | 1.98 |
| 2007 年 12 月 21 日 | 1.89 | 4.14 | 2.25 |
| 2008 年 10 月 9 日 | 1.89 | 3.87 | 1.98 |
| 2008 年 11 月 27 日 | 1.62 | 2.52 | 0.90 |
| 2008 年 12 月 23 日 | 1.62 | 2.25 | 0.63 |
| 2010 年 10 月 19 日 | 1.62 | 2.50 | 0.88 |
| 2010 年 12 月 26 日 | 1.62 | 2.75 | 1.13 |
| 2011 年 2 月 9 日 | 1.62 | 3.00 | 1.38 |
| 2011 年 4 月 6 日 | 1.62 | 3.25 | 1.63 |
| 2011 年 7 月 7 日 | 1.62 | 3.50 | 1.88 |
| 2012 年 6 月 8 日 | 1.62 | 3.25 | 1.63 |
| 2012 年 7 月 6 日 | 1.62 | 3.00 | 1.38 |

资料来源：根据中国人民银行网站有关数据整理而得。

金额×（金融机构一年期存款基准利率－法定存款准备金利率）；法定存款准备金增加额成本＝当年法定存款准备金增加额×（金融机构一年期存款基准利率－法定存款准备金利率）；外汇占款成本率＝100×当年法定存款准备金成本÷央行外汇占款；外汇占款增加额成本率＝100×当年法定存款准备金增加额成本÷央行外汇占款增加额。从表中可以看出，无论是法定存款准备金成本，还是外汇占款成本，总体上都呈现上升趋势。2011 年法定存款准备金成本达到了 2860.4 亿元，外汇占款增加额的成本率也上升到了 2.13%，而后者大致反映了新增的单位外汇占款的冲销成本。

表 10－2 金融机构法定存款准备金成本与单位外汇占款冲销成本估算

| 年份 | 法定存款准备金成本(亿元) | 法定存款准备金增加额成本(亿元) | 外汇占款成本率(%) | 外汇占款增加额成本率(%) |
|---|---|---|---|---|
| 2000 | 12.10 | 2.51 | 0.08 | 0.33 |
| 2001 | 27.14 | 2.94 | 0.14 | 0.07 |
| 2002 | 8.20 | 1.42 | 0.04 | 0.04 |
| 2003 | 11.34 | 3.13 | 0.04 | 0.04 |
| 2004 | 74.58 | 29.24 | 0.16 | 0.18 |
| 2005 | 79.05 | 4.48 | 0.13 | 0.03 |
| 2006 | 198.14 | 59.79 | 0.23 | 0.27 |
| 2007 | 1234.22 | 526.59 | 1.07 | 1.71 |
| 2008 | 435.40 | 89.82 | 0.29 | 0.26 |
| 2009 | 536.11 | 100.71 | 0.31 | 0.39 |
| 2010 | 1391.77 | 430.18 | 0.67 | 1.36 |
| 2011 | 2860.04 | 544.53 | 1.23 | 2.13 |

资料来源：根据中国人民银行网站和表 10－1 有关数据整理计算而得。

### 3. 央行外汇占款对外投资净收益呈下降趋势

中国双顺差形成的巨额外汇储备需要对外投资以获得必要的投资收益，其他国家的外汇储备也需要进行这样的投资。美国国债是各国外汇储备的重要投资对象之一，但由于各国外汇储备购买美国国债导致了过多的资金供给，美国国债收益率从而将呈现下降趋势。同时，美元贬值也会给外汇储备投资美国国债者带来汇兑损失。图 10－7 描述了美国十年期国债收益率（每年 7 月）多年来的变化状况。1985 年美国十年期国债收益率达 10.31%，2000 年为 5.78%，2012 年只有 1.87%。近年来美国国债收益率走低很大程度上受美国次贷危机的影响，但十数年的走低趋势却深受外国外汇储备过多购买美国国债因素的影响。不过，2002～2007 年美国十年期国债收益率有一个持续走高的过程，这主要是由于美联储为了调控过热的经济而持续加息的结果。图 10－8 则描述了美元指数（年末数）的走势状况。虽然美元 2000 年、2001 年和 2005 年有较大幅度的升值，但是2000年以来大多数还是贬值的，美元2011年相比2000年贬值幅度达到25.6%。

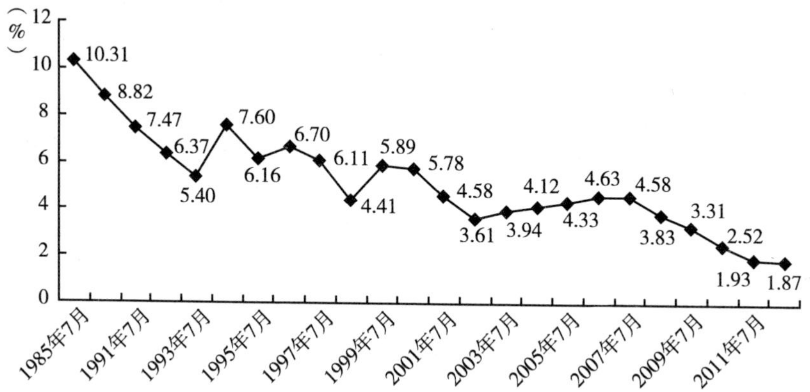


**图10-7　美国十年期国债收益率变化状况**

资料来源：http：//finance. yahoo. com。

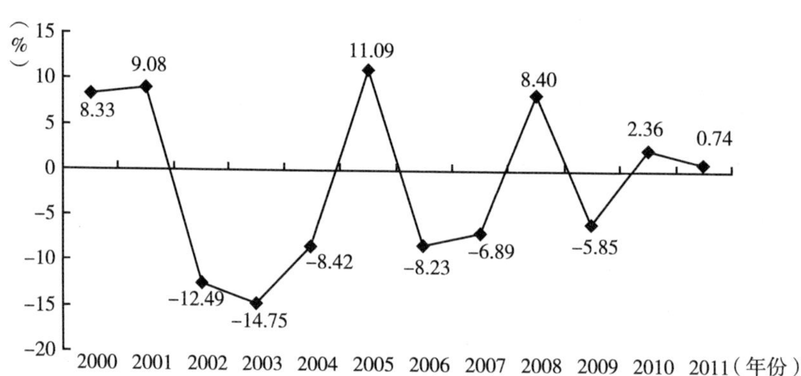


**图10-8　美国美元指数变化状况**

资料来源：http：//wikiposit. org。

中央银行外汇占款对外投资的净收益也呈下降趋势。中央银行外汇占款尽管通过购买美国国债可以获得一定的收益，但是通过提高法定存款准备金冲销也会有冲销成本，即支付法定存款准备金的利息成本。图10-9描述了理论上中央银行通过外汇占款通过法定存款准备金冲销后投资美国国债的净收益率，即美国国债收益率，加上美元指数变动百分比，再减去法定存款准备金率。图 10 - 9 显示，2000 ~ 2011 年 12 年间，净收益率为负值和正值的年份各有 6 年，各年简单加总计算，12 年总净收益率为 8.75%，年平均收益率只有 0.73%。

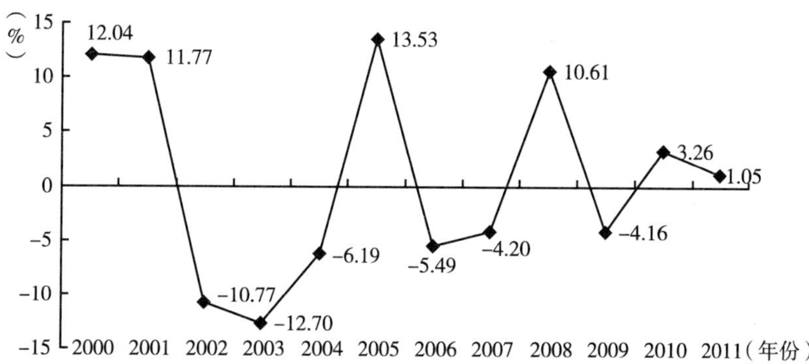


**图 10 - 9　中央银行外汇占款投资净收益率**

注：中央银行外汇占款投资净收益率 = 美国国债收益率 + 美元指数变动率 - 法定存款准备金率。

资料来源：根据表 10 - 1、图 10 - 7 和图 10 - 8 的相关数据计算而得。

## 五　外汇储备累积与持有的国际利益再分配

### 1. 中国持有外汇储备的综合收益率偏低

中央银行通过提高法定存款准备金来冲销外汇占款这一行为至少有三个方面的利益直接受到影响。一是存款性公司，二是中央银行，三是外汇结售者。存款性公司固然上缴了法定存款准备金而减少了可贷资金，但是外汇结售者通过结售汇获得人民币又将之存入存款性公司，所以存款性公司将支付结售汇存款利息，收取法定存款准备金利息，央行则支付存款准备金利息，收取外汇对外投资收益。但是，如果忽略国内不同经济主体间的利益分配，中国外汇储备增加的综合收益其实就是央行投资美国国债收益减去汇兑损失，因为央行支付给存款性公司的利息成本与存款性公司的利差成本之和正等于外汇结售汇者收取的利息收益。图 10 - 10 描述了中国外汇储备对外投资获得的综合净收益率变化情况。图 10－10 显示，2000～2011年 12 年间，综合净收益率为负值和正值的年份也各有 6 年，各年简单加总计算，12 年总净收益率为 34.49%，年平均收益率为 2.87%，只与同期国内金融机构一年期存款基准利率相当，远低于国内金融机构的贷款利率。

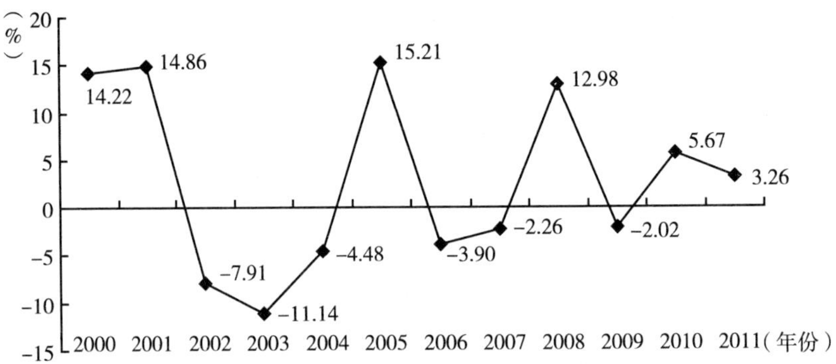


**图 10－10 外汇储备综合收益率**

注：中国外汇储备增加的综合收益 = 中国央行投资美国国债收益 + 美元指数变化率。

资料来源：根据表 10－1、图 10－7 和图 10－8 的相关数据计算而得。

**2. 中国利用外资的净收益明显降低**

外商投资的劳动力净收益明显下降。中国增加的外汇储备中有两个最重要的组成部分，一是贸易顺差，二是外商投资，特别是外商直接投资。外商投资企业因为大量地生产出口产品而雇佣了大批劳动力，劳动力从中获工资性收入。中国社会科学院人口与劳动经济研究所的蔡昉等人于 2005 年首次提出，“民工荒”现象是中国农村劳动力由无限供给向有限剩余过渡的一个转折性标志。这也是所谓的第一次刘易斯拐点。在刘易斯拐点出现以前，由于农村劳动力无限供给，中国从外商投资中获得工资性收益。而机会成本为零，而当刘易斯拐点出现以后，中国虽然可能从外商投资中获得更高的工资性收入，但是由于这时劳动力已经具有竞争性，劳动力去外商投资企业就业取得工资性收入的同时，不得不放弃在内资企业就业可得到的工资性收入，此时取得外汇储备时的机会成本就大幅增加了，净收益则相应下降。图 10－11 描述了在 2005 年出现刘易斯拐点的假设下测算的外商直接投资劳动力净收益率。外商直接投资净收益率指获得新增百元外商投资时对应的外资企业新增劳动力工资性收益减去这些职工放弃在内资企业可能获得的工资性收益。但由于我们假定 2005 年之前劳动力无限供给而之后为有限供给，因此外资企业职工此时在内资企业获得任何工资的机会成本为 0，2005 年以后机会成本显现，即外资企业在劳动力市场产生了完全的挤出效应，反映在图 10－11 中，外商投资劳动力净收益率在 2005 年出现了断点式下降（这与我们的假设有关，实际情况要复杂得多，应该是一个相对缓慢的过程）。1995～2004 年，在假设外资企业就业的劳动力机会成本为 0 的情况下，外商投资劳动力净收益率呈现先低后高的趋势，在 2004 年升至 6.17%，但在 2005 年刘易斯拐点出现的时候，考虑进外资企业就业的劳动力在内资企业就业的机会成本，外汇储备取得过程中劳动力净收益下降至 6.3%，2005 年由于刘易斯拐点的出现而降至 2.04%，在 2010 年则进一步下降到了 0.70%，中国从吸引外商投资中获得的劳动力就业收益的好处已经微乎其微。

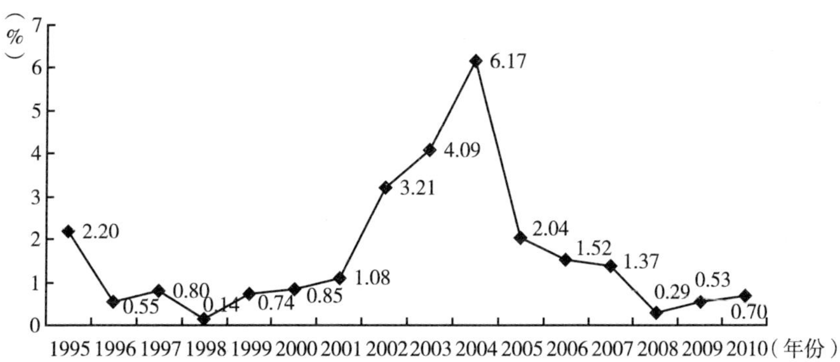


**图 10－11　新增外商投资的劳动力净收益率**

资料来源：根据中经网统计数据库相关数据计算而得，其中有关外商投资的单位已经由美元换算为人民币。

外商投资利用的机会成本上升。中国吸引外商投资在获得劳动力就业和税收等方面收益的同时，也要承担高昂的成本，这些成本主要是外商投资获取的利润。在刘易斯拐点出现之前，外商投资对内资企业发展没有挤出效应或者挤出效应较少，此时外商投资获取的利润并没有和内资企业形成竞争性，这个时候外商投资利润对中国并没有构成实在的成本；而在刘易斯拐点出现之后，外商投资企业对内资企业会产生明显的竞争关系，外商投资利润的增加意味着内资企业利润的减少，从而对中国构成了实在的成本。图 10－12 描述了 2005 年后外商投资企业的利润率，该利润率已经扣除了理论上的 25% 的企业所得税率。图中外商投资企业的利润率只列举了 2005 年以后的情形，这是因为 2005 年以后外商投资企业利润构成对中国的实际成本，而 2005 年以前的外商投资利润不构成对中国的实际成本，或者说成本为零。2010 年外商直接投资利润率达到 17.0%，亦即中国利用外资的实际成本。

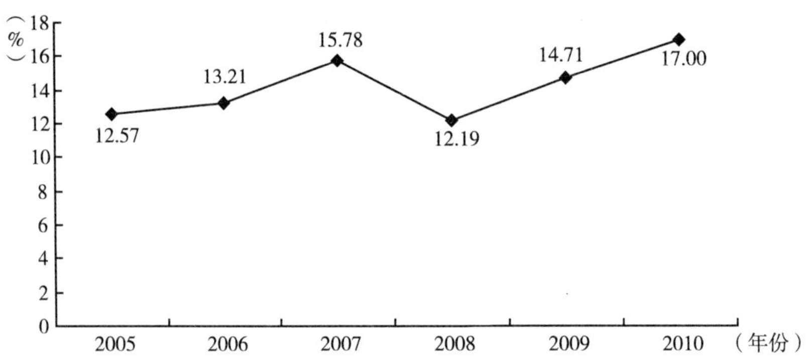


**图 10－12　外商投资企业的投资利润率（利用外资的成本）**

资料来源：根据中经网统计数据库相关数据计算而得。

我们综合考察中国外商投资渠道累积和持有外汇储备的成本收益状况。在刘易斯拐点出现之前，外商投资对于中国劳动力就业和内资企业都没有挤出效应或者很小，通过外商投资累积和持有外汇储备的收益率主要取决于投资净收益率和劳动力净收益率。图 10－13 是通过外商投资渠道外汇储备累积和持有外汇储备净收益，即由中国持有外汇储备的综合收益率与新增外商投资的劳动力净收益之和减去外商投资利润率。该图显示，2002 和 2003 年主要由于美元贬值的影响，通过外商投资渠道累积和持有

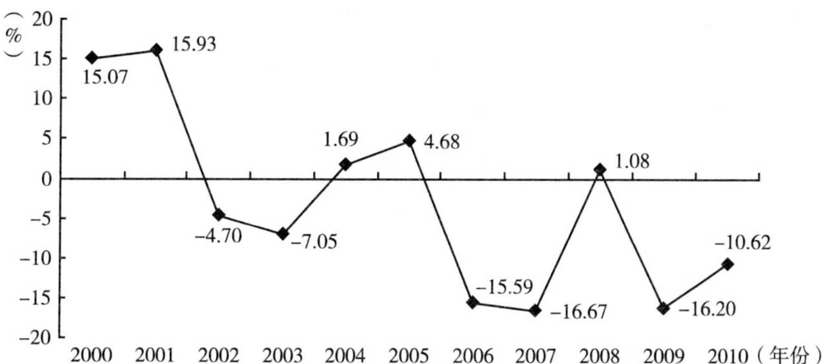


**图 10－13　（通过外商投资渠道）外汇储备累积与持有的净收益率**

注：（通过外商投资渠道）外汇储备累积与持有的净收益率＝中国持有外汇储备的综合收益率＋新增外商投资的劳动力净收益－外商投资利润率。

资料来源：根据图 10－10、图 10－11 和图 10－12 中的相关数据计算而得。

外汇储备的净收益为负，但 2000～2004 年净收益率平均为 5.23%，2005 年以后除了 2005 年和 2008 年主要受美元升值影响净收益率为正以外，其他年份都为负，2005～2010 年净收益率为－8.89%。这些数据表明，随着刘易斯拐点到来，或者说随着外商投资对劳动力就业和内资企业的挤出效应逐渐显现并加强，外汇储备累积和持有的机会成本也越来越大，盲目鼓励外商投资、累积和持有外汇储备将越来越不利于国内部门的利益，而有利于国外部门的利益。

**3. 中国高额顺差的净收益降低**

中国属于城市化进程中的国家，农村劳动力曾经大量剩余，但生产部门和消费部门要按照一定的比例稳定发展，这些农村劳动力也只能渐序转移，从而农村剩余劳动力长期存在。但是，由于中国相对世界的低成本劳动力等资源优势，使得中国可以参与到世界范围的生产分工中来，并通过利用外资和自身积累筹集资金，迅速转移了大批农村剩余劳动力，生产了大量的出口产品，形成巨额贸易顺差。然而，中国最大限度地融入了世界范围的生产分工体系，但是融入世界消费体系却是远远不足的：一是由于中国收入水平仍然较低，消费国外高档产品的能力不足，从而降低了进口生活资料的需求；二是中国国民经济体系较为完整，除了部分高精密的机器设备外，很多生产设备能够自我供应，从而降低了进口生产资料的需求；三是长期的补贴生产的生产优先发展战略导致国民过度储蓄和积累，而消费能力相对不足；四是中国各类社会保障体系不健全或者保障水平偏低，也导致居民消费意愿的进一步降低。这些因素的存在使得中国成为世界的生产工厂，却没有成为世界的消费天堂。

随着经济的发展，中国逐渐进入了新的发展阶段。中国人均收入水平已经大幅提高，劳动力资源逐渐变得紧缺，中国过度参与世界生产分工而较少进行消费的发展模式，越来越显示出其弊端。过去通过高额贸易顺差来累积外汇储备至少可以迅速吸纳农村剩余劳动力和创造部分税收，但是目前这一状况正在改变。大量出口生产雇佣的劳动力开始对供应国内生产需要的劳动力产生挤出效应，出口退税等政策补贴也使得出口创造的税收低于供应国内生产创造的税收，而居民过度储蓄消费不足也主要是由于补贴生产的发展战略和社会保障水平不足而导致的被动储蓄，居民福利受到的损害越来越明显。由于这些因素，中国通过高额顺差累积和持有外汇储备的成本正在上升，而收益开始下降。图 10 - 14 是通过贸易顺差累积外汇储备时的净收益。其中，2005 年以前由于刘易斯拐点尚未出现，贸易顺差对应的产品生产并没有对国内供应产生挤出效应，从而出口退税成本并不构成真正的机会成本，而只有获得劳动力工资性收益，而 2005 年以后则由于产生了挤出效应，出口退税成本构成了真正的机会成本，而劳动力工资性收益也由于挤出效应而降低。假定供应国内和供应国外生产的职工工资相同，则 2005 年以后贸易顺差对应的劳动力工资性收益归于 0。因此，图 10 - 14 中 1998 ~ 2004 年通过贸易顺差累积的外汇储备获得时的净收益就是劳动力净收益率，而 2005 ~ 2010 年净收益率其实就是出口退税成本率。图 10 - 14 显示，在新的阶段，通过大量的贸易顺差取得外汇储备的净收益率已经下降甚至转为负值。

通过贸易顺差累积的外汇储备带来的福利损失也在增加。在中国人均收入较低，没有能力较深融入世界消费体系中时，补贴生产的发展方式虽然也在整体上短期内对居民福利有所损害，但出口部门对居民福利造成的

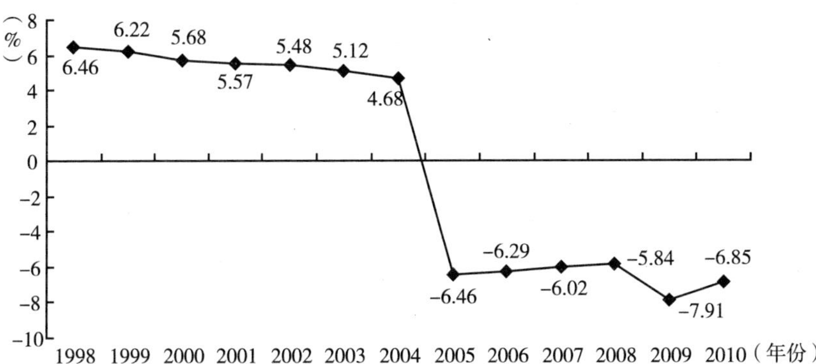


**图 10－14　（通过贸易顺差）外汇储备累积的净收益**

注：图中 1998～2004 年数据为劳动力净收益率，2005～2010 年数据为出口退税成本率。

资料来源：根据 2011 年和 2004 年的《中国统计年鉴》《中国财政年鉴 2011 年》以及中经网统计数据库中的相关数据计算而得。

损害并不存在，因为没有出口部门生产，本国居民福利也不会通过真实的消费得以增进，但国外部门和居民会从中国出口部门生产中收益。但是，当中国人均收入水平提高，有能力消费更多产品时，补贴生产的发展方式使得即使是出口部门生产也对居民消费和福利造成了影响，而且这种影响是长期的，因为此时补贴生产的方式获利的仍然是国外部门或居民。在消费者进行正常的跨期消费安排时，一般效用贴现率采用存款利率来衡量，但是当居民被迫过度储蓄进行跨期消费时，此时的效用贴现率就大幅升高，可以用贷款利率来衡量，二者的差额就是居民的效用损失。国外消费者则因为可以以较低价格借贷中国的外汇储备资金而获得更大的效用。根据中国一年期基准存贷款利差情况，通过贸易顺差获得外汇储备的效用损失率 2005 年为 3.33%，2006 年为 3.60%，2007 年为 3.33%，2008～2010 年都为 3.06%。

我们综合考察中国通过贸易顺差累积和持有外汇储备的成本收益状况。根据外汇储备持有的综合收益率、外汇储备累积的净收益率和外汇储备累积的效用损失率，我们可以得到通过贸易顺差累积和持有外汇储备最终的净收益率。图 10－15 是通过贸易顺差渠道累积和持有外汇储备的净收益率，即由中国持有外汇储备的综合收益率与通过贸易顺差累积外汇储备的净收益率之和减去居民效用损失率。该图显示，除了 2005 年和 2008 年由于美元升值净收益率为正以外，其他年份都为负，平均年收益率为 -5.52%。这表明，在新的发展阶段，当出口部门生产相对于供应国内生产部门显著产生了挤出效应时，通过补贴生产的方式促进生产和出口将对中国生产者利益及居民福利带来较大的负面影响。

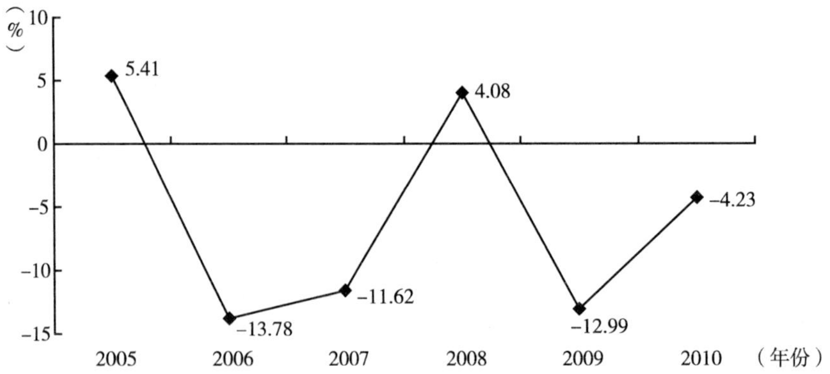


**图 10 - 15 （通过贸易顺差）外汇储备累积与持有的净收益率**

注：（通过贸易顺差）外汇储备累积与持有的净收益率 = 中国持有外汇储备的综合收益率 + 通过贸易顺差累积外汇储备的净收益率 - 居民效用损失率（基准存贷款利差）。

资料来源：根据中国人民银行网站以及图 10 - 10 和图 10 - 14 中的相关数据计算而得。

## 六 结论与对策

中央银行主要通过提高金融机构存款准备金率来冲销巨额的外汇占款，是当前国际分配关系得以维持的机制保证。这主要是因为，央行购买巨额的外汇储备降低了人民币大幅升值的压力，有利于增强出口产品的竞争力而削弱对进口产品的需求，从而可以带来较多贸易顺差。同时，央行大量外汇占款的冲销可以避免基础货币的过度投放，有利于抑制较高的通货膨胀和人民币的实际过度升值。

双顺差的存在曾经为中国经济带来强劲的增长动力，但是目前这一国际分配关系为中国带来的收益越来越低，而成本越来越高，逐渐发生了不利于中国而有利于国外的变化。目前，外商投资对于国内的投资产生了明显的挤出效应，而出口贸易特别是出口顺差部分则对国内的生产和消费产生了较大的挤出效应，劳动力和出口补贴等机会成本逐渐增加，居民福利损失也开始显现，而国外资本和国外部门则可以从中国的投资和贸易中获得高额利润及补贴，使得中国维持以双顺差为基础的这样一种国际分配关系的成本越来越高。

当前这样一种不利于中国的国际分配关系亟须采取必要的措施加以纠正和改变：

第一，逐渐减少主要通过提高金融机构存款准备金率冲销的外汇占款规模。这要求中央银行调整结售汇政策，允许银行、企业甚至个人持有外汇的额度和自由度，减少对外汇的购买和储备规模。

第二，完善人民币汇率形成机制，增加人民币的汇率弹性。减少中央银行对外汇市场的干预度，增加外汇市场对人民币汇率形成机制的基础引导作用，通过增加人民币的浮动幅度来调节外商投资和进出口贸易的规模。

第三，减少对生产部门特别是外商投资的优惠补贴政策，适时矫正已经扭曲的生产消费关系。推进土地、能源和矿产等生产要素的价格形成机制改革，改变生产要素价格过低的状况，特别是要坚决遏制地方在吸引外商投资过程中过度补贴的恶性竞争行为，并进一步促进内外资税收分配关系公平。

第四，采取措施提高国内居民的消费能力和消费意愿。尽快完善社会保障体系，逐步提高保障水平，并促使收入分配关系公平，提高居民消费能力和意愿，改变居民被迫储蓄和产品被迫出口等降低国内福利、增益国外福利的状况。

本章是在刘易斯拐点出现后外资和顺差对中国投资、生产及消费产生了完全的挤出效应的理论假设下展开讨论的。但是，刘易斯拐点究竟是否在 2005 年出现，还是一个在继续进行中的过程，也是需要进一步研究的。同时，即使刘易斯拐点已经出现，但是在此情况下，外资和顺差对中国投资、生产及消费所产生的挤出效应程度也不一定是完全的，也可能只是部分的，所以挤出效应的程度也要进一步研究。并且外资和顺差毕竟也可以带来分工的益处，这种分工的益处有多大，本章也没有进行讨论。这些问题都有待将来进一步研究和回答。

## 参考文献


蔡昉、王美艳：《农村劳动力剩余及其相关事实的重新考察》，《中国农村经济》2007 年第 10 期。

方先明、裴平、张谊浩：《外汇储备增加的通货膨胀效应和货币冲销政策的有效性——基于中国统计数据的实证检验》，《金融研究》2006 年第 7 期。

何慧刚：《中国外汇冲销干预和货币政策独立性研究》，《财经研究》2007 年第 11 期。

李众敏：《我国外汇储备的成本、收益及其分布状况研究》，《经济社会体制比较》2008 年第 4 期。

徐明东、田素华：《中国国际收支双顺差与货币供给动态关系：1994 ~ 2007——基于抵消系数和冲销系数模型的分析》，《财经研究》2007 年第 12 期。

岳意定、张璇：《我国外汇储备对基础货币影响的实证研究》，《世界经济研究》2007 年第 1 期。

张曙光、张斌：《外汇储备持续积累的经济后果》，《国际技术贸易》2007 年第 5 期。

# 第十一章
# 结构性减税政策及其效果评估

## 一 引言

2012年1~9月，中国经济增长率为7.7%，全国财政收入增长率为10.9%，分别比2011年同期回落2个百分点和6.4个百分点。这些数据表明，中国经济增长速度和财政收入增长速度相比上年同期都出现了较大幅度的下滑，但是财政收入增长速度下滑幅度显得更为突出。全国财政收入增长速度较快下滑，既有经济增长放缓和经济结构调整方面的原因，也有政府主动推行结构性减税的原因。财政收入增速的下降固然在一定程度上加重了财政支出的压力，却有利于减轻企业负担和推动结构调整，特别是在中国经济增速持续回落的形势下，对于维持中国经济稳定和促进经济复苏具有重要作用。其中，结构性减税是当前有关各方都高度关注的问题。具体说来，中国实施结构性减税具有三方面意义：第一，有利于降低中国的宏观税负。中国税收收入持续高速增长已超过10年，税收收入占GDP的比重大幅提升，再加上各种非税收收入和社会保障费用，企业负担显得过重，亟须对现行税制进行较大幅度的调整，减轻中国宏观税负水平。第二，有利于增强企业盈利和居民消费能力，从而有效扩大内需。2012 年中国经济增长明显放缓，稳增长成为政府的主要经济目标，而通过结构性减税，增强企业盈利能力和提高居民的消费能力，可以有效扩大投资和消费需求，有利于尽早摆脱经济衰退及低迷的困境。第三，有利于促进经济结构调整和增长方式转变。对中小企业和中低收入居民减税，对符合经济转型和产业升级标准的行业和企业减税，可以降低企业税负，提升其投资能力，也可以提高居民收入水平，增强其消费能力，有利于结构调整、产业升级和扩大内需。因此，研究如何切实推行结构性减税并有效评估其经济效应，对于充分发挥结构性减税在经济结构调整和维护宏观稳定方面具有重要意义。

## 二　宏观税负与结构性减税

### 1. 中国宏观税负处于中等水平，但呈上升趋势

中国宏观税负处于世界中等水平。衡量宏观税负主要有三种标准：一是以税收对 GDP 的占比来衡量的小口径宏观税负；二是以财政收入对 GDP 占比来衡量的中口径宏观税负；三是以政府收入对 GDP 占比来衡量的大口径宏观税负。2009 年《福布斯》公布的全球税收痛苦指数排行榜中，中国位列第二，紧随法国之后。“《福布斯》杂志的‘税负痛苦指数排名’带有一种明显的主观判断，由于税制结构的不同，仅仅是按照《福布斯》税收痛苦指数对不同税种的法定税率作简单加权，并不能真实反映税负水平”[①]（杨涛）。“纵向地看中国宏观税负还是有些高，主要表现在中国主体税种的最高边际税率相对较高，法定税率水平相对于发达国家相应税种的税率水平也是不低的。比如，中国个人所得税的最高边际税率为 45%，而英国是 40%，日本是 37%，美国是 35%，俄罗斯则实行 13% 的比例税率。而且除主体税种以外，中国还有消费税和其他地方税

① 周小苑：《外界夸大了中国税负水平》，2011 年 9 月 1 日第 2 版《人民日报（海外版）》，http：//paper. people. com. cn/rmrbhwb/html/2011 -09/01/content_ 913038. htm。

等，使税收负担的名义水平较高。”① 尽管存在争议，我们仍然要理性地解读福布斯痛苦指数，反思中国目前税制结构中存在的问题。如图 11－1 所示，中国的税负水平处于中低位置，最低的是阿联酋，为 1.4%，最高水平的是丹麦，为 50.0%。中国宏观税负水平为 17%，与此水平相当的是赞比亚 16.1%、塔吉克 16.5%、泰国 17%、智利 17.1%、布隆迪 17.4%、印度 17.7%。其中发达国家中韩国为 26.8%、日本为 27.4%、美国为 28.2%、加拿大为 33.4%、英国为 39%、荷兰为 39.5%、德国为 40.6%、意大利为 42.6%、法国为 46.1%。单从国家税收收入与 GDP 的占比来看，在比对的 179 个国家中，中国的宏观税负水平（不含税外的各种收费）基本处于中端水平，与一些发达国家相比存在明显的差距。

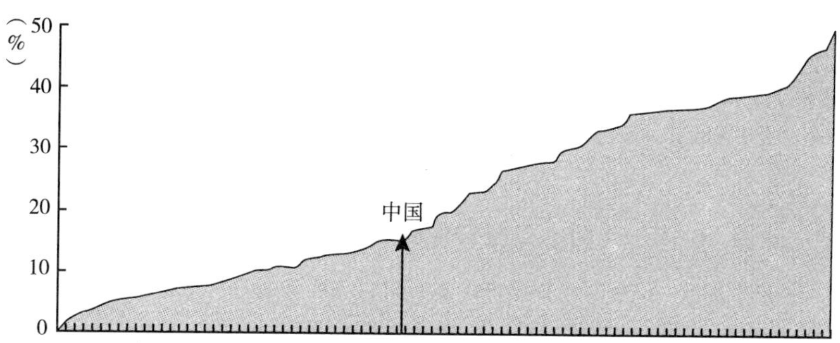


**图 11－1　2009 年各国税收占 GDP 比例与中国排位**

资料来源：美国传统基金会公布的经济自由指数 2009。

中国宏观税负呈现逐步上升趋势，中小口径的宏观税负缺口逐渐拉大。我们分别采用中小宏观税负口径做纵向对比。小口径的宏观税负中只体现出来绝对税负对 GDP 的比例，不含其他行政性处罚的费用、款项。通过财政收入对 GDP 水平衡量的中口径宏观税负，不仅包括了税收，也含有罚金、费用等其他行政收入。如图 11－2 所示，2000 年数据显示，小口径的宏观税负与中口径宏观税负分别为 12.7% 和 13.5%，二者相差

① 周小苑：《外界夸大了中国税负水平》，2011 年 9 月 1 日第 2 版《人民日报（海外版）》，http：//paper. people. com. cn/rmrbhwb/html/2011－09/01/content_ 913038. htm。

不到1%。2011年，中口径的宏观税负水平为22.0%，小口径的宏观税负为19.0%，缺口拉大3.0个百分点，中小口径的宏观税负水平随着时间变化而呈现逐渐拉大的趋势。如图11－3所示，在中国的财政收入组成中，税收收入的比重保持在88%左右，而其他非税收收入比重占11%左右。2009年以来，政府积极推行结构性减税，减免了部分税收，但是普遍性的增税政策又悄然推出，如地方教育费附加、税务代征工会经费、税务代征残疾人保障金、提高车船税税额等的开征，因此税收收入比重有上升的趋势。

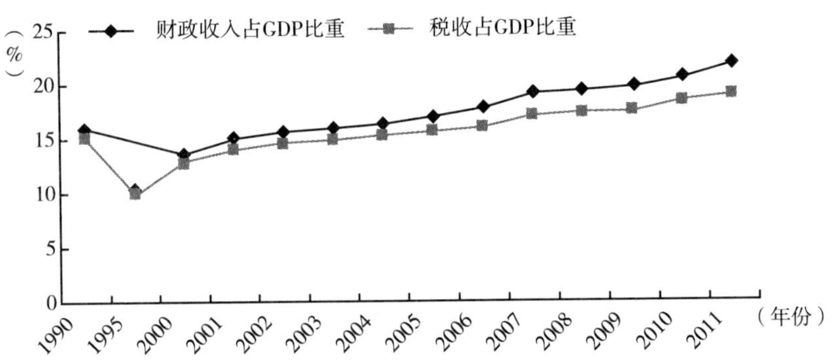


**图11－2　中国小口径宏观税负与中口径宏观税负比较**

资料来源：根据《中国统计年鉴2011》提供数据绘制而成。

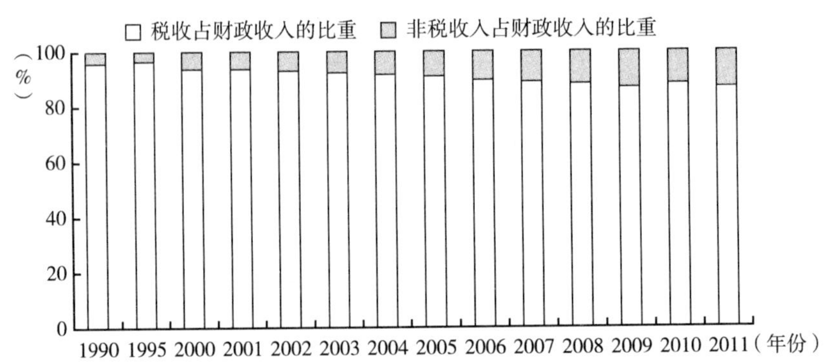


**图11－3　政府财政收入构成**

资料来源：根据2008～2011年的《中国统计年鉴》提供数据绘制而成。

税收弹性维持在较高水平，具有一定的超增长特征。税收弹性被定义为税收对经济增长的反应程度，指税收收入增长率与经济增长率之比。图

11－4 描绘了中国 1991～2011 年税收弹性变化情况。从图 11－4 可以看出，税收的弹性从 1997 年开始就始终维持在 1.0 以上，即税收增长率高于经济增长率，1999 年甚至达到 2.5。经历几次波动之后，在 2003 年达到 1.0 的水平，2003～2007 年之间微幅上调至 1.4，受到经济危机的影响，2008 年水平跌至 1.0，之后又逐渐爬升至 2011 年的 1.3 水平。总的来说，近 15 年来税收弹性均大于 1，也就是说税收增长的速度是超经济增长的，而且税收弹性与经济形势密切相关。

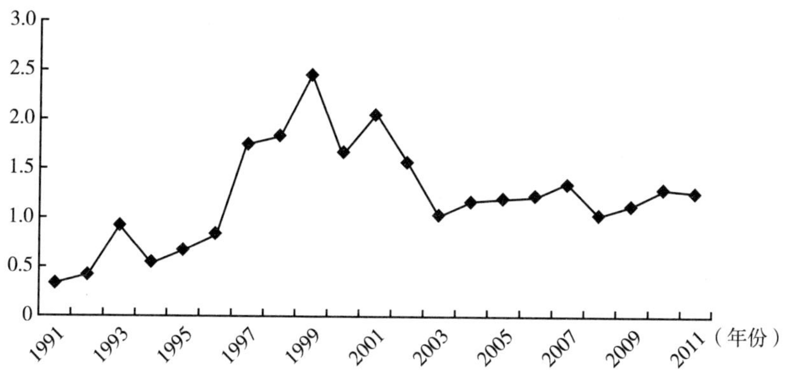


**图 11－4　1991～2011 年中国税收弹性**

资料来源：根据《中国统计年鉴 2011》提供数据绘制而成。

综合考虑，中国宏观税负横向比较来说不算很高，但从历史来看，呈现逐年上升趋势，而且税收收入占 GDP 的比重越来越大。但是，由于中国仍处于发展过程中，不应建立水平过高的社会福利体系，宏观税负不宜设置过高。特别是中国目前处于经济结构调整与转型的关键时期，世界经济形势疲软同样给中国经济增长带来压力，国内消费不济、企业面临成本上升、市场紧缩、失业上升，这个时候进行税收结构调整、减轻宏观经济负担，对企业与国民来说都是有利的。

**2. 减税范围广泛，重在结构调整**

结构性减税有别于全面的减税，是针对特定税种、基于特定目的而实行的税负水平削减。尽管在税收政策上同样会有增有减，但结构性减税追求的目标是纳税人实质税负水平的下降。实行结构性减税，结合推进税制改革，用减税、退税或抵免的方式减轻税收负担，促进企业投资和居民消费，是实行积极财政政策的重要内容。

从中国出台的结构性减税的政策措施来看，结构性减税主要体现在以下几个方面。

（1）扩大消费需求，保障民生

第一，进一步扩大内需特别是居民消费需求，是保持中国经济持续平稳较快发展的重要基础。为增加居民收入，减轻中低收入者税收负担，提高居民消费能力，从2008年10月起，对储蓄存款利息所得暂免征收个人所得税，从2011年9月1日开始实施新修订的个人所得税法，从2012年开始降低包括居民日用品在内的700多种商品进口关税，对219个品种蔬菜免征批发和零售环节增值税。这些措施为提升消费对经济增长的贡献发挥了积极作用。第二，在改善民生方面。2008年以来，国家相继延长促进就业再就业的税收优惠政策执行期限，出台鼓励就业创业的税收扶持政策，并将大学生、农民工、城镇就业困难群体等作为扶持的重点，其中下岗再就业人员和残疾人员等享受的税收减免已有几百亿元。为支持解决群众住房问题，2008年以来先后对廉租房、经济适用房、公租房建设和运营实施房产税、土地增值税、契税、印花税等税收优惠政策。

（2）积极促进产业结构优化升级

产业结构升级主要体现在三个方面，促进现代服务业发展，推动技术进步，以及推进节能减排。第一，推动服务业发展。2009年，对农村信用社、农村商业银行给予营业税等优惠，支持金融保险业和资本市场健康发展。从2009年开始，对21个服务外包示范城市的技术先进型服务企业实行企业所得税、营业税等优惠政策，支持技术先进型服务业发展。从2009年起，实施促进经营性文化事业单位转企改制、文化产业、动漫产业等发展的增值税、企业所得税等税收优惠政策，支持文化体制改革和文化事业发展。这些减税措施有利于加快现代服务业的发展。第二，推动科技进步和自主创新。充分发挥科技支撑作用，对调整经济结构、加快转变经济发展方式具有决定性意义。从2008年开始，实施新《企业所得税法》，对企业研发费用实行加计扣除，对国家重点扶持的高新技术企业按15%税率征收企业所得税，鼓励技术开发和自主创新。2008年以来，为支持科技企业孵化器和大学科技园建设，实施有关营业税、房产税和城镇土地使用税等优惠政策。2011年，为鼓励软件产业和集成电路产业发展，实施增值税等优惠政策。这些政策促进了中国技术进步和高科技产业的发展。第三，推进节能减排和环境保护。促进形成节约能源资源、保护生态环境的产业结构、增长方式和消费模式，是实现经济社会长期协调可持续发展的必然要求。从2008年起，中国先后调整和完善节能减排、环境保护等税收政策，对国内企业为生产大型环保和资源综合利用等设备而进口关键零部件和原材料免征关税和进口环节增值税，企业购置用于环境保护、节能节水等专用设备的投资额可抵免部分企业所得税。

（3）促进小型、微型企业发展

2009年，国家出台对小微企业减半征收企业所得税、金融企业对中小企业贷款损失专项准备金准予所得税前扣除等税收政策；2010年，出台对符合条件的农村金融机构金融保险收入减按3%征收营业税等政策；2011年，又出台促进小型微型企业发展、提高个体工商户增值税和营业税起征点等税收优惠政策。

（4）大力支持区域协调发展

2010年，党中央、国务院决定实施新一轮为期十年的促进西部大开发税收政策，对设在西部地区的鼓励类产业企业减按15%税率征收企业所得税，符合国家扶持条件的公共基础设施项目投资等所得可享受企业所得税“三免三减半”优惠。继续实施或新出台支持特殊困难地区、民族边疆地区等区域发展的税收优惠政策。2011年，在海南进行离境退税和离岛免税政策试点。

综上所述，国家出台的政策措施涉及中国经济的方方面面，具有积极意义，出台的政策较多凸显了中央通过结构性减税调整经济结构和稳定经济增长的决心。但是，减税措施多并不代表力度足够大，更不代表就可以显著减轻企业负担。事实上，由于减税政策实施起来比较难以把握，实施效果也很难度量，加之地方政府征税行为的不规范，都可能削弱结构性减税的实际功效，使结构性减税达不到预定的政策效果。

## 三 结构性减税政策与效果

### 1. 增值税：转型为主，降率为辅

2008年11月5日，国务院第34次常务会议决定，自2009年1月1日起，在全国范围内实施增值税转型改革。增值税转型改革的核心是在企业计算应缴增值税时，允许扣除购入机器设备所含的增值税。具体来说，增值税转型改革包括以下内容。

第一，自2009年1月1日起，全国所有增值税一般纳税人新购进设备所含的进项税额可以计算抵扣。

第二，购进的应征消费税的小汽车、摩托车和游艇不得抵扣进项税。

第三，取消进口设备增值税免税政策和外商投资企业采购国产设备增值税退税政策。

第四，小规模纳税人征收率降低为3%。

第五，将矿产品增值税税率从13%恢复到17%。

根据增值税转型改革的五个方面，我们发现有四条是减税，有一条是增税，从增值税总体的改革思路来看，应该是减少增值税税收总量。图11－5反映了2007年第1季度至2012年第3季度，中国增值税的基本情况，该区间涵盖了增值税改革前后两个区间，可以反映中国增值税转型改革的基本情况。

从图中我们发现，增值税占GDP比重也基本维持不变，而中国增值税税收总量在不断增长。从增长率来看，中国的增值税增长情况与中国经济增长率情况基本相似，2008年第4季度到2009年第4季度期间经历了一个增长率下滑的过程，2009年第4季度到2011年第4季度，增值税增长率稳步上升，2011年第4季度到现在，增值税增长率有一定幅度的下降。总体而言，增值税在经济增长放慢的情况下继续保持增长趋势，增值税减税效果不显著。

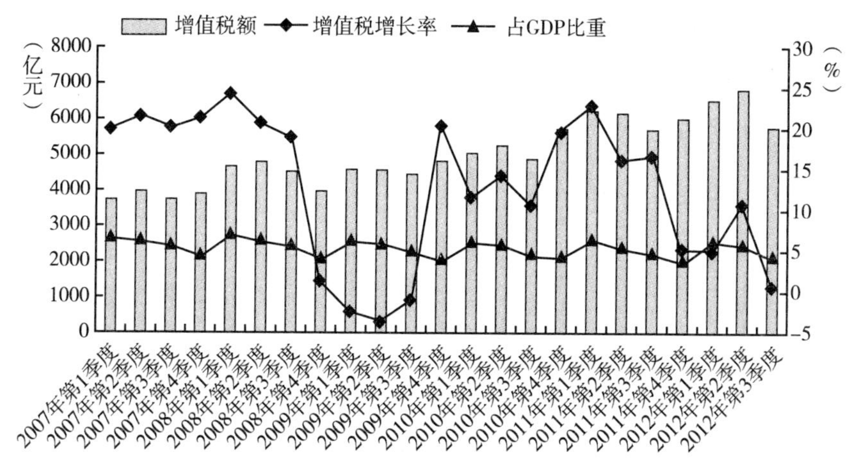


**图 11 - 5　增值税基本情况**

资料来源：根据中经网统计数据库数据绘制而成。

**2. 营业税：营改增尚在进行，亟须全国推广**

当前，中国正处于加快转变经济发展方式的攻坚时期，大力发展第三产业，尤其是现代服务业，对推进经济结构调整和提高国家综合实力具有重要意义。按照建立健全有利于科学发展的财税制度要求，将营业税改增值税，有利于完善税制，消除重复征税；有利于社会专业化分工，促进三次产业融合；有利于降低企业税收成本，增强企业发展能力；有利于优化投资、消费和出口结构，促进国民经济健康协调发展。为了贯彻落实国务院关于先在上海市交通运输业和部分现代服务业开展改革试点的决定，根据经国务院同意的《营业税改征增值税试点方案》，财政部和国家税务总局印发了《交通运输业和部分现代服务业营业税改征增值税试点实施办法》《交通运输业和部分现代服务业营业税改征增值税试点有关事项的规定》和《交通运输业和部分现代服务业营业税改征增值税试点过渡政策》。

营业税改增值税最终的落脚点自然是营业税要逐步降低。图 11 - 6 显示了中国营业税的基本情况：2007 年第 1 季度至 2012 年第 3 季度，每季度的营业税总体是上升的，而营业税占 GDP 比重以及营业税的增长率在 2010 年第 2 季度以后出现了一定幅度的下降。从营业税与增值税的比重关系来看，营业税占增值税的比例提高了，这表明，工业企业增值税负担相对于服务业企业营业税负担有所降低，营业税转增值税改革迫切需要在全国范围内推广，以避免资源过多流向税收负担已降低了的工业企业，造成资源错配，阻碍本已滞后的服务业企业的发展。

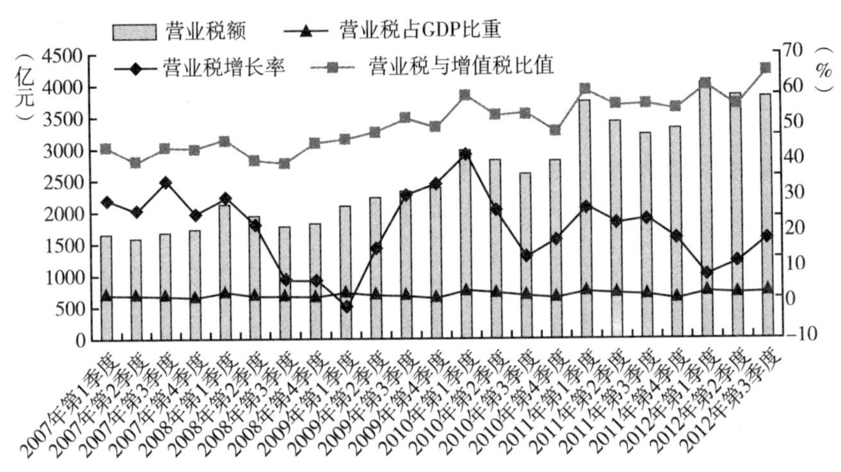


**图 11-6　营业税基本情况**

资料来源：根据中经网统计数据库数据绘制而成。

**4. 企业所得税：着力结构调整，效果有限**

随着 2008 年《企业所得税法》颁布实施，围绕转方式、调结构的发展目标，国家重点从促进中小企业发展、推动科技进步和自主创新、保障和改善社会民生、鼓励节能环保等方面颁布实施了一系列企业所得税结构性减税政策，在实现可持续发展，提升中国核心竞争力和技术创新推动力，推动产业结构优化升级，促进区域、社会协调发展等方面显示出功效。

（1）建立更加科学公平的税收环境

2008 年 1 月 1 日，《中华人民共和国企业所得税法》（以下简称《企业所得税法》）及《中华人民共和国企业所得税法实施条例》（以下简称《企业所得税法实施条例》）颁布施行，将原外资企业和原内资企业的税率统一为 25%。

（2）促进中小企业发展

《企业所得税法》第二十八条对支持小微企业发展作出了规定，符合条件的小型微利企业，减按20%的税率征收企业所得税。在2009～2011年三年内，财政部和国家税务总局又多次下文，分别加大了对小型微利企业的优惠力度，延长了优惠期限并扩大了优惠范围。

2011年底，为进一步支持小型和微型企业健康发展，财政部、国家税务总局联合下发了《关于小型微利企业所得税优惠政策有关问题的通知》（财税〔2011〕117号）。通知明确，自2012年1月1日至2015年12月31日，对年应纳税所得额低于6万元（含6万元）的小型微利企业，其所得减按50%计入应纳税所得额，按20%的税率缴纳企业所得税，小微企业享受优惠的时间进一步延长，力度进一步加大。

（3）推动科技进步和自主创新

科学技术进步是生产力发展的重要动力，是人类社会进步的重要标志，推动科技进步与创新是时代的要求，也是转变发展方式和调整经济结构的重要途径。《企业所得税法》在推动科技进步和鼓励企业自主创新方面也给予了许多优惠。

从企业所得税的所有政策措施来看，企业所得税改革的主要目标都是减免税收。由于企业所得税的季节波动很大，我们主要根据其平均趋势来判断中国企业所得税的基本情况，如图11－7所示。2007年以后，企业所得税总量也是不断上升的，而企业所得税占GDP的比重基本维持不变，特别是从2009年第1季度以来，企业所得税的增长率一直呈上升趋势。结合这三方面的情况来看，从总量来说，中国企业所得税并没有实质性地减免企业的税负。

**4. 出口退税：力度较大，效果显著**

出口退税率提高和免抵退税适用范围的扩大都是实行结构性减税的重要举措，在直接促进相关行业的外贸出口和产业结构调整方面发挥了重要作用。出口退税率调整直接面向出口企业，传递环节少，政策见效快，一方面，增强了企业出口产品的议价能力；另一方面，企业货物出口后即可按照提高后的退税率申请退税，直接增加了企业所得，提高了企业的盈利

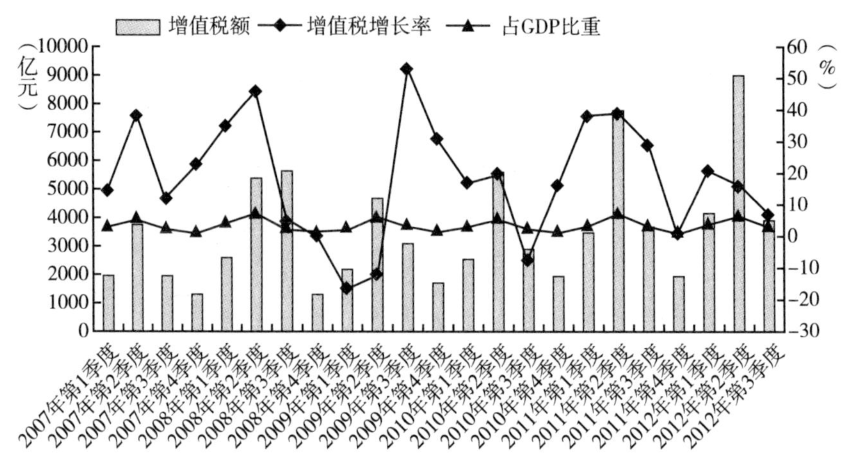


**图 11－7　企业所得税基本情况**

资料来源：根据中经网统计数据库数据绘制而成。

能力。从出口退税政策的调整看，国家在制定出口退税调整政策中，始终注意处理好保增长、保就业和调结构之间的关系，明确将劳动密集型、高科技含量等行业作为出口退税政策调整的重点。

出口货物退（免）税是各国在国际贸易业务中对报关出口货物退还其在国内生产环节和销售环节缴纳的增值税和消费税。它是国际贸易中通常采取并为各国接受的方式，目的在于鼓励各国出口货物公平竞争的一种税收措施。2008 年下半年爆发的全球金融危机给中国的外贸出口带来了很大影响，国际市场萎缩，国外需求下降，外贸出口出现负增长。为应对国际金融危机对中国经济带来的影响，自 2008 年以来，国家多次对出口退税率进行了调整，并适当扩大了实行免抵退税的企业和产品范围。

如图 11－8 所示，2007 年以来，中国出口退税总量占 GDP 比重呈现稳步上升的趋势。出口退税增长率在 2010 年前两季度出现了一定幅度的下降，2012 年第 1 季度和第 2 季度，出口退税增长率也出现了一定幅度的下降，这都与中国的经济增长率和外贸出口形势高度相关。以上事实表明，中国的出口退税一定程度上促进了中国的出口，但在外部需求不振的情况下，作用仍相对有限。

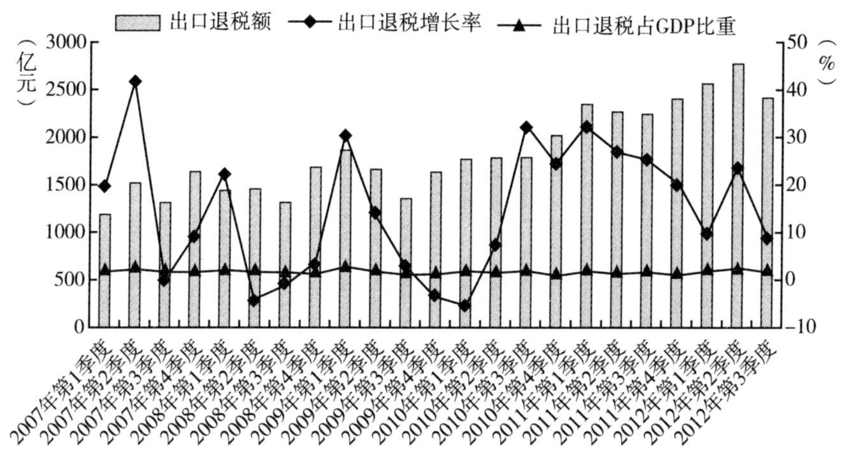


**图 11－8　出口退税基本情况**

资料来源：根据中经网统计数据库数据绘制而成。

**5. 其他：个人所得税减税效果相对明显，其余相对较弱**

扩大内需特别是居民消费需求，是保持中国经济持续平稳较快发展的重要基础。为增加居民收入，减轻中低收入者税收负担，提高居民消费能力，从 2008 年 10 月起，对储蓄存款利息所得暂免征收个人所得税；在 2008 年 3 月提高工资薪金所得费用减除标准的基础上，从 2011 年 9 月 1 日开始，实施新修订的《个人所得税法》；2012 年开始降低包括居民日用品在内的 700 多种商品进口关税，对 219 个品种蔬菜免征批发和零售环节增值税。这些措施为提升消费对经济增长的贡献发挥了积极作用。

2010 年，经国务院批准，财政部和国家税务总局为支持和促进就业，鼓励以创业发动就业，下发了《财政部国家税务总局关于支持和促进就业相关税收政策的通知》（财税〔2010〕84 号）文件。文件规定，对商贸企业、服务型企业（除广告业、房屋中介、典当、桑拿、按摩、氧吧外）、劳动就业服务企业中的加工型企业和街道社区具有加工性质的小型企业实体，在新增加的岗位中，当年新招用持《就业失业登记证》（注明“企业吸纳税收政策”）人员，与其签订 1 年以上期限劳动合同并依法缴纳社会保险费的，在 3 年内按实际招用人数予以定额依次扣减营业税、城市维护建设税、教育费附加和企业所得税优惠。定额准则为每人每年

4000 元，可上下浮动 20% 。

图 11 - 9 显示了消费税、个人所得税、城市维护建设税、房产税以及海关代征增值税和消费税的基本情况。从图中可以看出，个人所得税增长幅度减缓，2011 年第 3 季度以来甚至出现负增长，而其他几种税收都保持了稳步上升的趋势，只是 2011 年以来增速有所放缓。因此，除了个人所得税外，其他税收种类没有体现明显的结构性减税的政策效果。

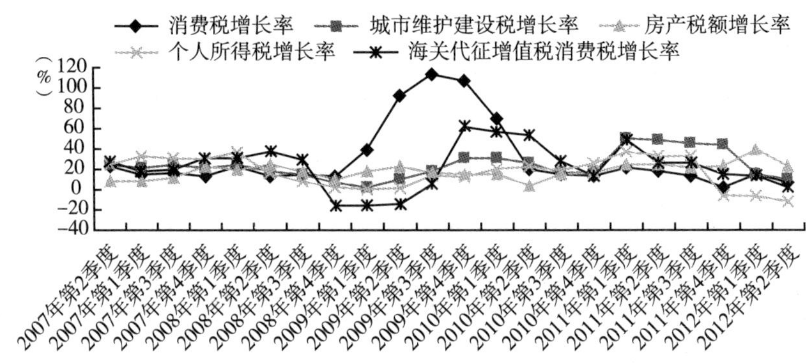


**图 11 - 9　消费税、个人所得税等五项税收基本情况**

资料来源：根据中经网统计数据库数据绘制而成。

综上所述，中国的结构性减税除了出口退税政策达到了政策预期目标外，其他的结构性减税政策均未达到减税的目的。具体而言，在增值税转型、资源税优惠政策、消费税优惠政策、企业和个人所得税的优惠政策方面，没有看到各项税收的下降趋势，看到的是各项税收的稳步增长。营业税改增值税作为中国结构性减税的重要内容，也没有看到营业税占增值税比重的下降，而是营业税占增值税比重的上升。

这表明，虽然中国出台了很多结构性减税的措施，但是从减税的规模其实非常小，难以发挥结构性减税在 2012 年稳增长中的重要作用。不仅如此，中国的结构性减税还可能演化为结构性增税（高培勇，2012），也就是说结构性减税的具体措施没有落实，而所有的增税措施都落实了，结果导致税收总量增加，税负加重，不利于中国目前稳增长、调结构的经济发展目标。

## 四　结构性减税总体效应的度量

为了深入了解结构性减税的实施效果以及对经济的效应，我们试图测算各项结构性减税的额度，以及结构性减税对经济增长的影响。由于各项结构性减税仅仅针对各项税收内部个别税种进行减税，更重要的是，有的结构性减税措施同时伴随着结构性增税，因此根据各项结构性减税措施测算减税的额度不具有可行性。本章用预测方法来测算2012年结构性减税额度，以及各项结构性减税的额度。具体做法如下：第一，根据2001~2011年的《中国统计年鉴》，得到31个省、市、自治区2000~2010年GDP和各项税收的数据；第二，使用面板回归模型估计总税收、各项税收与GDP之间的关系；第三，预测2012年税收总额以及各项税收总额；第四，用2012年总税收与各项税收的实际数据减去各自的预测值，得到2012年各项税收和结构性减税的额度。

**1. 企业所得税过度征收，导致总体减税效果偏小**

根据各省2000~2010年GDP和各项税收收入，我们用面板数据模型进行回归分析，使用的数据是当年价格，没有对这些数据进行价格指数的平减折算。在回归模型中，首先对GDP和税收取对数，估计税收对GDP的弹性模型，这样不仅可以提高模型估计的准确性，而且便于预测分析。在回归模型中，还加入了投资、就业、出口等变量，结果发现，这些变量均不显著，因此予以删除，最后的回归模型中，把GDP作为唯一的解释变量。最后，用固定效应模型和随机效应模型进行估计，经过Hausman检验，使用固定效应模型更好，计量结果参见表11-1。

从表11-1可以看出：第一，固定效应模型和随机效应模型估计结果的实际差异比较小，这说明估计方法对预测结果的影响较小；第二，各项系数都在1%的水平上显著；第三，模型的$R^2$也比较高，可以用于预测分析。由于Hausman检验表明固定效应模型优于随机效应模型，我们最终使用固定效应模型的估计系数进行预测分析。预测分析的结果参见表11-2。

**表 11-1 各种税收的估算模型**

| 模型 | 变量 | 总税收 | 增值税 | 营业税 | 个人所得税 | 企业所得税 |
|---|---|---|---|---|---|---|
| 固定效应模型 | lnGDP | 1.26***<br>(150.15) | 0.99***<br>(81.53) | 1.28***<br>(126.66) | 0.91***<br>(42.05) | 1.23***<br>(39.36) |
| | 常数 | -4.76***<br>(-66.38) | 4.84***<br>(46.43) | 2.88***<br>(33.16) | 4.35***<br>(23.40) | 2.42***<br>(9.06) |
| | $R^2$ | 0.99 | 0.96 | 0.98 | 0.85 | 0.83 |
| | $R^2-a$ | 0.99 | 0.95 | 0.98 | 0.84 | 0.82 |
| | ll | 395.79 | 268.23 | 330.88 | 71.07 | -52.31 |
| 随机效应模型 | lnGDP | 1.25***<br>(-145.72) | 1.00***<br>(-83.82) | 1.28***<br>(-123.16) | 0.93***<br>(-43.91) | 1.22***<br>(-41.95) |
| | 常数 | -4.69***<br>(-53.90) | 4.81***<br>(-41.82) | 2.94***<br>(-26.16) | 4.24***<br>(-21.48) | 2.48***<br>(-9.48) |

注：*** 表示 1% 水平显著；括号里为系数估计值的标准误差；$R^2$ 为样本决定系数，$R^2-a$为修正的样本决定系数；ll 为似然函数值。

资料来源：根据 2001~2012 年的《中国统计年鉴》数据和面板数据模型估算得到。

**表 11-2 结构性减税的效果预测**

| 类别 | 税收弹性 | 税收增长率(%) | 2011 年前三季度税收实际值(亿元) | 2012 年前三季度税收预测值(亿元) | 2012 年前三季度税收实际值(亿元) | 减税额度(亿元) |
|---|---|---|---|---|---|---|
| 总税收 | 1.26 | 12.60 | 81663.34 | 91952.92 | 90588.00 | 1364.92 |
| 增值税 | 0.99 | 9.90 | 18198.68 | 20000.35 | 19260.00 | 740.35 |
| 营业税 | 1.28 | 12.80 | 10365.63 | 11692.43 | 11623.00 | 69.43 |
| 个人所得税 | 0.91 | 9.10 | 4995.12 | 5449.68 | 4574.00 | 875.68 |
| 企业所得税 | 1.23 | 12.30 | 14817.11 | 16639.61 | 16998.00 | -358.39 |

注：这里总税收即财政收入。

资料来源：根据表 11-1 结果计算及中位网统计数据库有关数据计算而得。

根据固定效应模型的预测结果，总税收对 GDP 的弹性为 1.26，2012 年前三季度名义经济增长率为 10.0%，计算出 2012 年前三季度税收总额的增长率为 12.6%，而 2011 年前三季度税收的总额为 81663.34 亿元，从而预测出 2012 年前三季度税收总额为 91952.92 亿元。2012 年前三季度实际税收总额为90588.00亿元，最后计算出预测税收和实际税收差异为1364.92亿元，即由于结构性减税政策导致2012年前三季度税收总额大概减少了1364.92亿元。

根据上面类似的方法，可以预测出其他各项税收由于结构性减税带来的减税额度。经测算，由于结构性减税，增值税、营业税、个人所得税分别减免了税收740.35亿元、69.43亿元、875.68亿元，而企业所得税增加了358.39亿元，把这四项税收的减税额度相加，得到2012年前三季度结构性减税的额度为1327.07亿元。因此，从各项税收预测加总的结果与使用总税收预测的结果之间差异较小。综合两方面的预测结果，我们认为2012年前三季度由于结构性减税导致全年税收减免1364.92亿元。根据2012年前三季度税收的总额为90588.00亿元，那么全年减税的比重大约为1.5%。

首先估计消费方程，根据2000~2011年的数据，估计出消费占GDP比重为0.38（T=29.2），税收占GDP比重为0.20（T=80），T为统计值。然后我们根据税收乘数的公式①，计算出中国的税收乘数为0.54。根据测算的减税额度为1364.92亿元，以及税收乘数0.54，计算出2012年前三季度由于结构性减税导致GDP增加了737.1亿元。

**2. 地方“结构性增税”，弱化中央减税效果**

2006年以前，中央财政年增长率为19.5%，而地方财政增长率年为18.5%，2007年以后，中央财政年增长率为15.3%，地方财政年增长率为20%，地方财政的年增长率高于中央。进入2012年以来，中央财政受到进口增长大幅降低、价格涨幅回落、企业利润下降、实施结构性减税以及加快出口退税进度的影响，增长大幅度回落，而地方财政主要是受房地产市场交易量增加带动相关税收增加以及加强国有资源（资产）有偿使用收入等征管的影响，增长大幅度上升。到了2012年9月份，全国财政收入8258亿元，中央本级收入3664亿元，同比下降2.4%；地方本级收入4594亿元，同比增长26.8%，中央财政收入下滑、地方财政收入加速

① 税收乘数 - b/［1 - b（1 - t）］，其中t为税率，这里为0，b为边际消费倾向。

增长的趋势越来越明显。显然，结构性减税主要由中央财政执行，地方政府在执行结构性减税的同时，还在进行“结构性增税”。

从上面的分析看到中央在实施结构性减税，而地方在实施结构性减税的同时却在积极地采取增税措施。根据财政与GDP的数据，我们计算出中央财政与GDP的弹性为1.08，地方财政与GDP的弹性为1.41。如果按照2012年前三季度经济增长率10.0%计算，那么2012年中央财政增长10.8%，地方财政增长14.1%。2012年前三季度，累计全国财政收入90588亿元。其中，中央本级收入44809亿元，同比增长6.8%；地方本级收入45779亿元，同比增长15.2%。如果按照前三季度中央和地方财政的增长率计算，那么2012年中央财政实际增长率比预测增长率低4.0个百分点，而地方财政实际增长率比预测财政增长率高1.1个百分点。2011年前三季度中央和地方财政分别为41937.7亿元和39725.6亿元，计算出2012年前三季度中央财政减少收入1658.0亿元，而地方财政增加452.1亿元。由此可见中央财政负担了所有的结构性减税。

## 五　问题与建议

### 1. 结构性减税中存在的问题

当前经济增长速度放缓，稳增长的压力加大，为了促进经济增长和结构调整，中国实施了结构性减税。结构性减税不仅可以降低中国的宏观税负，而且可以扩大内需，促进经济平稳较快增长，推动中国实施经济结构调整和增长方式转变。因此，结构性减税是积极财政政策的主要方面和主要方向。需要适度合理地减税以稳定和促进中国经济的平稳增长。根据本章的分析，我们发现中国的结构性减税幅度不大，减税效果不理想，主要存在以下问题。

第一，结构性减税政策多，覆盖面广，但是减税政策主要围绕小税种进行小幅度的调整，尚未触及主要税种的减税。从2008年以来，中国先后出台了20多项结构性减税的措施，涉及国民经济的各个领域，但是这些减税措施主要是针对小微企业进行的。实际上，中国的税收中90%由大中型企业提供，因此，结构性减税难以较大幅度地降低中国的税负。

第二，营业税改增值税是目前最大的一项结构性减税，但是该政策目前在上海仍处于试点阶段，对中国总体税收的冲击很小，难以实现结构性减税的政策目标。根据我们测算，营业税改增值税后，营业税的减税额度大约为500亿元。根据国家税务总局的估算，全国实行营业税改增值税，减税规模大约为1000亿元（高培勇，2012）。

第三，结构性减税与结构性增税同时存在，削弱了结构性减税的力度。比如，增值税的转型改革主要涉及五个方面，有四条是减税，一条是增税，减税的力度小，增税的幅度大。此外，从各项结构性减税措施来看，结构性减税政策方向明确，但是实施细则很模糊，并没有对减税的企业进行详细、准确的定义，最终使得很多原本可以减税的企业没有获得减税的优惠。更为严重的是，各地方出现了增税措施，最为典型的是2010年各地方普遍开征教育费附加税收，且增收的力度很大，这一措施部分抵消了结构性减税的政策效果。

第四，在结构性减税中，中央财政和地方财政贡献不同。中央财政在做单边的结构性减税，切实减少税收，降低了税负，但是地方财政一边在进行结构性减税，另一方面进行“结构性增税”，且增税的幅度大于减税的幅度，最终使得地方财政在一定程度上增加了收入和税负。

第五，结构性减税的规模较小，对国民经济、居民消费的影响较小，难以达到“扩内需，稳增长，调结构”的目标。从2012年的增值税、营业税、消费税、企业所得税的增长趋势来看，这些税收并没有出现明显的增长放缓的迹象。从我们对结构性减税额度的测算来看，2012年减税的额度大概为900亿元。总体而言，中国结构性减税幅度较小，不能发挥积极的作用。

**2. 推进结构性减税的建议**

根据上述存在的主要问题，建议做好以下调整：

第一，应当明确2013年全年的结构性减税总规模。除了进一步出台结构性减税的措施外，应当关注结构性减税的总规模，而且应该进一步细化中央和地方财政的减税规模。只有减税规模达到一定程度，才能体现结构性减税"稳增长、扩内需和调结构"的作用。

第二，在结构性减税的措施中，考虑增加对大中型企业的减税，即使减税的幅度很小，结构性减税增长的总体效果也会更加显著。现有的税收主要针对小微企业进行，而小微企业税收在税收中的比例较小，因此针对小微企业的结构性减税很难实现较大规模的减税，难以实现结构性减税的宏观调控目标。可以适当调整针对大中型企业的税收政策，从而扩大减税规模，进一步降低税负，提高大中型企业的经济获利，促进经济平稳较快增长。

第三，采取措施防止"结构性增税"的出现。在地方政府面临财政压力的时候，地方政府一方面在执行"结构性减税"，另一方面也可能开征其他税种，或者提高个别税收税率，或者调整税收的开征模式，积极增加税收，因此中央应该规范税收的政策，取缔或者控制地方政府新开征的税收，防止"结构性增税"现象的出现。

第四，进一步扩大营业税改增值税的试点，并尽快在全国范围内推行营业税改增值税的改革，这是凸显中国结构性减税政策的重要举措。近期，营改增试点将扩大到9个省（直辖市）和3个计划单列市，而且陆续对邮电通信、铁路运输、建筑安装等行业进行试点改革。我国营业税改增值税的试点工作还仅限于个别地区和部分行业，应该加快试点工作，积极探索，争取早日在全国范围内实行营业税改增值税的改革，切实降低企业税负，调整产业结构，为中长期的经济增长打下良好基础。

## 参考文献

高培勇：《结构性减税，不能只问项目不论规模》，《经济》2012 年第 6 期。

贾康：《"稳增长"更要加大结构性减税》，《中国民营科技与经济》2012 年第 8 期。

吕敏：《结构性减税背景下深化我国税制改革探析》，《税务与经济》2012 年第 5 期。

潘文轩：《完善结构性减税政策的着力点与路径选择》，《税务与经济》2012 年第 4 期。

潘孝珍：《我国结构性减税绩效评价与税制改革展望》，《税收经济研究》2012 年第 2 期。

周清：《结构性减税政策的效果评价及调整方向》，《中国财政》2012 年第 10 期。

周小苑：《外界夸大了中国税负水平》，2011 年 9 月 1 日《人民日报（海外版）》。

# 第十二章 欧债危机的可能趋势与中国经济

## 一 引言

2009 年底爆发的希腊主权债务危机引发了欧洲债务危机，包括希腊、爱尔兰、葡萄牙、西班牙和意大利在内的所谓的“欧猪五国”都在不同程度上出现了主权债务风险上升的局面。在过去三年里，欧债危机在上述国家相继爆发和隐现，不仅威胁着政府的融资能力，而且对危机国的金融市场、实体经济都产生了明显的负面影响。希腊经济出现了严重的下滑，失业率高达 25%；葡萄牙主权债务深重，只能依赖外部援助解决政府的短期资金需求；西班牙银行业危机加重了政府的负担，急需外部资金的援救；欧元区小国塞浦路斯受希腊危机影响，银行业出现巨大亏损，开始寻求外部援助。随着“欧猪五国”主权债务危机的不断深化，整个欧元区和欧元区周边国家都受到明显影响。欧元区经济增长预期一再下调。据 IMF 预测，2012 年，欧元区经济增长率将出现负数，为 -0.4%。

受欧债危机直接与间接影响，2012 年，中国对外贸易增速出现了大幅度下滑，中国宏观经济运行受到严重影响，这对宏观经济管理提出了巨大挑战。因此，深刻了解欧债危机的最新形势、演变规律，以及未来走势，对理解当前中国宏观经济形势和制定合理的经济政策都有重要意义。本章从以上几个方面对欧债危机的具体情况进行深入剖析，并分析欧债危机对中国的影响以及中国应对的策略。

## 二 欧债危机的最新演变

2009年10月希腊债务危机爆发，拉开了欧洲主权债务危机的序幕。过去三年中，希腊、爱尔兰、葡萄牙、西班牙和意大利所谓的“欧猪五国（PIIGS）”，包括最近出现问题的塞浦路斯，纷纷出现了主权债务问题。从时间上看，到目前为止，欧债危机经历了三个阶段的发展。

第一阶段：危机爆发。2009年底，被掩盖的希腊债务问题暴露是欧债危机的起始点。2009年10月初，希腊政府突然宣布2009年财政赤字率和公共债务率将分别达到12.7%和113%，远远超过欧盟《稳定与增长公约》规定的3%和60%的上限。这一事件引起全球三大信用评级机构相继下调希腊主权信用评级，持有希腊主权债券的投资者纷纷抛售希腊国债，希腊危机从此拉开序幕。

第二阶段：危机蔓延。希腊危机爆发不到一年，2010年8月开始，爱尔兰主权债务问题开始隐现。由于爱尔兰房地产泡沫的破裂，爱尔兰首先爆发了银行危机。爱尔兰政府果断对银行业施加救援，致使2010年爱尔兰财政赤字高达31.2%，将公共债务率一下提高到98.4%。与此同时，“欧猪五国”的主权信用风险都有明显上升迹象，各信用评级机构对这些国家的信用评级都纷纷下调。

第三阶段：危机深化。2011年以来，“欧猪五国”的主权债风险不同程度上出现上升，危机开始全面展开。一方面，希腊债务问题积重难返，希腊不仅仅主权债出现问题，其金融市场和实体经济都受到了严重损害。另一方面，葡萄牙、西班牙主权债风险剧增，这两国的房地产和银行业开始出现严重问题，急需政府援助，而政府援助又推高了主权债风险。这种银行业和政府之间的恶性循环逐渐在多个国家出现。2012年开始，主权债危机不再局限于“欧猪五国”。欧元区小国塞浦路斯由于受希腊危机影响，银行业和政府债务风险都快速攀升，成为第四个向外界求助的国家。欧元区内，原本经济状况较好的国家也开始受危机影响，出现经济增速下滑迹象。其中体量最大的德国的经济增速已经出现了明显下滑。

2012 年前三个季度，欧债危机表现出一些新的形势，主权债务危机与银行业危机的相互纠缠变得更为严重，主权债务危机逐渐影响到实体经济。总结来看，当前欧债危机呈现如下几方面特征。

**1. 国债收益率和国债 CDS 高位运行，债务风险居高不下**

国债价格暴跌，收益率高企，风险飙升，政府融资发生困难，这是欧洲主权债务危机的主要特征。图 12－1 展示了"欧猪五国"和德国 10 年期国债收益率，以及 5 年期国债 CDS 近 3 年的变化趋势。一个显著的特征是，从 2010 年年初以来，"欧猪五国"的国债收益率和风险趋势性升高，与欧元区国债收益率基准国德国的偏离越来越大。

希腊主权债问题积重难返。受灾最早、最严重的希腊早在 2010 年 4 月初，国债收益率就开始超过 7% 的风险警戒点。到 2012 年初，一度超过 30%。直至 6 月 17 日，大选结束，市场预期逐渐转为温和，国债风险缓步降温，至 2012 年 10 月，仍在 20% 附近徘徊。

"欧猪五国"的其余四国中，爱尔兰和葡萄牙暂时表现温和，但西班牙和意大利主权债务问题逐渐恶化。受房地产泡沫破裂的影响，超过 30% 的财政赤字率使爱尔兰政府早在 2010 年 9 月就被踢出了债券市场。随着大规模的外部贷款援助和国内结构调整，爱尔兰主权债问题明显缓解。2012 年 7 月，爱尔兰政府重返债券市场，首期成功拍卖了 5 亿欧元三个月期国债，平均收益率为 1.8%。作为第三受灾国的葡萄牙，2012 年国债风险有所下降。该国从 2011 年初开始国债收益率超过 7%，直至 2012 年 1 月 30 日，达到 17.4%。随后的半年多时间，债务问题有所缓解，至 2012 年 8 月国债收益率在 10% 上下徘徊。西班牙主权债成为 2012 年的暴风眼。房地产泡沫破裂导致西班牙银行业承受巨大压力，银行业不良贷款率快速上升，8 月不良贷款率达到 10.5%。西班牙银行业的整体性受灾疑似第二个爱尔兰。受此影响，西班牙国债收益率在 2012 年 7 月已经突破 7%。

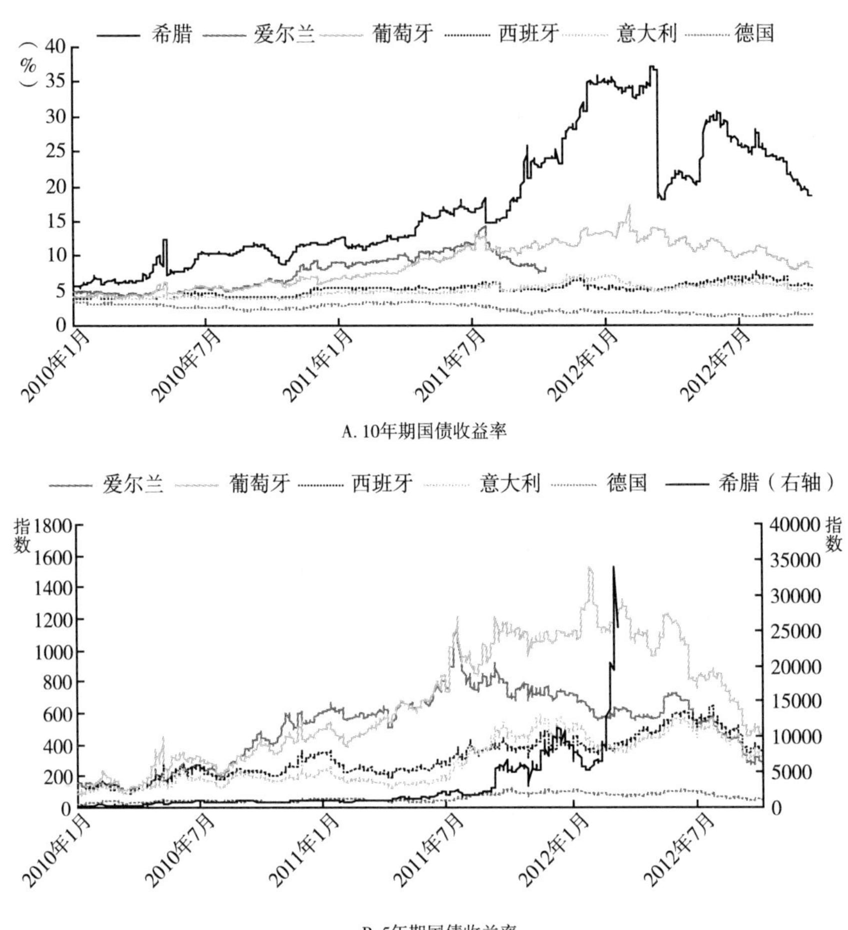


**图 12-1 “欧猪五国”和德国的10年期国债收益率和5年期国债CDS变化趋势（2010年1月1日至2012年10月8日）**

资料来源：《欧债危机跟踪》，华泰证券，2012，数据采集时间为2012年10月7日。

### 2. 公共债务不断攀升，财政赤字较难下降

尽管主权债务危机节节攀升，欧元区各国政府融资成本上升，但是没有阻止各国政府的举债冲动。从2007年全球金融危机以来，为了刺激经济增长，降低失业率，“欧猪”各国持续出现较严重的财政赤字。图12-2显示，2009~2011年这三年中，“欧猪五国”的财政赤字率都超过3%，希

腊在2009年达到15.6%，爱尔兰在2010年达到31.3%，葡萄牙、西班牙和意大利在2009年分别达到10.2%、11.2%和5.4%的顶峰。2011年，五国的平均财政赤字率仍然高达7.1%。

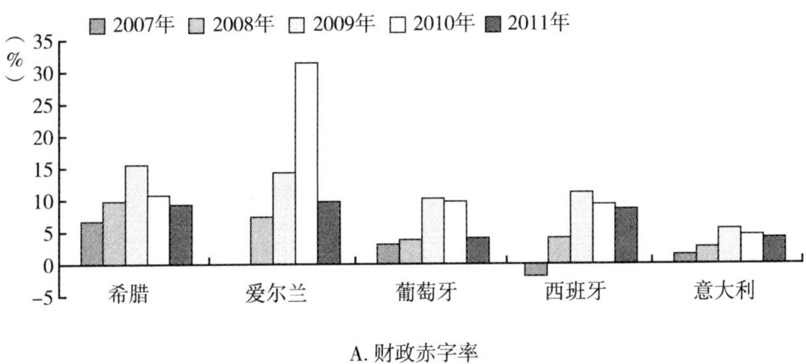


A. 财政赤字率

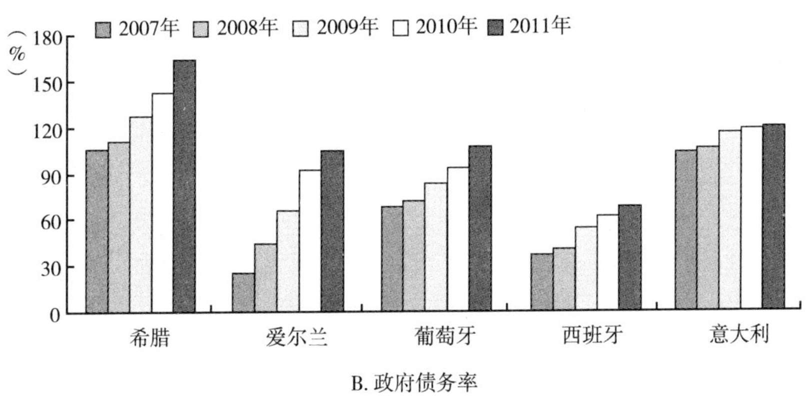


B. 政府债务率

**图12-2　“欧猪五国”财政赤字率与政府债务率变化趋势（2007~2011年）**

资料来源：IMF WEO Database。

过大的财政赤字率快速推高了政府负债水平，成为引发主权债务危机的重要根源之一。到2011年，五国政府负债率都超过了60%。其中，希腊高达163.3%，超过100%的还有意大利、葡萄牙和爱尔兰，分别达120.1%、106.8%和105.0%。只有西班牙的债务率较低，为68.5%。图12-2显示，国际金融危机以来，除意大利政府债务率涨幅较低外，其余四国债务迅猛飙升。爱尔兰最为典型，2007年政府债务率仅24.8%，短短四年中，债务率翻了两番。

公共债务率过快的涨幅给欧债危机的前景蒙上了阴影。在主权债务危机逐渐向实体经济转化过程中，刺激经济增长和为缓解债务风险而需进行财政整顿之间形成了巨大矛盾。要控制债务率，就需要减赤，然而在经济萧条和高失业率环境下，减赤势必加深经济衰退，政府财政收入将受影响，减赤目标更难实现。这种恶性循环成为欧债危机长期持续的重要经济因素。

**3. 主权债务信用评级处于历史低位**

受危机影响，欧元区各主权国家的信用水平处于历史低位。欧债危机以来，三大信用评级机构纷纷调低了欧元区各国的主权信用级别。危机以来，标普对希腊的评级连降 5 次，评级从 A－下降到垃圾级 CCC；惠誉将其从 A 连续下调到 CCC；穆迪也将其从 A1 下调到 C。爱尔兰的主权债务风险从 AAA 或 AA 下降到目前的 BBB 级，葡萄牙则降到了 BB 级，西班牙也只有 BBB；只有意大利略好，但标普已经将其调整到 BBB 级（见表 12－1）。此外，欧元区的其余部分国家也遭受主权信用级别被调低的噩运，包括比利时、爱沙尼亚、斯洛伐克、斯洛文尼亚、马耳他等。受欧债危机影响，一些中东欧国家主权风险也有所增加，包括拉脱维亚、塞浦路斯、立陶宛、匈牙利等国的主权信用级别都遭下调。

**表 12－1 “欧猪五国”主权信用评级变化**

| 国家 | 调整日期 | 穆迪评级 | 评级展望 | 调整日期 | 标普评级 | 评级展望 | 调整日期 | 惠誉评级 | 评级展望 |
|---|---|---|---|---|---|---|---|---|---|
| 希腊 | 2012 年 3 月 2 日 | C | 负面 | 2012 年 5 月 17 日 | CCC | 负面 | 2012 年 5 月 17 日 | CCC | 负面 |
|  | 2009 年 10 月 29 日 | A1 | 负面 | 2009 年 12 月 16 日 | BBB＋ | 负面 | 2009 年 10 月 22 日 | A－ | 负面 |
| 爱尔兰 | 2011 年 7 月 12 日 | Ba1 | 负面 | 2012 年 1 月 13 日 | BBB＋ | 负面 | 2012 年 1 月 30 日 | BBB＋ | 正面 |
|  | 2009 年 4 月 17 日 | Aaa | 负面 | 2009 年 6 月 8 日 | AA | 负面 | 2009 年 3 月 6 日 | AAA | 负面 |
| 意大利 | 2012 年 2 月 13 日 | A3 | 正面 | 2012 年 1 月 13 日 | BBB＋ | 负面 | 2012 年 1 月 30 日 | A－ | 负面 |
|  | 2002 年 5 月 15 日 | Aa2 | 正面 | 2006 年 10 月 19 日 | A＋ | 负面 | 2006 年 10 月 19 日 | AA－ | 负面 |
| 葡萄牙 | 2012 年 2 月 13 日 | Ba3 | 负面 | 2012 年 1 月 13 日 | BB | 负面 | 2011 年 11 月 24 日 | BB＋ | 负面 |
|  | 2010 年 5 月 5 日 | AA2 | 负面 | 2009 年 1 月 12 日 | A＋ | 负面 | 1998 年 6 月 4 日 | AA | 正面 |
| 西班牙 | 2012 年 6 月 13 日 | Baa3 | 负面 | 2012 年 5 月 29 日 | BBB＋ | 负面 | 2012 年 6 月 7 日 | BBB | 负面 |
|  | 2010 年 6 月 30 日 | Aaa | 负面 | 2009 年 1 月 19 日 | AA＋ | 负面 | 2003 年 12 月 10 日 | AAA | 正面 |

资料来源：《欧债危机跟踪》，华泰证券，2012，数据采集时间为 2012 年 10 月 7 日。

受主权信用风险上升的影响，一些国家金融部门的信用风险开始暴露。2011 年 3 月，穆迪下调了西班牙 30 家银行的评级。2011 年 10 月，穆迪又下调 6 家葡萄牙银行的信用等级。2011 年 10 月，标普下调了西班牙 15 家银行的信用评级，又在 2012 年 2 月下调了 34 家意大利银行的信用评级。法国银行业也受到牵连，穆迪于 2011 年底下调了法国兴业银行、巴黎银行和农业信贷银行的信用等级。

**4. 主权债务危机逐渐转为金融危机，金融市场险象环生**

随着主权债务危机的不断恶化，主权债务风险开始对欧元区整个金融市场产生显著的负面影响。欧元区金融市场开始大幅下滑，尤其是危机国家。如图 12－3 所示，“欧猪五国”从债务危机以来，除爱尔兰外，其余四国股价都出现暴跌。股指跌幅最大的是希腊雅典证交所综指，2012 年 8 月 19 日的股指相对于 2010 年 1 月 1 日的股指跌幅达 70.1%，市值相应缩水七成。跌幅排名第二的是葡萄牙，同期葡萄牙里斯本 BVL 综指跌幅达 39.1%。跌幅列第三位的是西班牙，同期西班牙 IBEX35 指数跌幅达 36.7%。意大利股价也出现了大幅度下跌，同期意大利富时 MIB 指数跌幅为 34.9%。因此，葡萄牙、西班牙和意大利三国股票市场都蒸发了 1/3

**图 12－3　“欧猪五国”主要股指变化趋势（2010 年 1 月 1 日至 2012 年 10 月 8 日）**

资料来源：《欧债危机跟踪》，华泰证券，2012，数据采集时间为 2012 年 10 月 7 日。

强。爱尔兰股票市场表现较好。但在危机最深重时期的2011年第3季度，爱尔兰股指也一度出现20%的跌幅。随着爱尔兰银行危机的缓解，爱尔兰股市在过去一年中逐步好转。

除股票市场受影响外，各国银行业风险开始暴露。随着主权债务风险不断发酵，各种金融资产价格开始下跌。以西班牙为例。2000～2008年西班牙经历了房地产业繁荣，房价涨幅150%，远超欧元区60%的平均水平。全球金融危机之后，西班牙房地产业泡沫开始破裂，从2008年第1季度到2012年第1季度，西班牙房价下跌了22%。房价下降使得银行业房贷资金风险剧增。数据显示，受房地产泡沫破裂影响，2012年5月，西班牙银行业不良贷款率已经上升到8.95%，远高于合理水平。

**5. 主权债务危机对实体经济影响加深，经济前景暗淡**

主权债务危机引发金融市场疲软，重要金融资产价格缩水。这种资产缩水势必进一步通过影响家庭和企业的活动，对实体经济产生不利影响。资产价格探底，企业失去了投资动力；财富效应进一步削减家庭的消费需求。表现到宏观经济上，经济增长率下滑，失业率攀升。上述故事正在主权债务危机国家上演。

受主权债务危机影响，刚从全球金融危机泥潭中爬起来的欧元区国家，再次出现经济下滑趋势。如图12－4所示，"欧猪五国"在过去三年的经济增速都出现了明显的下滑，失业率都稳步走高。希腊在2010年初尚未从国际金融危机中恢复过来，又开始快速陷入衰退，经济一直出现负增长，最近一年半时间里，增速下滑持续超过5%，经济总量快速萎缩。受此影响，希腊的失业率节节攀升，到2012年5月，失业率已经达到23.1%。经济下滑排第二位的是葡萄牙。该国从2011年第1季度开始，GDP持续负增长，2012年第1季度增长率为－2.2%。与此同时，失业率也不断上升，2012年6月，失业率达到了15.4%。意大利从2011年第4季度开始，经济下滑明显，2012年第2季度增长率为－2.1%。失业率从2012年3月开始超过10%，6月失业率达10.8%。西班牙经济也出现了明显下滑迹象，2012年第2季度

经济增速为 -1.2%。对于西班牙来说，严重问题在于失业率。2008年以来，失业率就开始快速上升，2011 年 11 月以来失业率超过 20%。最新数据显示，2012 年 6 月失业率高达 24.8%，即全国有 1/4 的人处于失业状态。

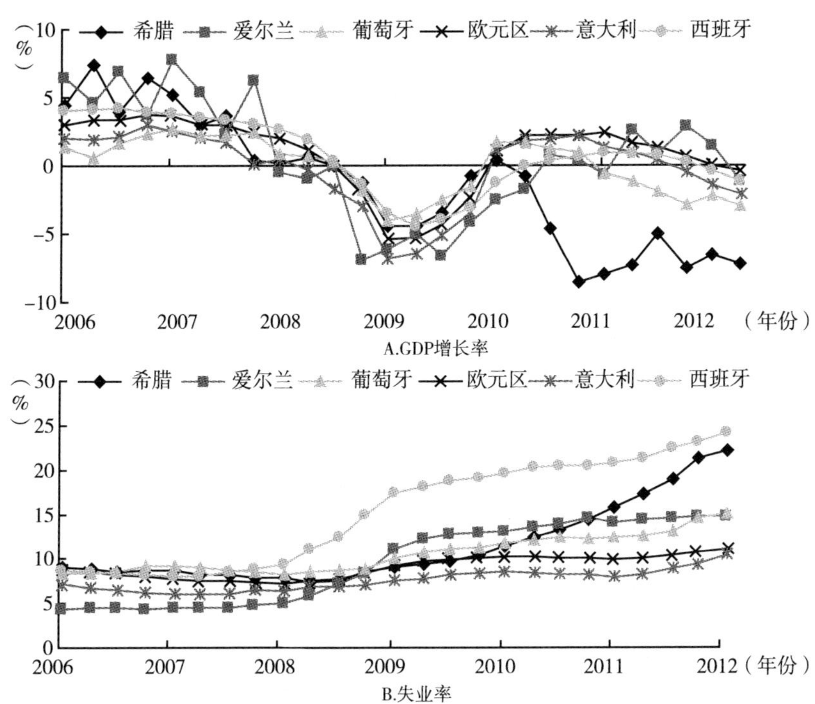


**图 12-4　“欧猪五国”和欧元区的失业率与 GDP 增长率变化趋势（2006 年第 1 季度至 2012 年第 2 季度）**

资料来源：EIU Country Data 和 ECB。

除了严重受债国外，欧元区其余国家的经济形势同样不佳。总体来看，欧元区经济增长动力不足。进入 2012 年，整个欧元区经济开始出现负增长，前两个季度经济同比增速分别为 -0.04% 和 -0.39%。因此，目前欧元区已经不仅仅是主权债务危机问题，它已经演化为集合主权债务危机、金融危机和经济危机为一体的复合型危机。

## 三 欧债危机可能的走势

上述分析发现，目前欧债危机向着纵深方向发展，金融和经济局面不断恶化。但另一方面，危机救助机制也开始发挥作用，欧元区内防范和缓解危机的制度建设紧锣密鼓进行，已经取得了不少成绩。分析表明，欧债危机可能发生三种走势：①危机逐步缓解；②危机长存；③欧元瘦身。随着欧元区制度建设的不断推进，危机逐步缓解的可能性最大，但是，这种危机的缓解不是重新恢复到危机前的情形，而是以一种新的稳定和均衡局面呈现欧元区经济、金融和主权债市场的运转。

**1. 危机逐步缓解**

从过去欧债危机的经历来看，危机逐渐缓解是可能性比较大的一种情形，尽管要多长时间才能缓解仍然是一个不确定的问题。从短期来看，主权债务危机是一个“信心问题”。只要有手段稳定住市场的投资信心，主权债务危机自然能得到缓解。这种缓解不一定能使欧元区的各国债券市场恢复到欧债危机之前的状态，但是，通过合理的风险定价，各国政府债券会以一个合理的风险价格较平稳地运行。在目前普遍缺乏信心的情况下，最关键的问题是资金问题。只要建立起一个或一组强有力的资金池来支持主权债市场的运转，那么短期危机就能够得到缓解。

短期危机应对的关键是要建造一个弹性公债市场调节机制。这种机制正是欧元区所缺乏的，可以说是欧元制度建设的一个缺陷。对于主权国家，这种弹性机制由主权国的中央银行提供。可以看到，日本政府债务率超过 200%，但并不存在主权债问题，正是这种机制所起的作用。而欧元区建设中，货币主权让渡的同时，没有相应地建立起弹性公债市场调节机制，致使主权债类似于私人公司一样，成为一种硬约束。因此，类似于企业一样，资不抵债要破产，政府也面临这种问题。

两种弹性公债市场调节机制正在欧元区内部逐渐形成。其一是 EFSF/ESM 制度。ESM 的目标就是建立一种金融稳定机制作为一种长期制度来维护欧元区内部的金融稳定。目前主要作为公债市场的稳定机制进行运作。从救助的角度来看，该机制目前的问题是行动较迟缓，通常需要欧盟峰会达成协议后才能进行运作。今后，这一机制应该赋予更大的自由裁量权，使其能够更加灵活地稳定金融市场。其二是欧央行职能扩充。尽管欧央行制度不允许担当这一职能，但是，从国际经验来看，中央银行履行最后贷款人角色具有自身天然的优势。欧债危机下，欧央行的一些破格举动意味着欧央行在努力争取这一角色。但是，这可能还有很长的路要走。不过可行的一种方法是将目前的 OMT 操作（之前为 SMP）制度化。比如设立一定的条件，让这些条件触发 OMT 操作，而不是让 OMT 成为日常工具。一种触发条件可以是规定某一国家的国债收益率的幅度或者波动率超过某一阈值，欧央行就可以进行针对性的 OMT 操作。由于这种操作通常采用定期存款的方式予以冲销，它对货币流动性没有实质性影响，因此可以避免德国的反对。以上两种机制正在发挥作用。目前，EFSF 已经为爱尔兰、葡萄牙和希腊三国总计提供了 1033 亿欧元的援助贷款（承诺金额为 1883 亿欧元），欧央行在此前的 SMP 操作针对性收回了市场中 2090 亿欧元债券。

短期来看，西班牙银行业危机可能成为欧债危机的转折点，如果 2012 年能够顺利救助西班牙银行业危机。正如目前所希望的，这种救助直接通过 EFSF/ESM，绕开财政，那么危机在各国之间的蔓延有可能就此被阻隔。当然，上述机制的建设要对意大利有充分的防范。可以预期，一旦弹性公债市场调节机制顺利运作，意大利不会是很大的问题。目前，爱尔兰财政和经济的好转也会给市场带来信心。在这些背景下，危机状态将会逐渐消减。

信心问题的第二个重要影响因素是欧元区的长期运行机制。这里的关键问题就是货币和财政一体化的非对称性。从目前情况看，财政一体化仍有推进的可能。当然，财政一体化的最终实现仍然有很长的路。短期内，财政纪律的强化有助于市场形成对政府良好信心的长期预期。但是，这一点尚待时日，因为政府不守信用司空见惯。财政转移短期内不能一步到位，不过，可能的情况是扩大欧盟或者欧元区的财政收入。既然让各国上交本国财政权力困难重重，可以考虑一些跨境贸易税作为临时性的措施增加欧盟的财政收入。类似的措施一方面可以推进财政一体化，另一方面可以为财政转移、促进区域发展平衡提供资金。

**2. 危机长存**

欧债危机第二种较为可能的情形是欧债危机常态化，拖累欧洲经济的长期低迷。如果没有切实有效的措施扭转欧元区问题，重债国债务问题将长期存在。如果欧元区治理机制没有根本性改进，这种情形发生的可能性较大。由于重债国本身经济发展的乏力，国债收益率将长期高于经济增长率。理论上这是一种不可持续的经济。在现实运作中，只能借助于不充分的各种援助暂时性避免违约。但是这种违约可能性要不了多久又会增加。在这种情形下，政府面临两难选择。要刺激经济增长，就需要采取扩张性的赤字财政，这将继续推高债务率，提高融资成本；要缓解债务危机，就不得不进行紧缩性财政，保持盈余，这将经济推向更深的衰退。而这种衰退既不是政府希望的，也更加不利于财政。因此，在这种困境下，周期性的债务问题会反复发作。

理性来看，欧洲领导人应该不会放任这种情况。因此这种债务常态化情景就像这种情景下的政府财政一样是不可持续的。长期中，它必然向两个方向演进，要么通过更多的合作，共同解决债务问题，要么欧元制度进行激烈的变化，部分国家退出欧元区，获得更多自由治理权来处理本国的债务问题。所谓“合久必分，分久必合”。

**3. 欧元瘦身**

希腊危机愈演愈烈的时候，人们纷纷猜测，希腊可能被踢出欧元区。在政治上，希腊国内也有很多这样的声音。2012 年 6 月希腊大选让全球都捏了一把汗。所幸，支持紧缩和留在欧元区的党派新民主党和泛希腊社会主义运动胜出。这一事件使欧元制度避免了一次自成立以来的最大挫折，可以说这是一次欧元危机。然而，主权债务危机仍然存在，并且有愈演愈烈之势，严重威胁着欧元制度的稳定。

希腊仍然存在退出风险。尽管 6 月大选让希腊暂时留在了欧元区内，但是，希腊债务问题并没有因此得到改善。目前，希腊已经接到了两轮大规模的外部救助，并且进行了一轮规模庞大的债务重组活动。但是，希腊债务问题仍然积重难返。援助的紧缩条件并不为希腊国内民众所欢迎，同时希腊经济正在快速恶化。数据显示，2011 年希腊 GDP 负增长 6.9%，失业率达到 17.6%。OECD 对希腊 2012 年经济增长预测为 -5.3%，失业率将上升到 21.2%。目前，希腊政府开始向欧盟游说，希望放松救助附加的紧缩政策。6 月 24 日，希腊新政府宣称，申请将援助希腊协议中规定的财政整顿目标从现在的 2014 年延至 2016 年，此举可使该国在无须进一步削减薪资和养老金的情况下达到整顿财政的目标。希腊政府还针对援助协议规定的财政紧缩政策和结构性改革条款提出了一系列修改意见，希望取消对该国私营部门劳资协议的改动，保证逾期未偿债者的个人所得税不超过其收入的 25%，取消原计划的公共部门裁员 15 万人计划，并将增值税税率由 23% 降至 13%。以上数据表明，希腊问题远没有结束，经济下滑可能引发的国内社会动荡对希腊政策的不确定性有十分重要的影响。希腊是否会继续待在欧元区仍然是一个未知数。

另外有一种意见认为，德国可能会退出欧元区。目前，德国是欧元区的“经济发动机”，德国向整个欧元区源源不断地输出商品和资本。德国的这种强势增长与南欧国家问题重重形成鲜明对比。由于在欧元区内，所有国家绑在一起，一荣俱荣，一损俱损。欧债危机的救助实质上就是健康国家补贴危机国家。德国一直认为，重债国家是自己错误的经济政策和过度消费模式造成的，这些问题不应该由其他国家来承担成本。正是基于这种考虑，德国在救助机制的各种问题上都保持着保守的原则。因为一旦欧元区一致达成积极救助，最大的出资方就是德国，而德国人一直痛恨拿勤劳的本国纳税人的钱给懒惰的希腊人花。如果这种意识形态成为德国人的主流观点，德国就不得不认真考虑继续留在欧元区的利弊。从欧元本身的建设来看，德国人并不是一个积极倡导欧元制度的国家。早在 1992 年，德国 62 位经济学家联名发表了题为《欧洲货币联盟——对欧洲决定性的考验》的报告，副标题为“62 位德国经济学家反对《马约》的决定，动作太快把欧洲推向危险的境地”。该报告指出，欧盟不具备引入共同货币的条件，贸然行事将带来经济和政治的双重困难。目前，在欧债危机处理过程中，德国政府的一再退让已经开始引起民众强烈的反对。种种迹象显示，德国在欧元区内过得很不痛快。因此，德国主动退出欧元区在某种程度上并不是完全不可能的事。

## 四　欧债危机对中国的影响

### 1. 欧债危机大幅降低了中国贸易增速

与2007年爆发的全球金融危机类似，欧债危机对中国的最大影响是贸易下滑。经历了2009年的“V”形反转式的贸易变化之后，进入2010年，中国的对外贸易恢复了金融危机之前的高速增长。2010年全年出口和进口同比分别增长31.3%和38.7%。然而，欧债危机的逐步恶化，致使中国对外贸易增速逐渐下滑。2011年，出口和进口增速快速下滑，分别下降到20.3%和24.9%，分别下降了11.0个和13.8个百分点。进入2012年以来，随着欧元区经济整体上出现停滞，中国的对外贸易增速又进一步大幅度下降。2012年前三个季度，中国的出口增速同比分别为7.6%、10.5%和4.5%，进口增速分别下降到7.1%、6.5%和1.6%，大大低于2011年的水平。2012年的进出口增速几乎停滞。

中国和欧盟双边贸易的下降是中国对外贸易快速下滑的主要原因。数据显示，2011年，中国对欧盟的出口增速从2010年的31.8%下降到14.4%，下降17.4个百分点；进口增速从2010年的31.9%下降到25.4%，下滑6.5个百分点。进入2012年之后，中国对欧盟的出口出现明显的负增长，前三季度对欧出口增长率分别是-1.8%、0.0%和-13.3%。该数据显示，2012年第3季度，中国对欧贸易已经开始大幅度下滑，同比增速低于上年同期达31.4个百分点。受出口拖累，2012年中国从欧盟的进口也明显下滑，前三季度对欧进口分别只有9.7%、-2.0%和0.1%。该数据说明，对欧进口在第2、第3季度已经停滞（见图12-5、图12-6）。

对欧出口对中国总出口具有直接而明显的拖累作用。图12-7显示，过去三年来对欧出口增速对中国总出口的增速贡献率比较稳定，基本维持在20%上下。然而，对欧贸易在中国总出口中的占比却明显地在下降，

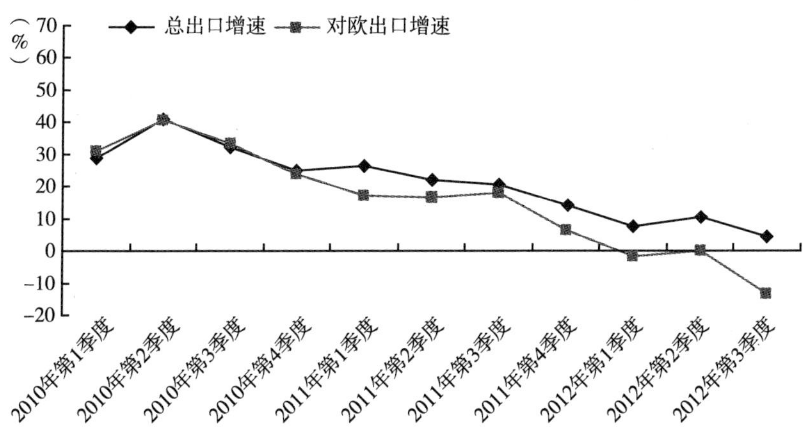


**图 12－5　中国总出口和对欧出口季度同比增速变化（2010 年第 1 季度至 2012 年第 3 季度）**

资料来源：中国海关总署网站。

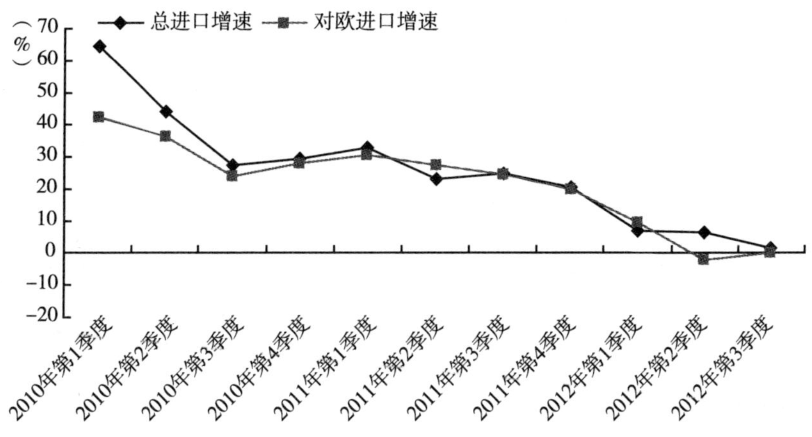


**图 12－6　中国总进口和对欧进口季度同比增速变化（2010 年第 1 季度至 2012 年第 3 季度）**

资料来源：中国海关总署网站。

而且这种下降趋势逐渐加速。对欧出口占中国总出口比例从 2010 年第 1 季度的 20.7%一路下降到 2012 年第 3 季度的 16.2%，下降了 4.5 个百分点。这种增长贡献率稳定而占比下降的现象说明中欧贸易增速的下滑明显

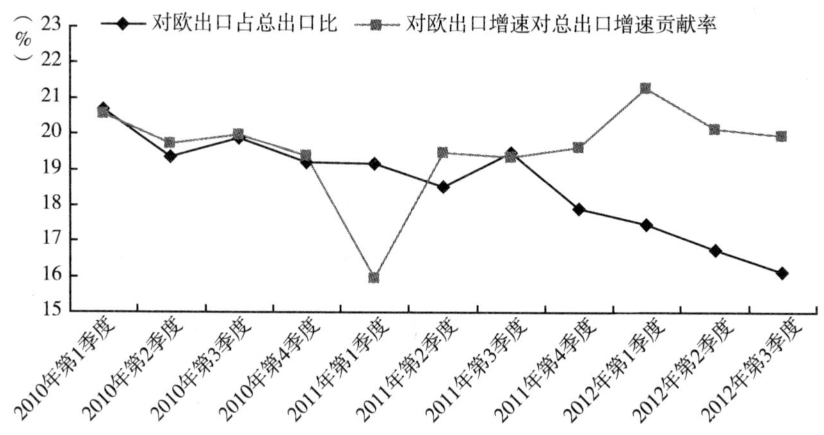


**图 12－7 对欧出口增速对与中国总出口增速的贡献率变化**
**（2010 年第 1 季度至 2012 年第 3 季度）**

资料来源：中国海关总署网站。

高于总贸易下滑速度，对欧出口增速下滑直接拖累了总贸易增速。这种直接拖累程度的大小可以用对欧出口增速对总出口增速贡献率指标与对欧出口占总出口比之差度量。

出口拖累度 = 对欧出口增速对总出口增速贡献率 - 对欧出口占总出口比。

数据显示，对欧出口对中国的出口拖累度在 2011 年第 3 季度前不显著，但从 2011 年第 4 季度开始明显上升，到 2012 年第 3 季度，出口拖累度达到 3.8%。

对欧进口对中国总进口直接拖累不明显但间接拖累显著。根据上述对出口的类似计算，图 12－8 显示了对欧出口与中国总进口的关系。该数据显示，对欧进口占中国总进口的比例在 12% 左右，且近三年来都比较稳定。对欧进口增速对中国总进口增速的贡献率除在 2011 年有较大的上升外，2012 年前三季度基本与贸易占比相当。这说明，对欧进口增速的下滑和中国进口其余部分增速的下滑基本一致，因此，该数据没有明显说明对欧进口直接拖累了中国的进口。但是，从全球经济和贸易来看，一种间接的效应在明显地起作用。随着欧洲经济的下滑，全球经济和贸易都被拖累，这种拖累直接导致全球需求的下降。由于中国的进口很大程度上由出口决定，因此，全球需求的下滑，势必引起中国进口的下降。这种间接效应使得中国进口增速在2012年以来出现快速下降。

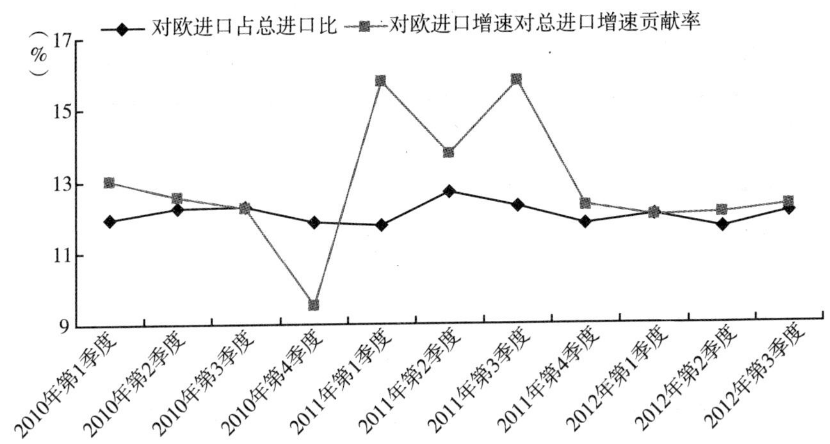


**图 12－8 对欧进口增速对中国总进口增速的贡献率变化**
**（2010 年第 1 季度至 2012 年第 3 季度）**

资料来源：中国海关总署网站。

### 2. 欧债危机增加了中国资本流动的不确定性

欧债危机爆发以来，除了中国贸易受到严重影响外，资本流动也表现出明显异动。随着欧债危机带来的全球经济下行风险的增加，中国FDI流入速度下降，甚至出现了绝对下降。如图12－9所示，进入2011年以来，FDI流入速度呈现下降趋势，2012年前三季度，FDI规模开始出现绝对降低。2011年全年流入的FDI规模为1160亿美元，增幅为9.7%，比上年增幅下降了7.7个百分点。2012年前三个季度流入FDI规模为834亿美元，比上年同期下降了31亿美元，降幅为3.8%。上述数据表明，欧债危机对中国FDI的流入产生明显的阻碍作用。

除FDI流入受到影响外，受欧债危机影响，热钱的流动不确定性大大提高，并出现明显的外流趋势。全球经济的不稳定性极大地增加了热钱流入和流出中国的不确定性。如图12－10所示，2010年年初以来，流入和

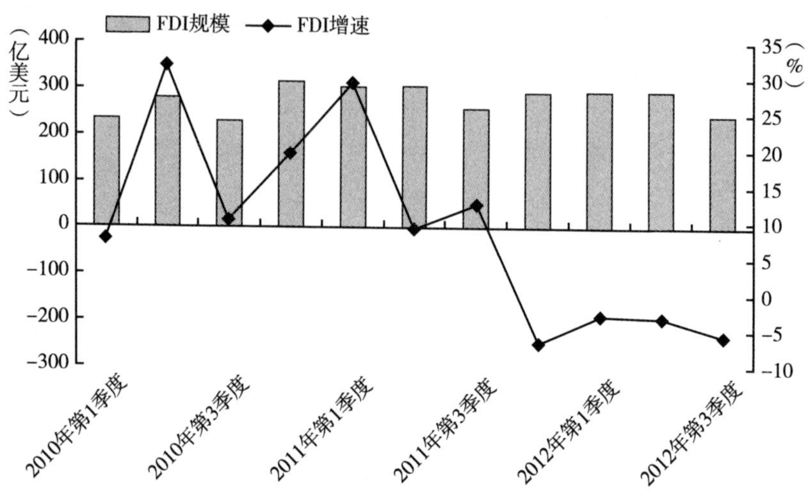


**图 12－9　中国 FDI 流入规模和同比增速变化情况（2010 年第 1 季度至 2012 年第 3 季度）**

资料来源：中国商务部网站。

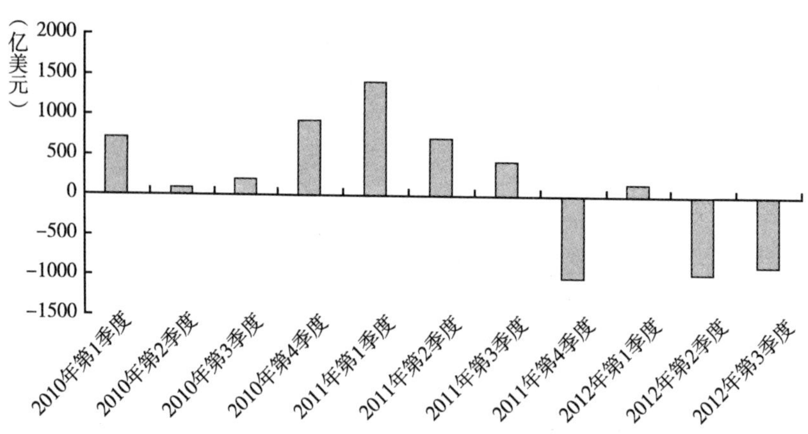


**图 12－10　中国热钱流动情况（2010 年第 1 季度至 2012 年第 3 季度）**

资料来源：中国人民银行网站、国家外汇管理局网站和商务部网站。

流出中国的热钱波动的幅度明显增加，呈现突然流入后快速逆转的现象[①]。从季度数据来看，2010年初开始热钱流入速度快速增加，到2011年第1季度，热钱流入规模达到历史峰值，达1423亿美元。2011年开始，热钱流入速度转而下降。到2011年第4季度，热钱突然出现大规模的流出，规模达1017亿美元。2012年前三季度，热钱呈现明显流出的特征。除了第1季度有159亿美元的小幅流入外，第2季度和第3季度分别出现了高达960亿美元和864亿美元的大幅度流出。欧债危机爆发以来，热钱的这种突然流入和突然流出特点严重地影响着中国金融系统的稳定，给宏观经济管理提出了挑战。

**3. 国际收支渐趋平衡，金融账户转为赤字**

随着欧债危机对中国对外经济关系影响的不断深入，中国的国际收支平衡也出现了新情况。图12－11显示了中国国际收支平衡表主要项目变化情况。数据显示，欧债危机以来，中国经常账户盈余步伐明显放缓。

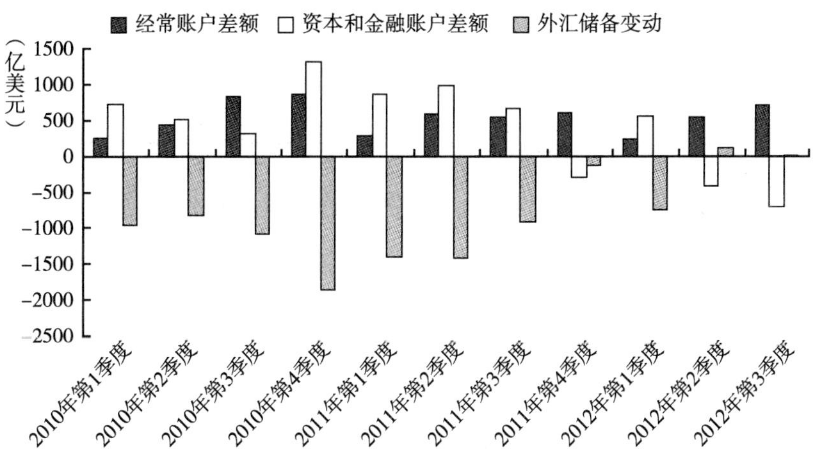


**图12－11　中国国际收支变动情况（2010年第1季度至2012年第3季度）**

资料来源：中国人民银行网站、国家外汇管理局网站和商务部网站。

① 热钱的度量方法是：外汇占款变化减去贸易顺差和FDI之和。

2010年，经常账户盈余为2378亿美元，增长率为-2.2%；2011年，经常账户盈余进一步下降，为2017亿美元，增长率为-15.2%。2012年前三季度，经常账户盈余为1417亿元，基本与上年同期持平。从这个角度来说，欧债危机对缓解中国经常账户盈余起了积极意义。但是，这种积极意义是以牺牲大量外贸为基础的，并不是一种有利的调整。

欧债危机对中国资本和金融账户的头寸产生了本质性的改变。2011年第4季度之后，资本和金融账户开始出现明显的赤字状态。其中，2012年第2季度和第3季度赤字水平都达到了412亿美元和710亿美元。因此，过去一直提的国际收支“双顺差”开始出现了变化。在欧债危机下，中国的国际收支平衡开始表现出经常账户盈余缩小、资本和金融账户出现赤字的新局面。

在经常账户和金融账户的这种变化下，中国的储备账户也开始出现重大变化。2011年初以来，中国的外汇储备增速明显放缓。2011年第4季度，储备只增加了124亿美元。进入2012年，储备增加继续下降，除了第1季度有所增加外，第2季度和第3季度的外汇储备开始绝对下降，下降幅度分别为118亿美元和4亿美元。从季度数据来看，这是从1998年第二季度以来首次出现外汇储备下降。

**4. 人民币汇率趋于均衡**

欧债危机的不断加深对中国国际收支的影响通过外汇市场的供求对人民币汇率产生了显著影响。如图12-12所示，2010年6月，人民币汇率再次浮动以来，人民币兑美元继续稳步升值。然后，进入2012年以来，人民币升值停止，并出现微弱贬值趋势。人民币兑美元的这种变化与国际收支账户的变化存在紧密的联系。受欧债危机的影响，贸易顺差下降，资本出现流出，外汇市场中，外汇供给过剩问题出现缓解，甚至出现外汇的供不应求，这是导致人民币兑美元汇率趋稳并小幅贬值的主要原因。

欧债危机对人民币汇率的影响在有效汇率上也有明显的表现。如图12-13所示，2010年6月人民币再次对美元升值以来，人民币有效汇率经历了稳定、升值和趋稳三个阶段的发展。从2012年初以来，人民币有效汇率大幅升值之后，升值幅度开始减缓。随着欧债危机对中国贸易、资

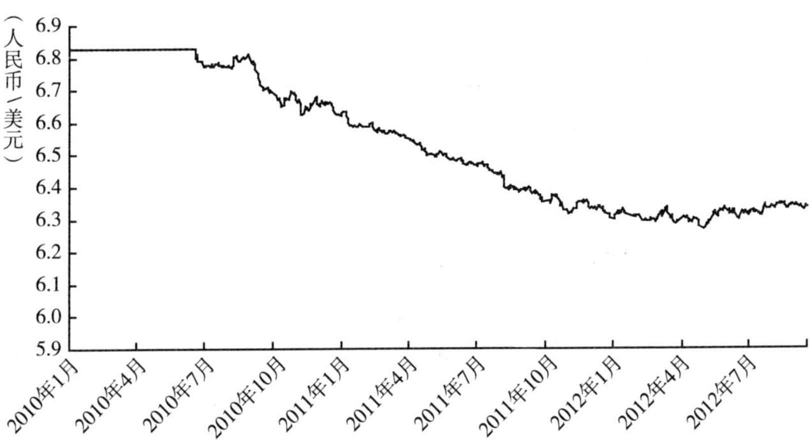


**图 12－12　人民币兑美元变化趋势（2010 年 1 月至 2012 年 9 月）**

资料来源：国家外汇管理局网站。

本流动和经济增长各方面都产生不利影响，人民币有效汇率开始出现贬值趋势。2012 年 7 月、8 月和 9 月，人民币有效汇率开始走低，其中名义有效汇率在三个月中贬值 1.4%，实际有效汇率贬值 1.0%。

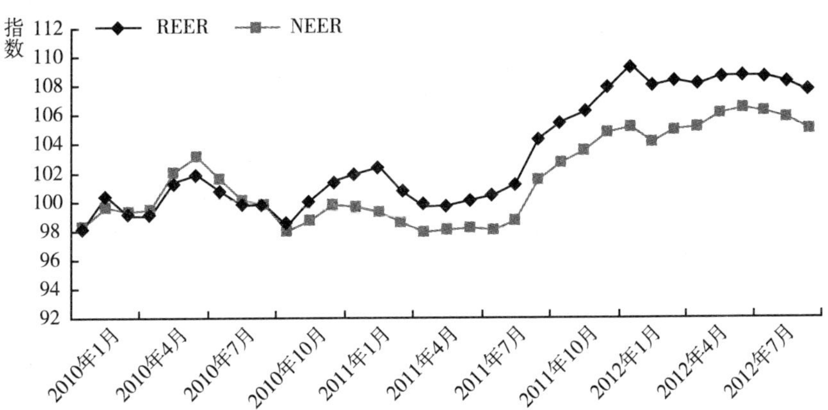


**图 12－13　人民币名义有效汇率和实际有效汇率变化趋势（2010 年 1 月至 2012 年 9 月）**

资料来源：国家外汇管理局网站。

**5. 固定资产投资增速大幅度降低**

需求不振引起国内经济显著下滑，一个主要表现是投资增速明显降低。如图 12－14 所示，2010 年和 2011 年两年间，固定资产投资增速小幅下降。然而，从 2011 年第 4 季度开始，固定资产投资增速开始快速降低，表现出投资信心严重不足。2012 年前 8 个月的固定资产投资增速只有 20.2%，与上年同期相比，增速下滑了 4.8 个百分点。固定资产投资增速下滑与外部需求不足存在紧密的联系。众所周知，我们巨大的贸易依存度的主要原因是大量的加工贸易，加工贸易是促进国内投资的重要因素。随着贸易的萎缩，加工贸易部门的投资快速下降，引起了中国总的固定资产投资增速明显下滑的趋势。

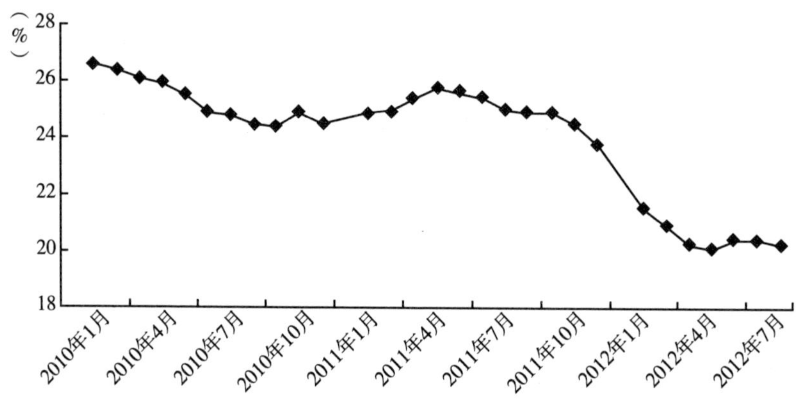


**图 12－14　固定资产投资累计同比增速**
**（2010 年 1 月至 2012 年 7 月）**

资料来源：国家统计局网站。

**6. 经济增速下滑，经济结构调整缓慢**

外需不足和外需不足引发的投资下降相互作用使得中国经济增长率在欧债危机以来出现了明显下降。如图 12－15 所示，2010 年第 1 季度，中国工业增加值增速和 GDP 增速分别达 19.6% 和 11.9%。在过去近三年时间里，中国经济增长率出现了持续、显著的下滑。到 2011 年底，全年的工业增加值增速和 GDP 增速分别只有 13.9% 和 9.2%，比上年同期分别下降了1.8个百分点和1.1个百分点。进入2012年之后，经济增速出现明显快速下降。2012年前三季度，工业增加值增速和GDP增长率分别只有10.0%和7.7%，比上年同期分别下降了4.2个百分点和1.7个百分点。

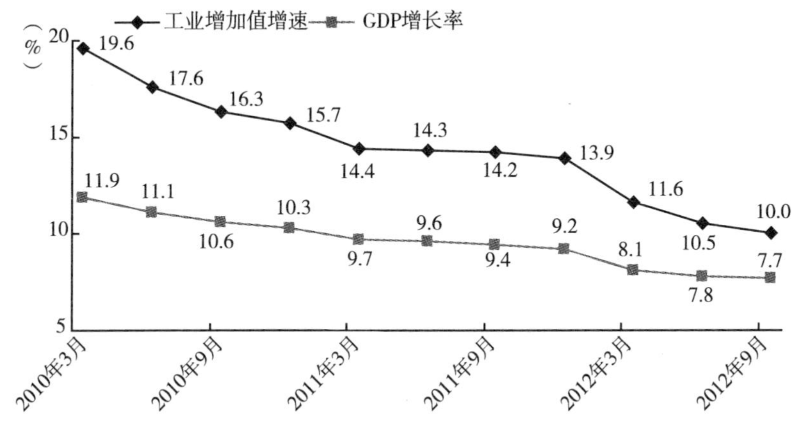


**图12－15　中国工业增加值增速和GDP增速的变化趋势（2010年第1季度至2012年第3季度）**

资料来源：国家统计局网站。

在欧债危机影响下，中国宏观经济结构发生了明显的变化。贸易增速的下滑，使得出口在GDP中的比重缓慢下降。数据显示（见图12－16），出口占GDP比重在2010年全年是38.4%，2011年下降到37.7%，下降了0.7个百分点。最新数据显示，2012年前三季度出口/GDP的比重进一步下降到34.4%，比上年同期下降了1.6个百分点。固定资产投资仍然保持较高增速。固定资产投资占GDP比重从2010年的60.1%提高到了2011年的63.8%，上升了3.7个百分点。2012年前三季度，固定资产投资占GDP比重达72.7%，比上年同期高出6.8个百分点。随着出口增速的下滑，国内消费在进入2012年之后成为拉动经济的重要因素。2012年前三个季度的累计社会零售消费品总额占GDP比例达42.3%，比上年同期上升了1.7个百分点。上述数据表明，受欧债危机影响，中国经济结构正在缓慢地发生变化，由之前的外需和投资拉动，转为当前的投资和消费拉动。其中，投资成为当前经济增长的第一推动力，消费也逐渐成为重要的第二增长因素，而出口成为拖累经济增长的因素。在这种变化下，经济逐渐由外需依赖转为内需驱动。但是，内需增长速度不及外需下降之猛，总需求下降，经济增速逐渐放缓。这是当前欧债危机下中国宏观经济增长的图景。

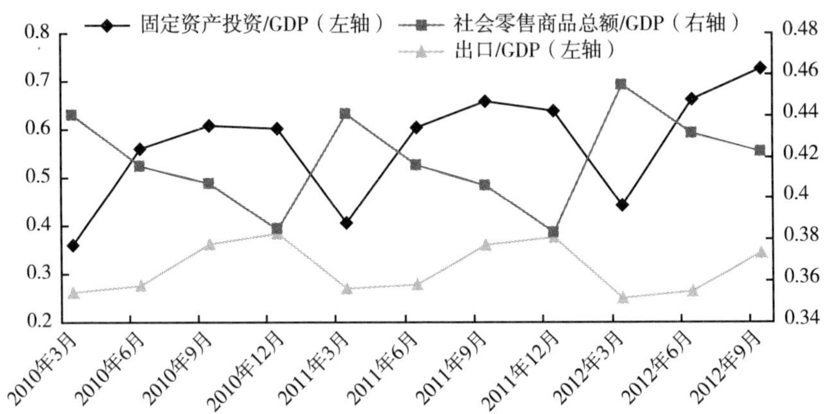


**图 12-16　宏观经济结构变化趋势（2010 年第 1 季度至 2012 年第 3 季度）**

注：各季度的比例采用累计变化之比，如出口与 GDP 比例，第 $i$ 季度的比例采用第 $i$ 季度之前的累计数与 GDP 的累计数之比计算。

资料来源：国家统计局。

## 五　中国应对欧债危机的政策

欧债危机影响下，不仅仅是欧元区国家，包括美国、日本等在内的全球经济都开始受到影响，全球经济下行风险明显，中国也深受其害。正因为欧债危机对中国经济带来严重的影响，而且未来欧债危机的走势又不确定，不排除有进一步恶化的可能，基于此，中国必须保持高度警惕，需要进行相应的政策调整来灵活应对，以保持本国经济健康有序发展。中国的主要应对措施包括以下方面。

**1. 拉动内需，稳定经济增长**

外需不足下引起中国经济增长出现明显的下滑趋势。拉动内需、稳定经济增长是当前宏观经济政策的首要任务。内需中的消费长期来不直接受宏观经济管理政策的决定，因此要刺激消费总体上有一定难度。拉动消费是一项长期的工程，主要政策包括社会保障体系的完善和收入不平等的调节。从短期来看，拉动内需仍然要依赖于投资。中国政府习惯于采取政府投资来实现投资增长，但是，目前地方融资平台债务的激增，已经给这种投资模式提出了警示。政府投资活动的扩张还挤出了私人投资，不利于经济的微观层面的健康发展。

现阶段刺激投资应该在两个方面加大力度：

一方面，政府投资应该限制到公共领域，特别是基础建设的投资。尽管经过长期的发展基础建设方面有了非常大的改善，但是过去的基础建设总体上呈现重规模数量而轻质量效率的现状。政府投资应该更多地投入到环境、卫生、交通等重民生的项目中。

另一方面，应加大力度刺激私人部门的投资。尽管经济下行阶段私人投资动机会明显降低，只是对于中国来说，私人部门仍然存在投资冲动，只是很多投资动机被扭曲性的政策所限制。如各种政策性垄断性行业的存在限制了私人投资的领域。政府应该适时地降低一些行业的准入门槛，鼓励私人资本进入。另外，政府财政活动应该转变思路，采取减税政策来刺激私人部门的活动。

**2. 加强宏观审慎监管**

建立和完善宏观审慎监管管理体系，防范外部冲击对中国金融体系和宏观经济的不利冲击。尽管 2009 年中国人民银行就已经提出要将宏观审慎管理制度纳入宏观调控政策框架之中，但是，至今为止尚没有将宏观审慎关系体系完善地建立起来。宏观审慎监管是一个体系，既需要提出一系列对单个金融机构的审慎监管措施，也需要一系列逆周期政策，如利率政策、汇率政策、资本管理政策等。

加强宏观审慎监管要注重货币和金融体系的整体风险。过去一段时间，中国货币增长率长期超过 GDP 增长率，广义货币总量与 GDP 的比例雄冠全球，在 G20 中位列第一。这其中蕴藏着巨大的风险因素。随着市场的不断发育和完善，这种差异已经无法继续用“货币化”来解释。人们手中持有的大规模的货币尚未形成现实的购买力，但是，不能保证这种货币在特定时期的快速释放。以过去房地产市场为例，市场中对货币购买力的释放存在巨大的冲动，然而，房地产市场的管制、证券市场的低迷等现状，这种购买力目前尚未找到合适的投资机会。而伴随着资本的外流，这种流动性在短期内仍然潜伏的可能性很大。但是，风险无处不在，一旦出现国内资产市场繁荣，巨大流动性会热烈追捧，制造经济和金融泡沫。更加可能的一种情形是，随着悲观预期的扩散，可能会出现暂时性的资本外逃。而资本的这种跨越国境的来回震荡将给中国宏观经济管理提出巨大的挑战。因此，加强宏观审慎监管是当务之急。建立一套完善的宏观审慎监管机制，才能保障合理控制流动性，抑制欧债危机背景下的金融风险。

**3. 加强短期资本流动的管制**

短期资本的不稳定流动严重影响着中国的金融市场稳定和宏观经济政策的效率，因此，在短期内应该加强短期资本流动的管制。首先，要规范资本流动的程序，使资本流动阳光化，便于监管。其次，对资本流动管制应该更多地采取市场化特征的管理手段，而不是一刀切的限制政策。可以通过一些资本直接管制的工具和措施来降低资本流动的冲击，可用的工具包括无息存款准备金制度、最短投资期限约束、资本流入预扣税等。当然，这些工具的有效实施应该建立在对资本流动有充分的监测的基础上。

**4. 适时推出外汇管理体制改革和汇率制度改革**

目前，随着国际收支的逐渐趋于平衡，出现了外汇管理体制和汇率制度改革的黄金窗口。政府代表居民持有大规模的外汇资产集成了中国对外资产的总体风险。由于政府单一机构持有巨额外汇储备，其投资机会、投资品种、风险特征等都受到了极大的限制，大大降低了外汇的收益率，而增加了风险。现阶段，应该抓住国际收支暂时趋于平衡的有利形势进行外汇体制改革，逐步放松金融机构、企业和居民持有外汇的限制，实现藏汇于民，达到分散外汇资产风险的目的。

外汇体制改革的同时，在当前有利时机应该适时推进汇率制度改革。在国际收支趋于平衡的情形下，外汇市场供求缺口也逐步得到缓解。央行入市干预需要大大减少。这可以从其近来外汇储备变化幅度大幅下降数据中看到。在这种情形下，当前汇率已经接近或者达到均衡汇率水平。在这一水平扩大汇率波动区间，不会引起汇率大幅度的单边升值或贬值。因此，在目前的汇率水平下扩大浮动区间，增强汇率的市场决定作用，能够使得汇率制度从过硬的管理水平平稳地过渡到市场水平。

## 参考文献

Deo, Stephane; Paul Donovan; Larry Hatheway, 2011, Euro break-up-the consequences, UBS report 6 September 2011.

Grauwe, Paul, 2010, Crisis in the eurozone and how to deal with it, CEPS Policy Brief, No. 204/Frbruary 2010.

Grauwe, Paul, 2011, Only a more active ECB can solve the euro crisis, CEPS Policy Brief, No. 250/August 2011.

Pill, Huw; Kevin Daly; Dirk Schumacher; Andrew Benito; and Lasse Nielsen, 2012, 欧洲经济分析，高华证券研究报告 No. 12/25.

Schuknecht, Ludger; Jurgen Hagen; and Guido Wolswijk, 2010, Government bond risk premiums in the EU revisited the impact of the financial crisis, ECB Working Paper Series No. 1152/February 2010.

肖立晟：《欧元区财政赤字货币化对德国经济的潜在冲击》，《CEEM 财经评论》2012 年 10 月。

# 附录1
# 4月份宏观经济形势与政策分析*

中国社会科学院财经战略研究院宏观经济课题组

## 一　4月宏观经济运行的主要问题

**1. 经济下滑加剧，工业增速全面回落**

2012年4月，规模以上工业增加值同比实际增长9.3%，增速创2009年5月以来的新低，比3月回落2.6个百分点。同时，工业增加值开始呈现一种整体回落的态势。3月，重工业增加值增速比上年同期回落4.4个百分点，轻工业上升1.1个百分点；而4月，重工业增加值增速比上年同期回落5.1个百分点，轻工业也回落了1.6个百分点，重工业增加值增速同比回落幅度继续扩大，但轻工业增加值增速回落速度相对重工业明显加快。由重工业增速率先下滑导致的经济下滑开始向轻工业蔓延。

**2. 内外需求同时萎缩，需求结构调整难度加大**

4月，不含农户的固定资产投资同比增长19.4%，增速较3月回落1.9个百分点，比上年同期回落6.8个百分点；社会消费品零售总额同比增长14.1%，较3月回落1.1个百分点，比上年同期回落3.3个百分点；

* 执笔人：吕风勇。

进出口额、出口额和进口额同比增速分别为2.7%、4.9%和0.3%，分别比上月回落4.4个、4.0个和5.0个百分点。不过，由于进口增速降幅超过出口，当月实现净出口184.2亿美元，比上月增加了130.7亿美元。由于内需增幅回落较多，特别是相对稳定的社会消费品零售总额增速也有所加剧，增加了扩大内需、调整需求结构的难度。

**3. 货币流动性仍然不足，中小企业资金成本高企不下**

尽管4月CPI同比涨幅再度回落至3.4%，PPI涨幅也依然呈同比下降趋势至-0.7%，加大了货币政策操作空间，但是货币供给增幅却进一步下降，流动性不足现象更趋严重。4月末，M2余额同比增长12.8%，比上月末低0.6个百分点；M1余额同比增长3.1%，比上月末低1.3个百分点；4月社会融资规模为9596亿元，比上年同期少4077亿元，人民币贷款增加6818亿元，同比少增612亿元。4月，银行间人民币市场同业拆借月加权平均利率为3.25%，比上月高0.67个百分点；质押式债券回购月加权平均利率为3.29%，比上月高0.63个百分点。在4月新增贷款增幅较小和流动性不足的情况下，中小企业融资成本特别是民间借贷成本更是居高不下。

## 二　导致上述问题的主要原因

**1. 偏紧的宏观调控政策仍然没有得到应有调整**

货币政策仍然采取了谨慎微调的操作方式，没有果敢降低存款准备金率和利率，人民币新增贷款继3月大幅增长后，4月增幅再度放缓，M1和M2增速再创新低。财政政策也缺少作为，尽管4月全国财政收入同比增速放缓至6.9%，低于经济增长速度，但是这种放缓只是被动放缓，即是由经济增长速度下滑导致的，而不是主要由主动减税让利逆周期调控引起的；全国财政支出比同比增长8.0%，增速较3月财政支出增速减少26个百分点，积极效应难以充分发挥。

**2. 外部环境依然充满不确定性，降低国际市场需求**

4月，我国与主要贸易伙伴的双边贸易中，对俄罗斯、巴西等国贸易增长较快，对美国贸易温和增长，但对主要贸易伙伴欧盟、日本却增长乏力。这反映出欧盟形势不稳，特别是法国和希腊大选结果加剧了人们的担忧，也导致我国对欧盟出口下降 2.0%，成为 4 月我国出口增速放缓的主要影响因素。另外，原材料和劳动力成本上升、人民币升值等因素也是导致部分出口产品特别是加工性质的劳动密集型产品出口萎缩的原因。国际市场需求下降更加剧了这类产品的出口压力。

**3. 微观投资主体特别是民企投资机会和热情缺乏**

4 月，民间固定资产投资同比增长 26.0%，比 1～3 月回落 2.9 个百分点，其中第三产业回落了 8.4 个百分点。尽管 4 月民间固定资产投资同比增速仍然高于固定资产总体同比增速 6.4 个百分点，但相比 1～3 月，回落幅度却大于后者 2.2 个百分点。微观主体的投资增速放缓与垄断行业进入壁垒、外向型经济发展乏力、劳动力和资金要素成本上升等有关，民营企业盈利能力下降、投资机会缺乏，国有经济在主业之外又呈扩张之势，致使民间投资热情下降，拉低了全社会固定资产投资。

## 三　政策建议

**1. 实施投资促进政策，稳定经济增长**

4 月固定资产投资同比增速进一步下滑，在外需疲弱、消费无力的情况下，将对经济增长产生严重的抑制作用。事实上，根据我们的先期研究，如果投资增长率低于 20%，那么政府必须采取适度的投资促进政策，以维持经济的基本均衡。这要求中央银行继续降低存款准备金率和利率，增加货币供给量，财政也需要适度扩大必要的基础设施投资支出。但更重要的是，需要政府通过制度性的减税让利、灵活的产业进出机制、畅通的资金借贷渠道，稳定企业长期投资收益预期，减少政策的波动性，促进企业投资。

**2. 加快消费升级，促进需求结构调整**

一是稳定消费者支出预期。明确将房地产调控价格目标设为长期低于平均工薪收入增长速度，完善住房保障，出台减少教育和医疗收费的政策，降低消费者不确定性支出预期和预防性储蓄；二是调整收入分配机制，通过公平收入分配，避免财富过于集中于政府部门、部分企业和个人手中，同时加大税收对收入分配的调节力度，特别是要探索根据家庭不同负担情况进行征税的模式；三是鼓励消费升级中具有瓶颈约束的产业发展，如可以通过采取消费者补贴和供给者补贴两种形式相结合的方式，促进文化产业、部分消费性服务业以及新能源类消费品产业的发展。

**3. 有效促进出口导向型企业的发展**

4月，出口增速放缓受到外部需求疲弱的拖累，但是即使外部环境恢复到正常状况，过去几年出口的高速增长态势也难以维持。未来出口的增长速度将会长期低于国内市场的增长速度，出口企业的生产盈利能力将受到制约。这不仅需要短期性的出口退税和出口信贷政策稳定目前的出口，更需要金融和财税政策支持出口导向型企业的转型，特别是支持其提高技术含量和开发国内市场，避免出口导向型企业因国际市场需求的萎缩出现大面积倒闭破产的局面，降低经济结构调整的成本。

# 附录 2
# 当前经济运行中的突出问题及应对*

中国社会科学院财经战略研究院宏观经济课题组

今年以来，我国经济增长速度放缓。因此，有人认为宏观经济走势不容乐观，宏观调控政策应走向宽松。诚然，我国经济增速逐步放缓，宏观经济运行中存在较为突出的矛盾和问题，但目前的经济增速尚在我们确定的今年经济增长预期目标之上，宏观经济运行中存在的深层次矛盾和问题更不是通过扩大政府投资以刺激经济回升所能解决的。因此，我们主张当前宏观调控的着力点在于，针对经济运行中存在的突出矛盾和问题，科学运用宏观经济政策，在稳增长中加快转变经济发展方式，通过加快转变经济发展方式稳增长。

宏观经济运行中存在的突出矛盾和问题：

经济增速趋缓，部分企业经营困难。今年一季度 GDP 同比增长 8.1%，较上一季度回落 0.8 个百分点，是连续第五个季度放缓，创下了近 10 年来除国际金融危机时期以外的季度新低。与经济增速放缓相伴的是部分企业经营困难。全国规模以上工业企业产销率同比下降 0.3%，1～4 月工业企业利润总额同比下降 1.6%，其中国有及国有控股工业企业

* 本文发表于 2012 年 6 月 15 日 07 版《人民日报》（理论版）执笔人：刘迎秋、吕风勇。

利润总额下降幅度为9.9%。制造业企业用工萎缩，直至3月才略有回升，建筑施工企业就业由于1~5月房地产开发投资增速同比回落16.1%而受到明显影响。

物价整体回稳，但结构性矛盾突出。1~5月CPI（居民消费价格指数）涨幅降至3.5%，回落到宏观调控目标区间，物价整体水平回稳，但食品类价格等涨幅依然较大，结构性矛盾仍然突出。尽管食品类价格涨幅较上年同期回落近3.7个百分点，但仍高达7.5%，其中肉禽及其制品、水产品和鲜菜类价格涨幅都超过10.0%，特别是鲜菜类价格涨幅较上年同期上升21.3个百分点，达20.0%。食品类价格涨幅过大对中低收入者生活的影响较大，并会加大其他消费品生产成本上升的压力。

货币供给增长持续走低，流动性明显不足。5月末M2（流通中现金、活期存款、定期存款及其他存款的和）和M1（流通中现金、活期存款的和）分别同比增长13.2%和3.5%，较上年同期分别回落1.9个百分点和9.2个百分点，均创下了2000年以来的同比低点。货币供给增长持续偏低必然导致流动性不足。1~5月社会融资规模为5.98万亿元，同比少增7002亿元。其中新增人民币贷款3.93万亿元，虽然同比多增4038亿元，但住户、非金融企业及其他部门贷款中的中长期贷款少增7852亿元。尽管5月银行间市场同业拆借月加权平均利率和质押式债券回购月加权平均利率有所下降，但企业特别是中小微型企业融资难和利息负担重的问题仍然十分突出。

进出口增速下降，但外汇储备仍然明显偏多。1~5月进出口额同比增长7.7%，其中出口增长8.7%，进口增长6.7%，均比上年同期大幅回落，实现顺差379.1亿美元。进出口增速下降是经济结构调整、转变经济发展方式和扩大内需的应有反应，有助于降低我国经济增长对外需依赖过高的风险，减轻国际经济衰退对我国的影响。问题是，我国外汇储备持续增长，3月末达到33050亿美元的历史新高。由于现行外汇均为无黄金担保资产的主权货币，所以持有过多的外汇储备不仅容易遭受外币贬值带来的经济损失，还会迫使我国央行通过提高存款准备金率对冲外汇占款，从而形成一种有利于外国财富增益、导致国内企业成本上升的收入再分配关系。

此外，城乡居民消费不足、地方债务负担较重、经济结构调整推进缓慢等问题也需要给予高度重视。

进一步推动我国经济平稳健康较快发展，顺利实现今年的“稳增长、控物价、调结构、惠民生、抓改革、促和谐”经济工作目标，在稳增长中加快转变经济发展方式，应着力做好以下几方面工作：

为中小微型企业发展创造宽松的政策环境，提供融资便利。中小微型企业是经济活力的重要来源、扩大就业的重要渠道。促进中小微型企业发展，须降低存款准备金率。存款准备金率过高导致市场流动性不足、货币供给增长率过低，直接后果是中小微型企业融资难。尽管通过外汇储备占款对冲机制可以形成货币投放，但其投放渠道和机制与商业银行贷款形成的货币投放渠道和机制不同，效果也不一样。过高的存款准备金率伤害的是国内企业和市场，过高的外汇储备增加的是外国的国民福利。名目繁多的商业银行服务收费源于市场流动性短缺，伤害的是中小微型企业以及我国经济的长远发展。因此，今年以来我国已连续两次降低存款准备金率，日前又降低了利率。应通过政策调整，形成有助于我国各类市场主体生产经营效率提升和国民福利改进的条件与机制，有效破解我国企业特别是中小微型企业融资难、融资贵的难题。针对今年以来 M2 增长率偏低问题，可以继续降低存款准备金率。同时，着眼于提高企业融资效率和促进中小微型企业发展，应大力发展村镇银行、股份合作银行和其他形式的民办小微型商业银行。这不仅有助于破解中小微型企业融资难、融资贵等难题，而且有助于完善货币政策的传导机制、提高货币政策的传导效率。

调整进出口政策，进一步改变追求贸易顺差的倾向，促进贸易平衡。长期的对外贸易顺差虽然带来了巨额外汇储备，但这些储备面临持续贬值的风险。在新形势下，我们既要重视对外经贸关系的处理和出口的必要增长，又要重视国内外市场的平衡和进口的扩大。应从有效化解外汇储备过多和充分发挥外汇储备支撑经济发展方式转变的角度，积极扩大先进技术设备、重要物资和原材料以及高质量生活资料的进口。可以通过长期追求贸易平衡但短期容忍一定程度贸易逆差的办法，规避美元持续贬值的风险，提高我国综合国力和经济竞争力。

降低外汇储备过多的压力。进一步加大汇率形成机制改革力度，用市场的办法扩大人民币供给、增加市场对美元的需求，抑制人民币较快升值导致的投机资本过多涌入倾向，降低由外汇储备占款过多所导致的用过高存款准备金率对冲人民币投放的要求以及由此形成的人民币升值压力。前不久，央行将人民币汇率波动幅度调高至1%，这有助于抑制过度投机和有效调节我国外汇储备水平，促进内外经济平衡，符合市场经济发展要求。当前，还可根据实际需要作出进一步调整，缓解外汇储备过多带来的人民币升值压力过高的矛盾，纠正失衡的内外收益分配关系，保持我国经济平稳健康较快发展。

调整财政收支结构，减轻企业负担，鼓励城乡居民创业和企业创新。积极落实结构性减税政策，实行减税与减费并举，实质性降低中小微型企业税收负担，全面清理和削减针对中小微型企业的各种不合理收费，有效降低企业生产经营成本，提高其发展实体经济的积极性和可持续发展能力。应从我国实际出发，调整财政支出结构，支持城乡居民创业和企业技术创新。除已经立项和正在实施的在建工程需要财政继续给予必要后续支持外，应大幅度减少新增财政性固定资产投资和建设项目支出，把更多的财政收入用于支持企业技术创新、技术改造、新产品试制和人力资本投资以及在职职工培训，以有效增强企业特别是中小微型企业的发展后劲。

深化流通体制改革，消除物价结构性上涨矛盾。食品类价格持续快速上涨是导致今年一季度物价上涨的主要因素。从理论上说，食品类价格上涨有利于增加农民收入，但目前的问题在于食品类价格的大幅度上涨并没有给农民带来明显好处，物价上涨的主要受益者是中间商。流通环节的各种加价与收费是食品类价格大幅度上涨的主要原因。农产品生产成本（包括人工成本）上升后，食品类价格有所上涨是正常的，具有内在合理性。但是，当前我国食品类价格特别是农副产品价格的持续大幅度上涨，主要是由农产品生产体制特别是流通体制不合理造成的，其中过高的过路费、过桥费、进场费和摊位费等名目繁多的收费是主要因素。有效缓解食品类价格上涨过快问题，政策调整的重点应是从补贴流通环节转向补贴生产环节，适时提高农副产品收购价格，发布农副产品市场供求信息和市场零售指导价格，让农民直接得到更多好处。同时，尽快降低流通成本，清理和取消不合理的过路费、过桥费以及其他乱收费，鼓励农超对接，切实提高农副产品流通效率，维护农副产品价格稳定，增加农副产品有效供给。

# 附录3
# 5月份宏观经济形势与政策分析*

中国社会科学院财经战略研究院宏观经济课题组

## 一 5月份宏观经济运行的基本特点

5月份宏观经济运行的基本特点是，经济持续低迷，但下滑速度放缓，工业增速历经数月的急剧下滑后，已经开始进入底部区域。

**1. 宏观经济运行在低位回稳**

5月份，规模以上工业增加值同比增长9.6%，比上月略有加快，但这一工业增加值对应的GDP增速将逼近7.0%。固定资产投资增速为21.0%，比上月回升1.8个百分点，但房地产开发投资反弹贡献较大。社会消费品零售总额增速为13.8%，比上月略回落0.3个百分点，其中汽车、石油及其制品、家用电器和音像器材等涨幅同比较大回落，是影响消费增速的主要因素。进出口总值增速反弹至14.1%，但出口环境尚没有明显改善。

**2. 宽松调控政策效应初步显现**

5月末M2和M1分别同比增长13.2%和3.5%，较4月末均增加0.4个百分点，但仍然过低。社会融资规模为1.14万亿元，人民币新增贷款7932亿元，同比增幅都较大。5月份金融机构存款准备金率的下调增加了

---

* 执笔人：吕风勇。

资金供给，而受中央预算内资金投放加快和稳增长政策的影响，基建项目投资增速较快回升，加之房地产销售增速也同比回升，贷款需求进一步增加。银行间人民币市场同业拆借月加权平均利率分别比上月下降1.06%。

**3. 通货膨胀上涨压力有所缓解**

5月份，全国CPI同比上涨3.0%，环比下降0.3%，但烟酒及用品、衣着、家庭设备用品及维修服务等非食品类日常生活用品依然维持了小幅环比上涨，涨幅有所收窄，但食品价格同比涨幅仍然过高。全国工业生产者出厂价格和购进价格同比分别下降1.4%和1.6%，并且环比也开始呈现下降趋势。这基本表明，我国乃至世界经济增速下滑部分缓解了通货膨胀的压力。尽管如此，房地产价格高企、劳动力成本上升等依然是在中长期内推动物价结构性上涨的重要影响因素。

## 二　5月份宏观经济运行中存在的问题

我国经济在5月份初步呈现止跌迹象，但是经济内生增长动力不足，这决定了经济下滑还将延续一定的时期。

**1. 投资机会减少阻碍结构调整**

随着外贸增速和房地产投资增速的下滑，以及全球去杠杆化趋势的加剧，国内产能出现过剩，利润下降，使得投资增速下降。4月份，全国规模以上工业企业实现利润同比下降2.2%，比上月下滑6.7个百分点，利润下降的行业比重由上年同期的7.7%扩大到26.7%。经济结构调整会体现为部分行业和企业的利润压力，但各行业盈利能力的全面过度下降，则会减少和降低企业投资机会和能力，延缓经济结构的调整。

**2. 不对称冲击不利于中小企业发展**

当刺激投资的政策出台时，由于大型重工业企业生产更多的项目投资建设产品，更容易获得较快的增长，中小企业从中获益相对较小。但是，当由此导致产能过度扩张、经济过热，进而需出台相应的紧缩货币政策时，中小企业融资难问题更是雪上加霜，会受到更大的冲击，不得不承担更重的财务成本，严重时甚至会危及生存。因此，经济政策的不对称冲击特别是紧缩的货币政策恶化了中小企业的发展环境。

**3. 政策转向略显滞后，加大调控难度**

对通货膨胀的关注和严格执行房地产调控的决心，一定程度上影响了货币政策的及时转向。这种货币政策操作降低了不确定风险，但也导致了经济过快下滑。“两率”的下调也使货币环境渐趋宽松，有利于阻止经济进一步下滑和早日走出衰退。但是，在经济已经在低位运行时，试图通过过度宽松的货币政策或者过多的大型投资项目来刺激经济迅速增长的做法，显然也会产生诸多不良效应。政策转向的滞后性加大了调控难度，如何把握今后调控政策的取向和力度将具有较大的挑战性。

## 三　稳增长、促转型的政策建议

针对5月份经济运行的特点和存在的问题，我们认为当前应该尽快将宏观调控政策由原来的“稳增长、控物价”转到“稳增长、促转型”上来。

**1. 为经济结构调整创造较稳定的宏观经济环境**

企业技术改造升级和行业结构调整都需要相对稳定甚至宽松的宏观环境。当投资风险巨大和资金严重缺乏时，企业不会有强烈的投资转型意愿和能力。经济内部结构变化会体现为部分行业利润率的下降，使其产生压缩产能和结构调整的动力和意愿，这时，经济内部结构的自我调整导致的经济增速下滑是可以接受的。但当这种经济结构调整导致宏观系统风险出现，或者当外部冲击导致宏观经济过度紧缩时，仍然需要适度积极调控，为结构调整营造一个较稳定的宏观环境。要摒弃那种认为经济下行是结构调整的正常体现从而应放任无为的观点。

**2. 继续推行适度宽松的货币政策，但须避免过度刺激**

“两率”的向下调整使货币环境进一步趋于宽松，但目前存款准备金率甚至利率仍然处于历史较高位，货币政策仍然偏紧，需要进一步放松。特别是存款准备金率的过高还在一定程度上导致资金成本高昂，亟须进一步下调。在结构上，应加大对房地产刚性需求和科技创新项目的信贷支持力度。此外，许多大型投资项目又成为“稳增长”的必需手段，但要避免过度刺激投资，特别是仍应以“稳增长”为目标，不宜以某一特定较高增长率为目标而“保增长”。政策的作用是在尊重经济内在要求的基础上适当平滑经济波动，应警惕矫枉过度。

**3. 力促技术创新推动结构调整**

一是增强企业的技术创新意愿。加大对国有及国有控股公司研发投入、专利数目乃至生产效率的考核力度，并增强知识产权保护，加大政府对中小企业技术创新产品的采购量。二是减轻企业负担，加强技术创新能力。经济结构的调整会使大部分行业利润率出现较大幅的下降，需要通过减税部分抵减这种不利影响，增强企业的技术创新投入能力，如可以降低增值税率、无限期延长小微企业减半征收所得税优惠政策。三是改善中小企业技术创新的融资环境。中小企业融资环境的改善不是一朝一夕的事情，但是可以针对中小企业技术创新活动给予专项信贷支持，并成立各种形式的科技基金，扩大其技术创新融资渠道。同时，各级财政也要努力通过财政贴息的方式加大对中小企业技术创新的支持力度。

# 附录 4
# 用科学发展的办法 解决发展中的问题*

中国社科院财经战略研究院宏观经济课题组

国家统计局公布的上半年主要统计数据显示，到第二季度末，我国经济增长速度继续呈现放缓态势，已经由第一季度的 8.1% 降至第二季度的 7.6%。上半年居民消费价格指数已经降至 3.3%，6 月份同比则降至 2.2%，基本达到了物价调控的预期目标，显现了自 2010 年开始实施的宏观调控政策效果。1 ~6 月，全社会固定资产投资同比增长 20.4%，比 1 ~5 月有所回升，虽然第 2 季度比第 1 季度有所降低，但仍从一个侧面表明进入 2012 年以来实施的结构性预调微调政策也已初见成效。尽管目前不少企业特别是中小微企业生产经营仍面临众多困难，但一些预调微调政策力度的加大，特别是各部委落实鼓励民间投资“新 36 条”实施细则的出台和实施，对进一步激活全社会投资、有效促进就业和稳定经济增长等将产生积极作用。

## 一

当前，我国宏观经济运行既面临着一些有利条件，也面临着不少值得

* 2012 年 8 月 3 日 15 版《经济日报》（理论与实践），执笔人：刘迎秋、吕风勇。

重视的问题。主要表现在，总量下降趋势仍然存在，结构矛盾更为突出。如何看待和解决好这些问题，值得深入探讨和研究。

第一，通货膨胀趋势得到扭转，但又临通货紧缩风险。虽然上半年CPI为3.3%，回落至适度区间，但第2季度与上年同期相比，进一步下降态势明显，特别是6月份同比仅为2.2%，已经明显低于适度通货膨胀率合理区间的下限。从环比角度看，2月份以来基本呈现连续负增长趋势。如果从全国工业生产者出厂价格和工业生产者购进价格角度看，6月份环比分别降至-0.8%和-0.7%，同比更是分别降至-2.5%和-2.1%。CPI所表明的是最终价格变动趋势，PPI表明的则是中间价格的变动趋势，PPI超前持续下降甚至负增长，最终必然表现为CPI持续下降和负增长。这在一定程度上表明，当前我国宏观经济运行出现了潜在通货紧缩倾向，若不及时做出进一步政策调整，潜在通缩有可能演变成现实的通货紧缩。

第二，全社会固定资产投资增长率仍处低位。上半年全社会固定资产投资同比增长20.4%，比上年同期回落5.2个百分点，虽然5月份回落速度放缓，并于6月份有所回升，但在一定程度上仍说明投资增长的动力较弱。目前，需要引起重视的是结构问题，主要是全社会固定资产投资中基础设施类投资增速回落幅度较大。其中，交通运输、仓储和邮政业投资增速回落1.4个百分点，导致全社会固定资产投资增速下降1.3个百分点；住宅投资额增速回落21.3个百分点，导致全社会固定资产投资增速下降0.89个百分点。这也使得建材和机械类等下游相关企业的投资出现明显下降，对投资稳定增长产生影响。

第三，对外贸易增长仍然乏力。上半年我国进出口总值同比增长8.0%，其中出口增长9.2%，进口增长6.7%，贸易顺差扩大了53.4%。第2季度进出口增长虽然有所回升，其中6月份同比增长9.0%，但对外贸易疲软倾向未变，进出口增幅仍处于低增长状态。除此以外，当前我国外贸存在的另一个突出问题是，一般贸易和民营企业进出口相对平稳，但加工贸易和外商投资企业进出口增速明显下降；对新兴市场国家双边贸易增速相对平稳，对欧盟、日本等传统贸易国的双边贸易增速明显下降。由于我国对欧盟、日本等发达国家的出口比重高达42.1%，必然对我国进出口增长产生较为明显的影响。

第四，企业盈利和融资能力继续呈现下降态势，部分地区企业信用违约风险有所增加。2012年1～6月份，全国规模以上工业企业实现利润23117亿元，同比下降2.2%，远低于上年同期同比增长28.7%的水平。虽然6月份全社会信贷规模净增9198亿元，但信贷资金的主要流向是地方政府融资平台和后续完成政府重大投资项目，中小微企业融资便利和实现问题尚未得到根本解决。6月份和7月份两次降息，具有一定的信贷扩张效应，但由于近年来通过信托机制实现的企业融资所占比重较大，融资成本较高，加上前期紧缩效应的影响，大量企业生产经营仍面临不少困难。

## 二

前不久召开的国务院常务会议强调，要继续认真贯彻稳中求进的工作总基调，正确处理保持经济平稳较快发展、调整经济结构和管理通胀预期三者的关系，同时做出了把稳增长放在更加重要位置的战略部署。最近，刚刚召开的中央政治局会议也提出，要以科学发展为主题，以加快转变经济发展方式为主线，坚持稳中求进的工作总基调，把稳增长放在更加重要的位置。鉴于当前我国宏观经济运行中存在的结构性矛盾突出、潜在通货紧缩倾向明显、物价和经济增长下行压力较大的现实，除继续实施好稳健的货币政策和积极的财政政策以调控总量之外，还应在稳增长的同时把加大结构性调控力度作为政策操作的重点。

第一，以稳健的货币政策为基本取向，研究降低准备金率和金融市场准入门槛，保持合理的社会融资规模，进一步优化信贷结构，更加注重满足实体经济的需求，避免可能发生的通货紧缩。物价指数和经济增长的下行与货币政策和财政政策密切相关，适度调整货币政策和财政政策会使这一状况得到一定程度的控制。当前，需要进一步加大短期调整力度和长期政策安排，主要是在稳定总量调控力度的同时，把政策操作的重点放在结构调控上。下调准备金率对于有效改变当前的内外资产收益分配关系具有重要意义。同时，还要进一步加大推进民间金融规范化改革，促进村镇等区域性小微型商业银行的发展，加快城商行、农商行和村镇银行建设的审批进度，规范民间融资行为，保持和优化社会融资及其规模。要进一步优化信贷结构，制定更加优惠的财税政策和财政贴息政策，鼓励商业银行更加注重满足中小微型企业等实体经济的融资需求，尽快向市场合理有效地注入流动性。要避免在实际操作中可能出现的银行体系内部资金沉淀，防止虚拟经济融资涌动引发过度投机，以致影响实体经济的健康成长。

第二，调整投资政策着力点，积极扩大有效社会需求，扩大有效投资。到第2季度末，我国全社会固定资产投资增长率仍低于其合理区间，再考虑到转变经济发展方式需要更多投资支持的客观需要，当前要调整好投资政策的着力点。其一，要进一步加大基础设施建设和民生投资力度，在保持一定规模的建设性财政投资的同时，把鼓励和支持民间投资作为重点，引导民间资本积极参与铁路、市政、能源、电信、教育、医疗等领域的建设和投资。在这个过程中，要严格控制政府的债务性投资规模，避免投资扩张的盲目性，防止行政审批可能导致的新的产能过剩。其二，要加大对技术创新型企业投资的支持力度，通过财政贴息、税收优惠、融资支持等方式，为这类企业减负和增利提供必要支持，促进其投资扩产，增加符合国民经济发展新阶段要求的有效供给，增强我国经济发展的可持续能力。其三，要从我国经济长期持续健康较快发展的高度，切实保证“新36条”实施细则的全面落地，以更好地鼓励支持民间投资和民营经济持续健康发展。要制定相应的财税、金融政策鼓励、支持民间投资，加强对垄断企业不正当竞争行为的调查与处理，限制各种形式的垄断，为公平竞争创造良好政策环境和市场环境。其四，要坚定不移地贯彻执行房地产市场调控政策，以保证正常住房需求为目标，加强市场监管，限制投机性投资行为，有效防止过多资金流入投机性房地产市场，打击房地产开发公司制造虚假信息和套取银行资金的行为，有效扩大正常住房供给。

第三，从大国发展战略高度，调整产品进出口结构。可考虑以比较优势原理为指导，以国家战略利益为导向，从进口高技术含量产品、生产工艺和生产流程的角度调整出口政策，追求贸易平衡，容忍一定程度的贸易逆差，提升我国经济在国际市场中的综合竞争力。当前，可以通过降低高科技产品和技术进口关税、增加进口高科技产品和技术财政补贴、实行买方信贷和出口信用保险等财税政策，促进高科技产品和技术的进口，促进运输服务、保险服务、金融服务、贸易旅游、文化服务产品及劳务的出口等。

第四，进一步落实结构性减税政策，切实减轻企业税负，特别是中小微型企业税费负担。要进一步清理各种名目的行政性收费，坚决打击各级行政管理部门的摊派行为，切实减轻企业负担，降低企业生产经营成本，增强企业盈利能力和市场竞争能力。财税政策的调整也要充分体现有效支持小型微型企业和国民创业兴业的原则。

日前，胡锦涛总书记在省部级主要领导干部专题研讨班开班式上的重要讲话中再次强调，以经济建设为中心是兴国之要，发展仍是解决我国所有问题的关键。我们必须从这样一个高度审视和探索促进我国经济持续健康较快发展的内在逻辑和规律，切实用科学发展的办法解决好发展中的问题，通过科学有效的政策调整和制度完善，全面推进我国经济实现更好更快发展。

# 附录5
# 7月份宏观经济形势与政策分析*

中国社会科学院财经战略研究院宏观经济课题组

7月份主要经济数据表明，宏观经济依然在底部运行，规模以上工业增加值同比只增长9.2%，出口增速放缓至1.0%，社会消费品零售总额增速略降至13.1%，固定资产投资增速虽然在6月份略有提升，但7月份再度回落，累计增速依然处于较低水平。

## 一 固定资产投资增速减缓的主要表现

**1. 固定资产投资总额当月增速再度放缓**

1~7月份，全社会固定资产投资增速为20.4%，与1~6月持平，继续维持在较低水平。但从单月来看，7月份当月20.4%的增速却低于6月份的21.2%的增速，回落0.8个百分点，固定资产投资总额增速再度放缓。

**2. 港澳台商和外商投资企业投资累计增速过低**

1~7月份，港澳台商投资企业投资总额累计增速为9.8%，处于历史较低水平，特别是7月份增速仅有2.8%，增速回落明显。7月份，外商

* 执笔人：吕风勇。

投资企业投资增速为12.1%，高于上月增速3.6个百分点，但1~7月累计增速为13.6%，仍远低于2008年全球金融危机之前20%左右的增速。

**3. 中央项目累计投资仍然处于负增长区间**

中央项目投资自2011年6月份以来一直处于负增长状态，但2012年6月份以来有所改变，6月份和7月份单月都出现了正增长。不过，1~7月中央项目投资累计增速为-3.0%，仍然处于负增长区间，抑制了固定资产投资总额的增长。

**4. 部分制造业和公共基础设施投资增速下滑幅度较大**

受内外需不足以及成本变化的影响，纺织业、电气机械及器材制造业和通信设备、计算机及其他电子设备制造业等行业的投资增速大幅下降，1~7月投资增速分别只有15.4%、8.7%和12.4%。受经济下滑、房地产调控和其他政策因素的影响，1~7月交通运输、仓储和邮政业、水利、环境和公共设施管理业、房地产业和建筑业等行业的投资增速也明显放缓。同时，受投资需求萎缩的影响，有色和黑色金属冶炼及压延加工业等重工业投资增速也明显回落。

## 二 固定资产投资调控的政策方向和措施

**1. 调整需求结构，适当降低投资在总需求中的比重**

固定资产投资增速明显低于2003~2011年的增速，但仍然高于1996~2002年的增速。不过，2000年底固定资产投资与社会消费品零售总额的比值仅为0.71，2012年1~7月却为1.61。固定资产投资规模相对于社会消费品零售总额规模过大，极易导致经济出现较大波动，也加大了政府通过投资支出管理总需求的难度。因此，尽管投资增速放缓是导致经济下滑的主要因素，但仍然需要采取有效措施鼓励消费，提高消费在总需求中的比重。

**2. 落实有关文件精神，鼓励民间资金投资特别是对服务业的投资**

1~7月民间固定资产投资占比已经达到62.1%，对投资具有重要影响；民间投资增速为25.5%，比上年同期低8.9个百分点，但仍然比固定资产投资平均增速高出5.1个百分点。民间资金在制造业的投资比重已经占到81.9%，但在第三产业的投资比重只有52.1%。因此，需要切实落实“新36条”的要求，放宽审批标准和加大财税金融政策支持，鼓励民间资金投资，特别是通过并购、股份置换和新建等方式扩大对服务业的投资。

**3. 促进住宅开发投资，增加商品房供给**

1~7月住宅投资同比增长11.2%，比上年同期回落24.1个百分点，而且住宅新开工面积降幅进一步扩大到-13.4%。基于这种情况，需要在坚决控制房地产价格的前提下采取措施促进房地产投资。一是有序引导住房基本需求入市。对首次购房者给予政策优惠，对部分改善性需求并且在一定时间内出售原有住房的给予信贷税收优惠。二是建立房价长期稳定机制，稳定房价预期。通过房地产交易税、房地产税、上升开发监管到法律层次和推迟期房预售时间等措施，在长期内维持房价的基本稳定，消除房价暴涨暴跌预期。三是增大对住宅开发的信贷支持。适当增加对房地产新建项目的信贷，同时严格控制信贷资金的用途，实行专项专户监督，在扩大商品房供给的同时维持房价的基本稳定。

**4. 创新投资机制，以财政资金扩大和引导民间资金的投资**

由于公共设施和基础设施下滑较多，而这些领域正是政府投资的有效范围，因此，扩大财政投资将是促进固定资产投资的最有效方式。但是，由于固定资产投资规模已经很大，加上2008年以来财政投资的过度扩张，财政投资能力相对有限，从而需要在扩大财政投资的同时，积极引导民间资金参与投资，特别是对经营性项目的投资。对于具有一定自然垄断性的行业，可以采取国有资金控股、民间资金参股的方式投资运营；对于部分微利行业，则可以采取财政补贴或贴息、税收优惠等方式提高利润率吸引民间资金；对于部分基础设施类行业，则可以采取BOT的方式引入民间资金。

**5. 深化财税金融体制改革，提高企业投资利润率预期**

继续有效推进结构性减税，简化归并各类行政事业性收费，降低企业税费成本，加大对违规征收的惩罚力度，净化企业经营环境，并增强对企业技术改造和产品创新等行为的财税支持力度。在继续降低存款准备金率和利率、营造宽松的货币信贷环境的基础上，加大对中小企业融资的支持，完善融资担保机制，降低融资成本，并允许银行提高对中小企业贷款的利率上浮幅度，通过利率市场化鼓励银行向中小企业放贷。通过这一系列的财税金融体制改革，降低企业经营成本，从而达到提高企业投资利润率预期和促进企业扩大投资的目的。

# 附录 6
# 8 月份宏观经济运行与逆回购政策评析*

中国社会科学院财经战略研究院宏观经济课题组

## 一 8 月份宏观经济仍在底部运行

国家统计局公布的统计数据表明，当前经济仍然在底部运行。8 月份，规模以上工业增加值实际同比增长 8.9%，比 7 月份回落 0.3 个百分点；全国固定资产投资完成额同比增长 19.1%，比 7 月份回落 1.28 个百分点；社会消费品零售总额同比增长 13.2%，比 7 月份提高 0.1 个百分点；进出口总值增幅进一步放缓至 0.2%，特别是进口同比下降 2.6%，比 7 月份回落 7.3 个百分点，出口同比增速略回升至 2.7%。国内需求特别是投资需求的疲弱是制约 8 月份经济增长的主要因素。

货币政策依然偏紧在一定程度上减缓了经济复苏的步伐。最近一段时期，尽管中央逐渐加大了稳增长的政策支持力度，但是投资并没有得到明显回升，8 月份甚至还略呈回落之势。这种情况的出现既与部分产业产能过剩和经济结构需要进一步调整等深层矛盾有关，也与宏观调控政策特别是货币政策放松力度仍显不足有关。例如，到 8 月末，广义货币（M2）

---

* 本文发表于 2012 年 9 月 24 日《经济参考报》，执笔人：刘迎秋、吕风勇。

余额同比增长13.5%，比7月末低了0.4%；狭义货币（M1）余额同比增长4.5%，比7月末低了0.1%。尽管社会融资规模特别是人民币贷款有较明显的增加，但货币信贷环境仍然偏紧，信贷成本仍然偏高。同时，货币政策操作主要依赖于逆回购，法定存款准备金率和银行存贷款利率等政策工具都始终处于固定不动状态，适度宽松货币政策形同虚设。

## 二　逆回购不宜作为货币政策主要工具

8月份，央行频繁开展逆回购，各期限逆回购交易量累计达到4000亿元，表现为本月流动性净投放额高达3440亿元，远高于7月份840亿元的净投放水平，在一定程度上缓解了市场特别是银行间市场短期资金的需求，多个期限的同业拆借利率和银行间质押式回购加权平均利率呈现下降倾向。但是，人们也注意到，逆回购已经成为8月份央行主要依赖的货币投放工具。倚重逆回购进行公开市场操作，虽然有利于构建回购利率机制和推进利率市场化进程，也可能有助于降低直接操控货币供应量带来经济过大波动的风险，但却不利于尽快降低企业融资成本。因此，这种形式的政策操作可能是无助于启动经济持续回升的，不宜将其作为央行进行货币政策操作的主要工具。

第一，通过逆回购实现的货币扩张缺乏可持续性。逆回购的主要期限是7天和14天，期限较短。通过逆回购控制市场流动性，必须更多地倚重滚动操作，这也是为什么到9月份央行依然要频繁进行逆回购的一个重要原因。但是，通过逆回购操作扩张货币供给的能力十分有限。例如，截至9月13日，央行共进行逆回购交易2670亿元，但8月份所做的7天和14天逆回购，到9月份即到期的交易额就达3000亿元。9月13日，央行进行了一笔200亿元的28天的逆回购交易尝试，但据我们的估计，这种较长期限的逆回购同样不会对市场产生实际需要的扩张效果。

第二，现行逆回购利率还不可能发挥引导市场利率走势的作用。逆回购利率具有传递货币政策信号的功能，如果其交易量足够大、期限品种足够齐全，也可能会对同业拆借利率和银行间质押式回购加权利率产生较为明显的影响。但是，由于当前逆回购交易量仍然较小且期限品种不全，逆回购利率不仅不能有效影响市场贷款利率，反而还易于遭受市场资金供求的影响，甚至在一定程度上扭曲实体经济主体的行为。

第三，通过逆回购仍难以达到有效稳定投资预期的目的。由于逆回购交易缺乏可持续性，逆回购利率很难发挥引导市场利率走势的作用，加之逆回购期限较短，商业银行通过逆回购获得的资金就很难形成实体经济主体的实际贷款，投资者也难于从中获得较为明确的政策信号并由此形成较为明确的政策预期。由此带来的结果是，市场主体的投资决策必然受到影响，进而妨碍国民经济应有的复苏。

## 三　有必要进一步加大货币政策放松力度

经济运行中多种不利因素的存在，增加了未来一段时期经济复苏的难度，迫切需要采取更加切实有力的措施进一步加大货币政策的放松力度。我国经济从 2011 年 6 月份起开始新一轮的深度调整，至今持续时间已经超过 2008 年全球金融危机时期，而且尚没有明显改善迹象，使得许多企业还没有从上一轮危机中完全恢复过来就又遭遇新的较大冲击，导致其生产经营更加困难。同时，出于推动结构深层次调整的需要和对经济增长下滑容忍度的提高，中央政府出台大规模扩张性财政政策刺激经济的愿望和能力也远逊于 2009 年。这些因素决定了我国未来经济复苏只能更加依赖自身的修复能力，复苏之路也就更加坎坷崎岖，经济难以再现“V”形反转，未来数月经济仍将在底部徘徊。在这种情况下，经济复苏更加需要一个宽松的货币政策环境，以防止企业资金链条断裂而引起不良连锁反应和避免经济进一步下探的风险，并降低企业资金成本和提升其投资愿望，增强而不是损害经济的自身修复能力。在这个意义上，宽松货币政策应该扮演比现在更加积极的角色并发挥更大的作用。

国民经济运行的大量信号还表明，在我国当前阶段，继续实行较为宽松的货币政策也仍有较大空间。到 8 月末，城乡居民消费价格指数（CPI）虽然同比回升至 2.0%，月环比也上涨了 0.6%，但全国工业生产者出厂价格仍同比下降3.5%，环比下降0.5%，工业生产者购进价格同比下降4.1%，环比下降0.5%。这就是说，在总体上，当前我国宏观经济运行并未走出通货紧缩阴影，经济衰退格局仍然存在，这使得继续加大货币政策的放松力度具有较大的空间。其中一个必须和不可过度放慢的货币政策工具选择，就是继续进一步大幅度降低仍然过高的银行存款准备金率及利率。降低银行存贷款基准利率，并以此传递更多的宽松信号，有助于提高投资者信心，促进复苏预期的形成，有效鼓励实体经济投资和自主经济增长，避免可能的第二次衰退。

# 附录7
# 调降存准和降低外储应双管齐下*

——9月份宏观经济运行分析启示

中国社科院财经战略研究院宏观经济课题组

国家统计局公布的数据显示，2012年9月消费价格指数（CPI）和工业生产者出厂价格指数（PPI）双双下行，CPI继7月份后同比再次降至2%以下，PPI则出现了连续7个月的同比负增长。GDP增速更是连续7个季度持续下行，2012年第三季度进一步降为7.4%，成为自1998年第2季度出现7.2%低速增长以来的次低水平。

面对经济持续下行态势，中央政府更加突出强调全面落实稳增长的各项政策措施，但多数企业特别是中小微企业仍感融资成本继续居高不下，资金供求结构性矛盾依旧十分突出，企业生产经营环境仍然明显偏紧。根据央行公布的数据，在经历了数月下降后，到9月末我国广义货币（M2）余额94.37万亿元，同比增长14.8%，狭义货币（M1）余额28.68万亿元，同比增长7.3%。虽然M2增长率略高于上年同期水平，但M1增长率过低，这种现象恰与我国现阶段客观存在的繁荣期M1增长率高于M2、衰退期M2增长率高于M1这样一条规律高度一致，且两项指标均低于与7.5%的经济增长目标相适应的理论值。这也是为什么到目前为止我国众

---

* 本文发表于2012年11月1日第A08版《经济参考报》，执笔人：刘迎秋、余慧倩。

多中小微企业仍感资金紧张和融资难、融资贵的一个重要原因。然而，中小微企业的上述感受及其面临的实际困难，不仅在央行的“货币当局资产负债表”上得不到直接反映，就是在“金融机构人民币信贷资金平衡表”上也很难得到应有反映。例如，在“金融机构人民币信贷资金平衡表”上，到9月末人民币贷款余额61.51万亿元，同比增长16.3%，9月新增人民币贷款6232亿元，同比多增1539亿元。为缓解中小微企业的实际资金需求压力，央行采取了逆回购等灵活投放流动性措施，仅9月份就进行了8次、总额高达9720亿元的逆回购操作，净投放资金达3650亿元。1~9月社会融资规模也达到了11.73万亿元，其中人民币新增贷款6.72万亿元，同比多增1.04万亿元。这些统计指标给出的是信贷增长较快、流动性相当宽裕、此间市场货币投放量并不算少的信号。然而，众多中小微企业并未因此而得到更加充裕的融资便利，融资成本仍然相当坚挺。

导致上述矛盾结果的原因很多，既有诸如中小微企业贷款抵押能力较弱从而不易及时得到银行贷款的问题，又有直接面向中小微企业的商业银行贷款业务还无法涵盖所有迫切需要资金的中小微企业问题，还有逆回购等技术性流动性释放手段很难正面惠及和有效解决中小微企业融资难的问题，等等。但分析表明，当前迫切需要引起我们高度重视和进一步深入讨论的是，一个时期以来坚持实行的通过提高存款准备金率对冲外汇占款的货币投放机制，是否在客观上造成了国内企业特别是中小微企业融资成本上升、市场流动性虽多但融资仍然不便利的问题？

我们的回答是肯定的。自1994年实施外汇并轨以来，我国的货币投放机制便开始出现微妙变化，通过外汇占款实现的货币投放逐渐成为我国基础货币投放的一个重要渠道。随着我国外汇储备规模的不断扩大，特别是在我国外汇储备超过万亿美元之后，这种货币投放就与传统的信用投放发生了矛盾，并由此形成了一种外汇“被动储备”和货币“被动投放”并存的格局。这种格局的一个突出特点是借助较高的法定准备金率抑制商业银行持有的信贷头寸，以此对冲因外汇高储备所形成的外汇占款，最终实现基础货币的间接释放和达到市场流动性供求的间接平衡。经过几年的实践，这种货币投放机制的弊端已经十分明显。

第一，通过较高法定准备金率对冲外汇占款，维系的是一种有利于国外财富增益，有损于国民财富增值的利益分配关系。加入 WTO 以来，我国外汇占款增量占中央银行基础货币增量的比例越来越高，2005 年突破 100%，达到了 110%。随后几年持续上升，2009 年更是达到 134%。外汇占款甚至已经成为我国货币创造的主渠道。在黄金非货币化和美元与黄金完全脱钩的大背景下，以外贸顺差为基础的外汇储备的快速累积，不仅造成了我国外汇的“被动储备”，而且强化了我国居民的“被动储蓄”，同时还带来了我国储备资产的持续贬值和国民财富的大量流失。我国外汇的被动储备越多，我国国民财富的体外循环势能就越大，我国对外被动输送的利益也就越多，我国国民福祉因此受到的损害也就必然越来越严重。近年来在国际市场出现的中国制造产品在外国市场上有价格明显低于国内市场价格的现象，就生动地说明了这一点。

第二，通过较高法定准备金率对冲外汇占款，还在一定程度上造成了国内市场资金供求的结构矛盾，加剧了地区经济发展的不平衡。众所周知，增量人民币的供给主要由银行信贷创造的存款、银行购买债券或其他资产创造的存款以及外汇占款三部分组成。准备金率的高低决定着商业银行的贷款创造及其能力的大小。准备金率越高，货币乘数越低，商业银行的贷款创造能力就越低；反之，就越高。商业银行通过贷款创造货币的过程并不会带来过高的企业融资成本。但是，当货币的创造是通过较高法定准备金率对冲外汇占款这样一种机制实现的时候，货币的投放和市场流动性的形成就发生了根本性变化。此时的企业所获得的贷款主要源于创汇企业的存款。在给定货币乘数的情况下，企业创汇形成的存款增加得快的地区，货币创造的活跃性也高，货币扩张能力也较强，企业融资需求较易得到满足；反之，则反是。这就不仅带来了国内市场资金供求结构的失衡，还加剧了地区经济发展的不平衡。

第三，通过较高法定准备金率对冲外汇占款，容忍过高的外汇储备持有成本，必然伤害国内市场资金运用效率。根据央行公布的有关数据，我国储备资产对外投资收益扣减法定存款准备金账户利息及央票和正回购等货币工具成本后，大多年份外汇储备的净收益是负值，其长期平均收益率也仅相当于国内金融机构一年期存款基准利率，远低于国内金融机构贷款利率。这种情况表明，我国外汇储备的持有成本是高的，外汇储备的投资收益是低的。随着对冲规模的扩大，与提高准备金率有关的央行货币政策调控成本也必然进一步上升。不仅如此，通过外汇占款形成的基础货币投放，也给国内市场带来了较高的通货膨胀压力，从而使银行名义利率被迫维持在一个较高水平，结果便带来了企业特别是中小微企业融资难、融资贵的困境，降低了国内市场资金的运用效率。

基于上述分析，我们认为，必须尽早把过高的外汇储备水平降低到合理水平，并由此把外汇占款对冲机制的作用降低到尽可能低的程度。

一是要坚决放弃盲目追求贸易顺差的倾向。要妥善处理稳增长与保出口的关系，防止经济下滑背景下各项鼓励出口的措施重新形成对低效率企业的过度保护。要把出口退税的重点全面转向技术研发与创新和高端设计与制造类企业及其产品。要拨出财政专款补贴高技术及其产品的进口。要全面放弃已经实行了近20年的售结汇制度和购汇限制，同时加大通过财政补贴鼓励先进技术和设备、重要原材料和物资以及高质量生活资料进口的力度。

二是要鼓励出口企业积极主动地开展人民币结算，打开人民币国际化的对外贸易窗口。人民币先流动到境外是推广出口贸易人民币结算的前提条件。因此，要大力推进人民币的境外流动，降低境外客户获得人民币的成本，拓宽贸易伙伴国家和企业以及个人获得人民币的渠道，主动创造人民币计价结算机会。商业银行则应当主动跟进市场需求，积极开办人民币国际结算业务及其服务网点，开发与此相适应的金融避险工具，降低服务费率，提高服务效率，创造人民币跨境结算服务便利，推动人民币离岸市场发展，打开人民币国际化的对外贸易窗口。

三是要鼓励国内企业“走出去”，“以出助投”，释放外汇储备过多的压力。要尽快实现以储备投资为代表的资本被动流出向以海外新建企业和并购为代表的主动流出格局转变，引导外汇资本双向有序流动。要进一步简化企业办理对外直接投资的相关手续，降低“走出去”成本，通过鼓励企业"走出去"助推对外投资，提升国民资本的使用效率。要积极推进各种对外投资优惠资助和基金项目等资源的整合，重视和支持中小企业的对外直接投资，加大对其信息咨询和金融服务方面的支持力度。要着力鼓励纺织、轻工、家电、机械等行业优质企业向其他有条件的发展中国家投资建厂、转移国内过剩产能。要积极鼓励国内优质企业到海外设立生产流水线，实现企业从市场导向销售型向生产销售并重型转变。要鼓励国内商业银行加快海外市场布局，协助企业更好地克服"走出去"后资金紧张和当地融资瓶颈。

四是要探讨设立中国对外投资银行，盘活外汇储备资产存量。设立中国对外投资银行，为国内企业对外直接投资提供外币贷款融资服务，有助于最大限度地盘活外汇储备资产存量。对外投资银行设立之初，可将业务重点放在支持并购国外技术含量高、资产品质好的企业的资金需求上，也可积极开展国际市场投资汇兑风险违约掉期担保等，以达到有效盘活外汇储备资产存量的近期目标，为人民币国际化远期需求奠定硬件基础。

综上所述，通过降低外汇储备及其占款，创造有利于存款准备金下调的货币市场环境，有利于改变当前实际上存在的有利于向大企业释放流动性、不利于向中小微企业释放流动性的非对称性货币创造与投放格局，能够有效增加面向中小微企业的直接贷款，降低其融资成本，从而有助于有效纠正我国宏观经济运行中存在的流动性表面充裕、实际紧张的弊症，并由此进一步提升我国国民经济运行的实际效率。可以预见，尽早采取上述措施，不仅可以有效避免经济增长率继续下滑倾向，而且有助于顺利实现短期稳增长、长期促发展的目标。

# 后　记

中国社会科学院财经战略研究院宏观经济课题组主编的《中国宏观经济运行报告》，在刘迎秋院长的悉心指导及各位课题组成员的共同努力下，终于即将出版问世了。在这一时刻，心情颇为复杂，不仅有书稿乍然脱手的轻松和喜悦，也有准备接受诸种批评的压力和惶恐，但更主要的，还是激动和振奋——毕竟，这本《中国宏观经济运行报告 2012》是宏观经济课题组成立以来的首部年度报告，标志着课题组今后与社会各界读者有了一个可以针对中国宏观经济运行问题进行交流和探讨的重要载体和平台。

中国社会科学院财经战略研究院宏观经济课题组是在 2011 年底，伴随着中国社会科学院财经战略研究院的创建而成立的，并由中国社会科学院研究院刘迎秋院长担任首席研究员，主要目的是对中国宏观经济形势进行跟踪分析，探讨经济运行中存在的主要矛盾和问题，并提出解决矛盾和问题、维护经济金融稳定的政策建议。课题组的相关研究成果，将通过月度报告、季度报告和年度报告等形式，借助网络、报刊和出版社等平台，向社会各界传播发布，目前已有多篇在《人民日报》《经济日报》和《经济参考报》等重要报刊上发表并产生了较大的社会影响。

《中国宏观经济运行报告》也正是基于这样一项使命才应运而生的。2012 年 7 月，在中国社会科学院财经战略研究院高培勇院长的亲自关怀下，课题组正式启动了《中国宏观经济运行报告》的策划和编写工作，并很快得到了郭宏宇、黄志刚和余慧倩等多位博士的积极响应和支持。在确定《中国宏观经济运行报告》章节大纲和写作风格时，刘迎秋院长对其进行了多次修改，并提出了许多宝贵的意见，从而确立了报告的基调和方向，有力地保证了日后写作的顺利推进和按时完成。

在《中国宏观经济运行报告》的写作过程中，各位课题组成员都付出了极大的心血。各章的主要分工是：第一章由刘迎秋（中国社会科学院研究生院）和吕风勇（中国社会科学院财经战略研究院）执笔，第二章由高伟（中央财经大学经济学院）和吕风勇执笔，第三章由郭冠清（中国社会科学院经济研究所）执笔，第四章由余慧倩（中国社会科学院财经战略研究院）执笔，第五章由吕风勇执笔，第六章由王诺、常冬和李英子（北京师范大学经济与资源管理研究院）执笔，第七章由邹士年（国家信息中心经济预测部）执笔，第八章由郭宏宇（外交学院国际经济学院）执笔，第九章由王佃凯（首都经济贸易大学经济学院）执笔，第十章由吕风勇执笔，第十一章由牟俊霖（首都经济贸易大学劳动经济学院）执笔，第十二章由黄志刚（中央财经大学金融学院）执笔。在写作过程中，我们一直竭力避免把这本报告做成一个缺乏关联性的报告文集，同时也不愿对宏观经济形势止于一般的表面描述和分析，而是要努力使各章在深入研究的基础上，保持观点论据的协调一致，从而使全报告能够达到理论逻辑上的完整。但也正因为此，加之又是首部报告，课题组成员不得不通过网邮、电话或会议的方式举行多次讨论，加强相互之间的沟通和协调，并对写作结构进行多次调整，甚至对部分观点和数据重新修改，以求报告能够尽可能地接近完善和无瑕。特别是在 10 月 6 日和 10 月 13 日，刘迎秋院长认真听取和审阅了各章初稿，并逐章提出了详细的修改意见，课题组成员也展开了热烈和深入的讨论，为文稿的进一步修改和完善起到了重要的指导作用。

总之，本报告的即将付梓和问世，与高培勇院长的支持、刘迎秋院长的指导及诸位课题组成员的努力是分不开的。这里，我对他们给予的热情关怀与支持表示真诚的感谢。同时，限于条件和水平，这本报告仍会存在着许多不足之处，我们欢迎学界同仁与各界读者，能够提出诚恳的批评和改进意见，我们也将在这督促中，再接再厉，努力求索，尽快使课题组的年度宏观经济报告越来越臻于完善。

吕风勇

2012 年 11 月 10 日于北京

**图书在版编目(CIP)数据**

中国宏观经济运行报告.2012/刘迎秋，吕风勇主编.—北京：社会科学文献出版社，2012.11
(中国社会科学院财经战略研究院报告)
ISBN 978-7-5097-4034-7

Ⅰ.①中… Ⅱ.①刘… ②吕… Ⅲ.①宏观经济运行-研究报告-中国-2012 Ⅳ.①F123.16

中国版本图书馆CIP数据核字(2012)第286253号

**中国社会科学院财经战略研究院报告**
**中国宏观经济运行报告2012**

主　　编／刘迎秋　吕风勇

出 版 人／谢寿光
出 版 者／社会科学文献出版社
地　　址／北京市西城区北三环中路甲29号院3号楼华龙大厦
邮政编码／100029

责任部门／皮书出版中心 (010) 59367127　　责任编辑／姚冬梅
电子信箱／pishubu@ssap.cn　　责任校对／李向荣
项目统筹／邓泳红　姚冬梅　　责任印制／岳　阳
经　　销／社会科学文献出版社市场营销中心 (010) 59367081　59367089
读者服务／读者服务中心 (010) 59367028

印　　装／北京季蜂印刷有限公司
开　　本／787mm×1092mm　1/16　　印　　张／21.25
版　　次／2012年11月第1版　　字　　数／323千字
印　　次／2012年11月第1次印刷
书　　号／ISBN 978-7-5097-4034-7
定　　价／69.00元